性別工作平等法逐條釋義

鄭津津 著

Cases and Materials on
GENDER EQUALITY IN EMPLOYMENT ACT

作者序

2010 年春天，我開始醞釀「性別工作平等法逐條釋義」的撰寫計畫，並著手蒐集整理相關文獻資料，然因 2011 至 2016 年間性別工作平等法歷經數次修法，每次修法都延宕了本書的出版。今年 5 月，性別工作平等法再次修正，讓我下定決心要盡快將本書定稿，否則以性別工作平等法的修法頻率，這本書恐怕很難問世。在定稿的過程中，把性別工作平等法第 1 條至第 40 條所有相關重要文獻、行政函釋與法院判決反覆看了好幾遍，不斷地調整修改，終於在年底定稿。

相較於過去的出書經驗，這次的出書過程格外辛苦，但在定稿之後，也特別有成就感。期待這本書能實質幫助對性別工作平等法有研究或實務需要的讀者，同時也能對我國性別工作平等研究領域有所貢獻。

本書得以順利完成，首先要感謝如女兒般的助理梁芷榕，她在資料蒐集、整理與校對上提供許多協助；也要感謝我的家人在定稿最後階段給予我的支持與包容。最後僅以此書獻給我最愛的也是最愛我的耶穌，謝謝耶穌給予我無條件、從未間斷的祝福、引導與盼望！

鄭津津

2016 年 12 月 25 日

法規沿革

1. 中華民國九十一年一月十六日總統(91)華總一義字第 09100003660 號令制定公布全文 40 條；並自九十一年三月八日起施行

2. 中華民國九十七年一月十六日總統華總一義字第 09700003951 號令修正公布名稱及第 1、5～11、15、16、20、21、26、31、34、35、38、40 條條文；並增訂第 6-1、38-1 條條文；第 16 條條文施行日期，由行政院定之（原名稱：兩性工作平等法）

3. 中華民國九十八年四月二十四日行政院院臺勞字第 0980022196 號令發布第 16 條定自九十八年五月一日施行

4. 中華民國九十七年十一月二十六日總統華總一義字第 09700250571 號令修正公布第 38、38-1 條條文

5. 中華民國一百年一月五日總統華總一義字第 09900358591 號令修正公布第 15、20 條條文

6. 中華民國一百零二年十二月十一日總統華總一義字第 10200225241 號令修正公布第 14 條條文

7. 中華民國一百零三年二月十四日行政院院臺規字第 1030124618 號公告第 4 條第 1 項所列屬「行政院勞工委員會」之權責事項，自一百零三年二月十七日起改由「勞動部」管轄

8. 中華民國一百零三年六月十八日總統華總一義字第 10300092631 號令修正公布第 2、3、38、38-1、40 條條文；並自公布日施行

9. 中華民國一百零三年十二月十一日總統華總一義字第 10300189191 號令修正公布第 4、12、14～16、23、38-1 條條文

10. 中華民國一百零五年五月十八日總統華總一義字第 10500042821 號令修正公布第 18、23、27、38 條條文

目錄

第一章 總則

第 1 條 (立法目的)

【條文內容】

爲保障性別工作權之平等，貫徹憲法消除性別歧視、促進性別地位實質平等之精神，爰制定本法。

【立法理由】

第 1 條規定本法[1]之制定宗旨。

【條文說明】

★立法背景

我國憲法第 7 條雖規定「中華民國人民，無分男女、宗教、種族、階級、黨派，在法律上一律平等。」，然過去求職者或受僱者在職場中因其性別受到歧視之情形相當普遍，早年女性於受僱時，即常被雇主要求簽署「單身條款」或「禁孕條款」，例如 1987 年 8 月，國父紀念館 57 名女性員工及高雄市立文化中心 44 名女性員工，因曾與其雇主約定「女性員工凡年滿 30 歲，或是結婚、懷孕就自動離職」而被迫離職。前述女性受僱者爲此集體出面申訴，並呼籲政府重視女性於職場中受到不平等待遇的問題[2]。

爲保障女性平等工作之權益，政府於 1990 年完成「男女工作平等法」草案送交立法院審議，之後歷經 11 年的努力，終於在 2001 年 12 月 21 日由立法院三讀通過「兩性工作平等法」，2002 年 1 月 16 日經總統公布，同年 3 月 8 日正式實施。2008 年 1 月 16 日該法修正法律名稱爲「性別工作平等法」。

---

[1] 本法於民國 91 年 3 月 8 日施行，原名兩性工作平等法，民國 97 年兩性工作平等法修正名稱為性別工作平等法。

[2] 財團法人婦女新知基金會，1999 催生男女工作平等法手冊，頁 7，1999 年 5 月。

★立法精神與目的

　　性別工作平等法之立法精神與目的之一，在於消弭職場中的性別與性傾向歧視，保障所有求職者與受僱者不因其性別或性傾向受到差別待遇，建立友善之工作環境，確保其工作平等權，禁止性別歧視與防治性騷擾之規定即係為此目的而定。促進兩性在工作與家庭間的共同分擔是另一個重要的立法目的，傳統上由女性承擔生兒育女與操持家務之責任，使得我國女性勞動參與率一向低於男性。惟參與勞動市場，獲得工作上之成就感，進而提升個人之經濟能力，是每個人應有之權利。長久以來，我國女性受制於傳統性別分工價值，常為了承擔家庭照護責任而退出職場。為保護母性並協助受僱者兼顧工作與家庭，性別工作平等法特制訂「促進工作平等措施」專章來達此目的[3]。隨著性別主流化的落實，家庭事務不再侷限於性別分工，除了專屬於女性之促進工作平等措施，如生理假、產假、安胎休養、產檢假等，或是專屬於男性之促進工作平等措施，如陪產假，其他促進工作平等措施的申請皆是不分性別的。

★性別工作平等法之影響

　　性別工作平等法的施行對促進我國職場性別平等有重大之貢獻與影響，該法之施行有效消弭了過去視為理所當然的諸多性別歧視行為，工作場所性騷擾的防治亦有相當之成效。我國職場從過去重度信仰性別刻板印象，轉為較符合性別主流化之友善職場，女性勞動參與率也因而有效提升[4]。同時，性別議題不再是專屬於女性的議題，而是所有求職者

---

[3]　李應元，兩性工作平等法的政策意涵及實施成效，台灣勞工雙月刊，第6期，頁5-6，2007年3月。

[4]　根據主計處之統計，我國女性勞動參與率1992年為44.32%，1997年為45.86%，2002年為46.61%，2007年為49.35%，2012年為49.84%，2014年為50.50%。2015年已升至50.74%。分析我國女性未參與就業之原因，以「料理家務」及「求學與準備升學」為主要原因，分別佔59.75%與29.65%，由前述數據可知我國女性未就業已不再侷限於傳統操持家務之因素。參見行政院主計處「104年人力運

與受僱者的共同課題。

【相關文獻】

1. 尤美女，從立法到執法談兩性工作平等法之落實，全國律師，第 6 卷第 3 期，頁 4-8，2002 年 3 月。

2. 尤美女，讓兩性工作平等法之良法美意真正落實，律師雜誌，第 271 期，頁 2-4，2002 年 4 月。

3. 李應元，兩性工作平等法的政策意涵及實施成效，台灣勞工雙月刊，第 6 期，頁 4-13，2007 年 3 月。

4. 財團法人婦女新知基金會，1999 催生男女工作平等法手冊，1999 年 5 月。

5. 郭玲惠，兩性工作平等法初探——救濟，月旦法學雜誌，第 71 期，頁 54-61，2001 年 4 月。

6. 陳惠馨，兩性平等工作權之理論基礎，政大法學評論，第 51 期，頁 129-154，1994 年 6 月。

7. 焦興鎧，兩性工作平等法制之國際趨勢——兼論對我國建構相同制度所能提供之啟示，經社法制論叢，第 25 期，頁 203-229，2000 年 1 月。

8. 焦興鎧，兩性工作平等權之法律實現，月旦法學雜誌，第 13 期，頁 38-46，1996 年 5 月。

9. 焦興鎧，對我國建構兩性工作平等法制之省思，月旦法學雜誌，第 59 期，頁 62-73，2000 年 4 月。

10. 焦興鎧，歐洲聯盟及美國兩性工作平等法制之最新發展——兼論對我國之啟示，法令月刊，第 57 卷第 2 期，頁 25-35，2005 年 2 月。

11. 黃俐文，兩性工作平等法的實施與展望，台灣勞工雙月刊，第 6 期，

用調查報告」，頁 2 與 344，http://ebook.dgbas.gov.tw/public/Data/ 512319493SQKUQ 4S8.pdf（最後瀏覽日：2016/9/5）。

頁 74-82，2007 年 3 月。

12. 劉梅君，「兩性工作平等法」與「母性保護」——立法之意義、釋疑及理論淺談，律師雜誌，第 271 期，頁 13-27，2002 年 4 月。

【相關判決】

★性別工作平等法非屬國家賠償法之特別法

（臺灣高等法院97年度上字第998號民事判決）

◎事實

甲前受國立宜蘭大學推薦為校長候選人，且為 3 位候選人中唯一女性，教育部為聘任該校校長而組成遴選委員會，於 2006 年 4 月 26 日候選人面試過程中，乙以「女性候選人在募款方面比較吃虧」質問甲之募款能力，甲認為乙無端貶損其對外之協調溝通及產業人際關係能力，並侵害其名譽權，故提起本件訴訟。

甲主張性別工作平等法為特別保障兩性工作之平等法益而制定，適用上自屬國家賠償法之特別規定，依特別法優於普通法之法理，其自得直接依性別工作平等法第 26 條至第 29 條向僱用人即教育部請求損害賠償。且因甲係依性別工作平等法與民法請求教育部負連帶損害賠償之責，故不須踐行國家賠償法第 10 條第 1 項協議先行程序，縱認甲須踐行協議先行程序，因甲已曾多次請求教育部撤銷遴選結果，但教育部與甲之間未就遴選結果撤銷與否達成協議，甲實已踐行相關程序，提起本訴洵屬適法。

教育部則主張因國立大學校長之聘任，為公法之委任關係，自屬公法爭議範圍，有國家賠償法之適用。且依性別工作平等法第 2 條規定，當適用對象為教育人員，而雇主相關行為涉有公權力之行使，但於公權力行使過程中造成適用之對象有損害時，即應適用國家賠償法規定之協議先行程序。因此，甲依性別工作平等法主張教育部為其雇主，並依該法第 26 條、第 29 條規定，請求就其「性別平等之人格法益」遭受侵害而負非財產上之損害賠償責任，其求償程序則應依國家賠償法第 10 條第 1 項規定為協議先行程序，

始得起訴。

◎爭點

甲得否主張性別工作平等法為國家賠償法之特別法，而依性別工作平等法為請求？

◎判決要旨

按所謂特別法與普通法二者之間，應具有「規範同一性」與「評價對象同一性」之基本關係，是故特別法所規範的範圍與對象，不能超出普通法規範的範圍之外，否則即無由稱之為特別法。依性別工作平等法第1條規定：「為保障性別工作權之平等，貫徹憲法消除性別歧視、促進性別地位實質平等之精神，爰制定本法。」之意旨與國家賠償法為公務員違法侵害人民之自由或權利者，被害人得依法向國家請求賠償之立法意旨，欠缺「規範同一性」與「評價對象同一性」之基本關係，難謂二者間有特別法與普通法之關係。甲主張性別工作平等法為國家賠償法之特別法，乃依性別工作平等法為請求，自無足採。又甲另以國家賠償法並無對於精神上損害賠償請求之明文，故依民法及性別工作平等法之規定請求。惟按國家損害賠償，除依該法規定外，適用民法規定，國家賠償法第5條定有明文。是國家賠償法雖未特別明訂人民得請求非財產上損害，但仍得適用民法有關非財產損害賠償之規定，故甲之主張不可取。

第 2 條 (適用對象)

【條文內容】

Ⅰ 雇主與受僱者之約定優於本法者,從其約定。

Ⅱ 本法於公務人員、教育人員及軍職人員,亦適用之。但第三十三條、第三十四條及第三十八條之一規定,不在此限。

Ⅲ 公務人員、教育人員及軍職人員之申訴、救濟及處理程序,依各該人事法令之規定。

Ⅳ 本法於雇主依勞動基準法規定招收之技術生及準用技術生規定者,除適用高級中等學校建教合作實施及建教生權益保障法規定之建教生外,亦適用之。但第十六條及第十七條之規定,不在此限。

Ⅴ 實習生於實習期間遭受性騷擾時,適用本法之規定。

【立法理由】

一、明定雇主與受僱者之約定優於本法者,從其約定。

二、因公務人員保障法、教師申訴評議委員會組織及評議準則、國防部官兵權益保障委員會組織章程已有相關規定,故明定公務人員、教育人員及軍職人員之申訴救濟程序及罰則排除本法之適用。

三、公務人員、教育人員及軍職人員之申訴、救濟及處理程序,依各該人事法令之規定。

四、103 年 5 月修正,將受雇主依勞基法規定招收之技術生及準用技術生規定者,納入本法適用範圍,實習生於工作期間遭性騷擾時,亦納入本法之適用。

【條文說明】

★性別平等之最低標準

性別工作平等法第四章促進工作平等措施中有許多給假規定,雇主有可

能與受僱者約定優於本法所定之條件，當然從其較優之約定。

★軍公教人員之適用

本法適用對象雖包括公部門與私部門所有求職者與受僱者，但因公務人員保障法、教師申訴評議委員會組織及評議準則、國防部官兵權益保障委員會組織章程已有相關規定，故排除公務人員、教育人員及軍職人員適用性別工作平等法有關申訴、救濟程序及罰則之規定。換言之，除了有關申訴、救濟程序及罰則之規定外，公務人員、教育人員及軍職人員仍適用性別工作平等法之其他規定。

★技術生之適用

所謂技術生係指依中央主管機關規定之技術生訓練職類中以學習技能為目的，依勞基法技術生專章之規定接受僱主訓練之人。技術生雖非受僱於僱主，但在事業單位接受訓練時，仍有可能受到性別/性傾向歧視、性騷擾，或是有生理假的需求等，因此本條第4項規定僱主依勞動基準法規定招收之技術生及準用技術生規定者，亦適用性別工作平等法之規定。

高級中等學校建教生在性質上雖與技術生相近，惟因高級中等學校建教生在此方面之權益已有「高級中等學校建教合作實施及建教生權益保障法」之保障，因此不直接適用性別工作平等法。

此外，由於技術生係接受僱主之訓練，而非受僱，因此不得適用性別工作平等法第16條及第17條有關育嬰留職停薪以及育嬰留停復職之規定。

★技術生於建教合作期間遭受性騷擾之適用

建教生除了在學校上課外，還必須到建教合作機構接受技能訓練，當其進入建教合作機構接受訓練時，係透過「實做」來學習技能，實做過程需要建教合作機構的指導，此種指導過程難免會有指揮命令；且實做過程會有勞務的產出，對建教合作機構會產生經濟價值，建教合作機構因而會給付生活津貼給建教生，故建教生與建教合作機構之間確實有「類似勞僱」之關係，

但畢竟建教生在建教合作機構從事「實做」係為了學習技能,而非為了賺取工資,故兩者間本質上仍非勞雇關係。

　　勞動基準法以專章規範「技術生」,建教合作班之學生亦準用該章之規定[5]。由於勞基法並無防治性騷擾之規定,建教生若在學校中受到性騷擾,應依性別平等教育法之相關規定進行救濟與處理。建教生若是在建教合作機構受到性騷擾,其後續救濟在實務上即會發生法律適用與主管機關權責不明之問題[6]。為處理此項問題,教育部曾做成函釋:「為加強學生於校外實習(建教合作)期間之保障,如學生遭性騷擾,行為人若為實習場所負責指導(執行教學或教育實習)學生之人員,則屬『校園性侵害性騷擾或性霸凌防治準則』第9條所稱之教師,應依性別平等教育法之規定調查處理。如遭該場所之其他人性騷擾,則不適用性別平等教育法,學校應依性騷擾防治法第13條規定協助學生向加害人雇主提起申訴[7]。」當時基於建教生與建教合作機構間並無勞雇關係,建教生在建教合作機構受到性騷擾時,並無法直接適用性別工作平等法之相關規定進行救濟[8]。

　　立法院於2012年12月14日三讀通過「高級中等學校建教合作實施及建教生權益保障法」,在該法的規範下,建教合作機構於建教生受訓期間,應防治性騷擾之發生;建教合作機構於知悉有性騷擾情形時,應採取立即有效之糾正及補救措施[9]。建教生於建教合作機構受訓期間遭到性騷擾時,其申訴之提出與認定,以及建教合作機構之賠償責任,均準用性別工作平等法及其相關法規之規定[10]。建教合作機構若違反本法第27條第1項之規定,未防

---

[5]　參見勞動基準法第64條第2與3項。

[6]　自由時報,老外強吻實習生　勞委會、教育部踢皮球,2012年10月9日。http://www.libertytimes.com.tw/2012/new/oct/9/today-life14.htm(最後瀏覽日:2016年9月14日)。

[7]　行政院教育部101年10月16日臺訓(三)字第1010191724號函。

[8]　行政院勞工委員會101年6月8日勞動三字第1010014059號函。

[9]　參見高級中等學校建教合作實施及建教生權益保障法第27條第1項。

[10]　參見高級中等學校建教合作實施及建教生權益保障法第27條第2項。

治性騷擾行為之發生或未採取立即有效之糾正及補救措施情形者，得處新臺幣 5 萬元以上 25 萬元以下罰鍰，並得按次處罰；經處罰 2 次仍未改善者，3 年內不得參與建教合作，並公布其名稱及負責人姓名[11]。

在「高級中等學校建教合作實施及建教生權益保障法」，的規範下，當建教生在建教合作機構受到性騷擾時，其得依性別工作平等法之規定，向建教合作機構所在地方政府所設置之性別工作平等會，無性別工作平等會者，則向就業歧視評議委員會提出申訴。建教合作機構若未防治性騷擾，或是在知悉建教生受到性騷擾而未採取立即有效之糾正及補救措施時，該建教合作機構得被處以 5 萬元以上 25 萬元以下罰鍰。建教生若因受到性騷擾而受有損害時，亦得依性別工作平等法第 27 條之規定向建教合作機構與行為人請求損害賠償。此外，當建教生在建教合作機構學習技能，任何人意圖對建教生性騷擾，乘建教生不及抗拒而為親吻、擁抱或觸摸其臀部、胸部或其他身體隱私處時，依性騷擾防治法第 25 條之規定，該加害人可被處 2 年以下有期徒刑、拘役或科或併科 10 萬元以下罰金[10]。

★實習生於實習期間遭受性騷擾之適用

實習生到實習單位實習時，必須接受實習單位的指揮與管理，兩者之間亦會有「類似勞雇」之關係，故本條第 5 項規定實習生於實習期間遭受性騷擾時，適用本法之規定。

---

[11] 參見高級中等學校建教合作實施及建教生權益保障法第 32 條第 1 項第 9 款。

【相關文獻】

1. 周兆昱，性別工作平等法與相關法規之整合，性別工作平等法精選判決評釋，元照，頁 23-45，2014 年 9 月。

2. 蔡宗珍，性騷擾事件之法律適用與救濟途徑之分析—以公務人員間之性騷擾事件為中心，臺北大學法學論叢，第 77 期，頁 39-80，2010 年 3 月。

3. 鄭津津，高中建教生於建教合作機構被性騷擾之法律適用問題，月旦法學教室，第 145 期，頁 39-41，2014 年 10 月。

【相關函釋】

★實習生間於校外實習期間疑似發生性騷擾事件，同時有性別平等教育法及性別工作平等法之適用

（勞動部民國104年5月14日勞動條4字第1040130811號函）

查性別工作平等法第 2 條第 5 項規定：「實習生於實習期間遭受性騷擾時，適用本法之規定。」係課實習單位於接受實習生實習期間，應防治並避免其遭受任何人性騷擾之責任。

復查性別平等教育法第 2 條第 7 款規定略以：「校園性侵害、性騷擾或性霸凌事件：指性騷擾……之一方為學校校長、教師、職員、工友或學生，他方為學生者。」另，該法第四章有針對校園性侵害、性騷擾及性霸凌之防治及第五章申請調查及救濟訂有專章規範，可知性別平等教育法對於學生有其教育輔導目的。

實習生間於實習期間發生疑似性騷擾事件時，因雙方身分均為學生，並有性別工作平等法及性別平等教育法之適用。鑒於上開兩法令之立法目的、規範對象及處理機制均有不同，爰實習生向實習單位申訴時，實習單位應依性別工作平等法採取立即有效之糾正及補救措施。實習生向學校申訴時，則由學校依性別平等教育法之規定調查處理，以維實習生權益。

惟為免同一事件之事實認定歧異、調查資源浪費之情形，實習生向學校提出申訴時，學校除依性別教育平等法進行調查處理外，並應依性別工作平等法施行細則第4條之1第1項規定：「實習生所屬學校知悉其實習期間遭受性騷擾時，所屬學校應督促實習之單位採取立即有效之糾正及補救措施，並應提供實習生必要協助。」亦即學校進行調查時，應通知實習單位配合共同調查，俾利實習單位善盡雇主防治工作場所性騷擾之義務。

至本案實習生如向地方勞工行政主管機關申訴時，依性別工作平等法施行細則第4條之1第2項規定，得請求教育主管機關及所屬學校共同調查，俾利調查結果之統一。

★午休時間教師寄發內容涉及性騷擾之電子郵件給予同校公務員，屬性別工作平等法適用範疇
（勞委會民國97年11月20日勞動三字第0970083664號函）

性騷擾防治涉及性別工作平等法、性騷擾防治法、性別平等教育法等三法。性別工作平等法旨在保障受僱者之工作權益；性騷擾防治法則從人身安全角度出發，主要規範發生在職場以外（如大眾運輸工具或公共空間）之性騷擾行為；性別平等教育法則具學生保護與教育目的，且當事人一方需為學生。

基上，教師於午休時間寄發內容涉及性騷擾之電子郵件給予同校之公務人員，仍屬性別工作平等法之適用範疇，其申訴、救濟及處理程序應依同法第2條第3項規定辦理。

★軍公教人員之申訴、救濟、處理程序，另依人事法令相關規定辦理，若雇主有違反情事，免由主管機關裁罰
（勞委會民國94年1月11日勞動三字第0940000604號函）

兩性工作平等法（現已更名為性別工作平等法）第2條第2項規定：「本法於公務人員、教育人員及軍職人員，亦適用之。但第33條、第34條及第38條之規定，不在此限。」依其立法說明：「因公務人員保障法、教師申訴

評議委員會組織及評議準則、國防部官兵權益保障委員會組織章程已有相關規定，故明定公務人員、教育人員及軍職人員之申訴、救濟程序及罰則排除本法之適用。」另參本會 92 年 4 月 29 日勞動三字第 0920024233 號令：「……有關兩性工作平等法（現已更名為性別工作平等法）第 2 條規定之『公務人員』、『教育人員』及『軍職人員』依該法進行申訴、救濟及處理程序時，其定義範圍，公務人員、教育人員分別以『公務人員保障法』、『教師法』所訂適用或準用範圍為界定之依據，軍職人員則依『國軍官兵權益保障委員會設置暨審議作業實施要點』第 3 條第 1 款及第 4 款所訂之現役軍官、士官、士兵及國軍聘僱人員為範圍……」綜上，適用該法之受僱者或求職者如係前開所稱公務人員、教育人員或軍職人員，其申訴、救濟及處理程序，始得另依該人事法令之規定辦理；雇主苟有違反兩性工作平等法（現已更名為性別工作平等法）情事時，允依前開規定，免由主管機關裁罰。至非屬前開所稱公務人員、教育人員或軍職人員之受僱者或求職者，其雇主有違反兩性工作平等法（現已更名為性別工作平等法）情事者，無前開但書之適用。

★軍公教人員均適用性別工作平等法，惟有關申訴、救濟及處理程序，依各該人事法令之規定辦理

（勞委會民國92年4月29日勞動三字第0920024233號）

兩性工作平等法（現已更名為性別工作平等法）第 2 條規定之「公務人員」、「教育人員」及「軍職人員」依該法進行申訴、救濟及處理程序時，其定義範圍，公務人員、教育人員分別以「公務人員保障法」、「教師法」所訂適用或準用範圍為界定之依據，軍職人員則依「國軍官兵權益保障委員會設置暨審議作業實施要點」第 3 條第 1 款及第 4 款所訂之現役軍官、士官、士兵及國軍聘僱人員為範圍。上開人員有關性別工作平等之申訴、救濟及處理程序，依各該人事法令之規定辦理。

★公立及已立案之私立學校專任教師就性別工作平等事項所為之申訴，依教師法有關申訴及訴訟程序，向各級教師申訴評議委員會提出
（勞委會民國92年1月15日勞動三字第0920001112號函）

兩性工作平等法（現已更名為性別工作平等法）第 2 條規定：「……本法於公務人員、教育人員及軍職人員，亦適用之。但第33條、第34條及第38條之規定，不在此限。公務人員、教育人員及軍職人員之申訴、救濟及處理程序，依各該人事法令之規定。」

公立及已立案之私立學校專任教師係教師法之適用對象，基此，公立及已立案之私立學校專任教師就兩性工作平等事項所為之申訴，應依教師法有關申訴及訴訟程序，向各級教師申訴評議委員會提出。公立學校編制內依法任用之職員為公務人員保障法之適用對象，其有關兩性工作平等事項之申訴、救濟及處理程序則依公務人員保障法之規定辦理。

至於公立學校專任教師及編制內依法任用之職員以外之受僱者，及私立學校專任教師以外之受僱者，則依兩性工作平等法（現已更名為性別工作平等法）第 33 條、第 34 條規定之救濟及申訴程序辦理。

【相關判決】

★教育人員求職中受性別歧視之差別待遇，因性別工作平等法第2條已排除罰則之規定，無從以該法之罰則處罰雇主，惟仍可依性別工作平等法主張民事損害賠償
（臺北地方法院96年度訴字第7313號民事判決）

◎事實

甲（原告）為國立臺灣科技大學教授，參加國立宜蘭大學校長遴選，且為三位候選人中唯一之女性。教育部（被告）為聘任該校校長，組成遴選委員會於 2006 年 4 月 26 日對候選人面試。甲主張在面試過程中，遴選委員乙（被告）將「募款能力」與性別加以連結，教育部自無從迴避其應負之責任，甲因而提起本件訴訟。

教育部則抗辯，性別工作平等法已明文排除教育人員適用該法有關申訴、救濟程序及罰則之規定。教育人員有關性別工作平等之申訴、救濟及處理程序，應依教師法、教師申訴評議委員會組織及評議準則相關規定辦理。

◎爭點

教育人員得否依性別工作平等法之規定向雇主請求民事損害賠償？

◎判決要旨

行政救濟結果如何與原告得否提出民事求償係屬二事，依性別工作平等法第2條第2項、第7條、第26條、第29條之規定，受到性別差別待遇者得請求財產及非財產之損害賠償，性質上屬民事糾紛事件。該法第2條第2項僅在於排除公務人員、教育人員及軍職人員適用性別工作平等法之行政救濟程序，並未禁止公務人員、教育人員及軍職人員依該法主張民事損害賠償。

★性別工作平等法之適用，與是否適用勞動基準法無關

（臺中高等行政法院98年度簡字第83號判決）

◎事實

原告（私立學校）聘僱之甲（擔任幹事）於96年11月26日向原告校長申訴受到該校副校長之性騷擾，經原告於97年6月14日召開性騷擾調查會議，並作成性騷擾不成立之決議。嗣後原告於97年7月以甲對校譽造成嚴重損害，而不予續聘。甲遂向被告（A縣政府）提出申訴，案經該府就業歧視評議委員會評議成立，並對原告予以裁處。原告不服，向勞委會提起訴願遭駁回，遂提起本件行政訴訟。

◎爭點

甲為不適用勞動基準法之受僱者，得否適用性別工作平等法？

◎判決要旨

甲為原告（私立學校）所僱用之幹事，非屬性別工作平等法第2條第2項所定之教育人員或公務人員，無同條項但書規定之適用，自得適用性別工作平等法，與其是否為適用勞動基準法之受僱者無關。

第3條（用詞定義）

【條文內容】

本法用詞，定義如下：

一、受僱者：指受雇主僱用從事工作獲致薪資者。

二、求職者：指向雇主應徵工作之人。

三、雇主：指僱用受僱者之人、公私立機構或機關。代表雇主行使管理權之人或代表雇主處理有關受僱者事務之人，視同雇主。要派單位使用派遣勞工時，視為第八條、第九條、第十二條、第十三條、第十八條、第十九條及第三十六條規定之雇主。

四、實習生：指公立或經立案之私立高級中等以上學校修習校外實習課程之學生。

五、要派單位：指依據要派契約，實際指揮監督管理派遣勞工從事工作者。

六、派遣勞工：指受派遣事業單位僱用，並向要派單位提供勞務者。

七、派遣事業單位：指從事勞動派遣業務之事業單位。

八、薪資：指受僱者因工作而獲得之報酬；包括薪資、薪金及按計時、計日、計月、計件以現金或實物等方式給付之獎金、津貼及其他任何名義之經常性給與。

九、復職：指回復受僱者申請育嬰留職停薪時之原有工作。

【立法理由】

明定本法用詞之定義。

【條文說明】

★雇主之定義

本條第 3 款之規定下，「雇主」包括：(1)僱用受僱者之人、公私立機構

或機關；(2)代表雇主行使管理權之人或代表雇主處理有關受僱者事務之人，視同雇主；(3)要派單位使用派遣勞工時，視為第 8 條、第 9 條、第 12 條、第 13 條、第 18 條、第 19 條及第 36 條規定之雇主。

代表雇主行使管理權之人或代表雇主處理有關受僱者事務之人，視同雇主。此種「視為雇主」的功能性雇主概念源自於勞基法之規定，學理上並非純粹以契約當事人或權利義務人來認定，而是依照執行雇主功能與職權來認定雇主[12]。此種概念適用於一般事業單位時較無爭議，但如適用於家庭監護工或幫傭即會產生疑義。蓋受監護者以及雇主之家屬等，皆非受僱於雇主，彼此之間亦無委任關係，其是否得代表雇主行使管理權或處理有關受僱者事務在認定上確有困難。惟勞動部已於 2002 年作出解釋函[13]，認為代表雇主對外籍勞工行使管理監督地位之人，視為雇主之指派行為。

★派遣關係之雇主責任

在經濟全球化時代，非典型勞動（含勞動派遣）在各國皆已行之有年，在我國亦然。然而由於我國勞工與工會組織對勞動派遣的普遍反感，造成政府遲遲未能針對此種勞動型態制定明確之法規範。隨著勞動派遣的日益普及，派遣勞工在「非法律上雇主」之要派單位，提供勞務時受到性別歧視或性騷擾時有所聞，針對此問題，在 103 年性別工作平等法修法之前，一直未能獲得適當之解決。

舉例而言，在臺北地方法院 101 年度訴字第 1523 號民事判決中，派遣勞工在要派單位提供勞務時受到要派單位員工之性騷擾，法院認為基於勞動契約關係成立而發生之雇主義務，僅存在於派遣公司，應由派遣公司負擔法律上之雇主責任，因此認為派遣勞工依性別工作平等法第 27 條、第 29 條、民法第 184 條第 1 項前段、第 188 條第 1 項、第 195 條第 1 項之規定，請求要派單位連帶負損害賠償責任及回復名譽；另依性別工作平等法第 28 條、

---

[12] 黃程貫，勞動法，空中大學，頁 77，1997 年修訂再版。
[13] 勞委會 91 年 7 月 4 日勞職外字第 0910205078 號解釋函。

第 29 條、第 195 條第 1 項之規定，請求要派單位賠償 65 萬元部分，均屬無據。

事實上，在勞動派遣關係中，派遣事業單位多是因為要派單位的人力需求，才會僱用派遣勞工，派遣事業單位的獲利主要來自於提供人力給要派單位所獲得之報酬。因此，當派遣勞工在要派單位提供勞務受到性騷擾時，派遣事業單位非但很難強勢地主導或介入調查，反而還要看要派單位之臉色。如果要派單位欲冷處理派遣勞工之性騷擾申訴，派遣事業單位即使有心進行調查與處理，也很難進入要派單位進行調查，更遑論採取進一步的糾正與補救措施。

作為派遣勞工法律上之雇主，派遣事業單位本應負擔雇主之安全照顧義務。但當派遣勞工在要派單位受到性騷擾時，即使派遣事業單位有心，如何在要派單位中進行調查有相當之困難，更遑論後續如何在要派單位中採取立即有效之糾正與補救措施。換言之，要派單位若不配合，即便派遣事業單位優先考量派遣勞工之權益保障，仍難針對派遣勞工之性騷擾申訴採取立即有效之糾正與補救措施。

為解決上述問題，最有效合理之方式是制定明確之法規範，明確規定要派單位與派遣事業單位在派遣勞工受到性騷擾時各自應負擔之雇主責任。事實上，勞動部於 103 年草擬派遣勞工保護法草案時，在該草案第 9 條中已規定「要派單位使用派遣勞工時，視為性別工作平等法第七條至第九條、第十一條至第十三條、第十八條、第十九條及就業服務法第五條第一項規定事項之雇主。要派單位違反前項規定者，依性別工作平等法或就業服務法所定罰則處罰」該條立法理由與沿革謂：「考量派遣勞工係於要派單位指揮監督下在要派單位工作場所或組織分工提供勞務，且與其分工合作之同儕亦多為要派單位之自僱員工，故於性別歧視、性騷擾防治、哺乳時間及工作時間調整等相關規範及就業歧視禁止，要派單位應與派遣事業單位同樣負有不違反上開性別工作平等法及就業服務法規定之義務，爰於第一項所列事項，要派單位視為該等法規之雇主。」

　　派遣勞工保護法草案在派遣關係中雇主責任歸屬之規定上相當合理，但由於若干勞團對該草案仍存有疑慮，立法進度十分緩慢。為有效解決派遣勞工在要派單位提供勞務時受到性別歧視或性騷擾之問題，性別工作平等法在103年修法時，在第3條第3款中明文規定「要派單位使用派遣勞工時，視為第八條、第九條、第十二條、第十三條、第十八條、第十九條及第三十六條規定之雇主」。

【相關文獻】

1. 李玉春，派遣與性別工作平等法——臺北地方法院101年度訴字第1523號判決評釋，性別工作平等法精選判決評釋，頁46-54，2014年9月。

2. 侯岳宏，有關性平、就歧、女性夜間工作等之要派機構視同雇主之責任，台灣法學雜誌，第243期，頁40-43，2014年3月。

3. 郭玲惠，家庭幫傭與監護工雇主及其責任範圍之研究-試評台北高等行政法院92年簡字第446號判決研究，台灣本土法學雜誌，第80期，頁221-227， 2006年3月。

4. 鄭津津，勞動派遣關係中之雇主性騷擾防治責任——臺北地方法院101年勞訴字第126號民事判決評釋，月旦裁判時報，第30期，頁5-15，2014年12月。

【相關函釋】

★代表雇主行使管理權之人或代表雇主處理有關受僱者事務之人涉就業服務法之情事，若僅為傳達雇主之意思表示，自對雇主發生效力，有就業服務法之適用

（勞委會民國101年9月6日勞職業字第1010501830號）

　　依據就業服務法第2條及性別工作平等法第3條，代表雇主行使管理權之人或代表雇主處理有關受僱者事務之人若涉就業服務法之情事，該等人員

僅為傳達雇主之意思表示，自對雇主發生效力，有就業服務法之適用。

【相關判決】

★性別工作平等法所規定之「受僱者、求職者」，不僅限於僱傭關係中之「受僱者、受僱者」

（臺北地方法院96年度訴字第7313號民事判決)

◎事實

甲（原告）為國立臺灣科技大學教授，參加國立宜蘭大學的校長遴選，且為三位候選人中唯一之女性。該遴選委員會於 2006 年 4 月 26 日對候選人面試過程中，有遴選委員乙（被告）向其提出女性募款能力較為不足之問題，教育部（被告）之後亦未圈選甲擔任國立宜蘭大學校長，甲因而提起訴訟。

教育部（被告）主張其與甲並非勞雇關係，甲並非向教育部求職。另依大學自治原則，於大學自治範疇內教育部並無權干涉國立大學學校之治理運作，教育部僅是行政主管機關，並無指揮監督校長治理學校之權。縱甲與教育部之間就部分任務或有公法上之委任關係，但甲係參加國立宜蘭大學之校長遴選，該校才是性別工作平等法所規定之雇主。

◎爭點

性別工作平等法所規定之「受僱者、求職者」，是否僅限於僱傭關係中之「受僱者、受僱者」？

◎判決要旨

依據大學法第 10 條之規定，新設立之大學校長，國立者，由教育部組織遴選委員會直接選聘。從而，甲向國立宜蘭大學「求職」擔任校長之過程，尚需經教育部之選任與監督。依大學法第 10 條之規定，教育部對國立宜蘭大學校長之選任有參與、監督之責，依性別平等法第 3 條之規定，雇主包含「代表雇主行使管理權之人或代表雇主處理有關受僱者事務之人」，且雇主亦可為「公私立機構或機關」，故教育部既因大學法相關規定組成遴選委員

會，為國立宜蘭大學選出校長，自屬性別工作平等法第 3 條之雇主。因此，就「決定校長人選」之事務，教育部應可被認定為（至少應可類推適用）民法第 188 條之選任人及監督人，以利求職者及受僱者在遭受性別差別待遇時能依性別工作平等法主張權利。而遴選委員會既受領教育部之報酬而處理事務，其與教育部間之關係，在私法上應可認定為委任關係，是亦可被視為性別工作平等法第 3 條之雇主（或至少應解釋為教育部之履行輔助人）。

按民法第 188 條第 1 項所定之受僱者，並非僅限於僱傭契約所稱之受僱者，凡客觀上被他人使用為之服務勞務而受其監督者均係受僱者，最高法院 57 年台上字第 1663 號判例可資參照。委任人對於受任人負有選任及監督之責，如委任人選任或監督受任人執行職務，未盡相當之注意，應依民法第 188 條負賠償責任。教育部屢次以其與國立宜蘭大學係公法上委任關係，或遴選會委員乃獨立行使職權為由，主張教育部無監督權，不應適用民法第 188 條之僱傭人責任，此項主張實顯違背上開判例之意旨，不足採信。況且，委任人對受任人之選任，本應負責；其對受任人為委任事務之指示，亦含有選任監督之意涵。

另性別工作平等法所謂之「受僱者、求職者」，亦非僅限於僱傭契約所稱之受僱者。蓋如公司襄理、副理、副總經理之招募、甄試、進用、分發、配置、考績或陞遷，亦可能遭到性別不平等之待遇，也可能遭遇性騷擾之行為。如認為性別工作平等法只適用僱傭契約，排除其他勞務給付之契約，難認與其立法意旨相符。從而，本件甲參與國立宜蘭大學校長之甄選，自屬性別工作平等法之求職者，當有性別工作平等法之適用。

第4條 (主管機關)

【條文內容】

I 本法所稱主管機關：在中央為勞動部；在直轄市為直轄市政府；在縣（市）為縣（市）政府。

II 本法所定事項，涉及各目的事業主管機關職掌者，由各該目的事業主管機關辦理。

【立法理由】

劃分中央各部會及地方主管機關之權責，因應政府組織改造，本法之中央主管機關原為勞工委員會，現為勞動部。

【相關函釋】

★行政機關得本於職權，派員或指揮所屬勞動檢查機構，持行政機關核發之身分證明文件至公務機關進行查處

（勞委會民國91年7月12日勞檢1字第0910033892號函）

依兩性工作平等法第4條規定，貴府為該法之主管機關，故為落實轄內兩性工作平權，貴府本於職權得派員或指揮所屬勞動檢查機構持貴府核發之身分證明文件至公務機關進行查處。

第5條 (性別工作平等會之設置)

【條文內容】

I 為審議、諮詢及促進性別工作平等事項,各級主管機關應設性別工作平等會。

II 前項性別工作平等會應置委員五人至十一人,任期兩年,由具備勞工事務、性別問題之相關學識經驗或法律專業人士擔任之,其中經勞工團體、女性團體推薦之委員各二人,女性委員人數應占全體委員人數二分之一以上。

III 前項性別工作平等會組織、會議及其他相關事項,由各級主管機關另定之。

IV 地方主管機關如設有就業歧視評議委員會,亦得由該委員會處理相關事宜。該會之組成應符合第二項之規定。

【立法理由】

一、規定性別工作平等會之職權。

二、明定性別工作平等會的組成及任期,為使性別工作平等會能真正達致保障受僱者平等工作權益之目的,特於委員會中保障女性委員比例,及納入專精性別及勞工事務專業人士之機制。

三、明定地方主管機關如設有就業歧視評議委員會者亦得由該會處理相關事宜,以免疊床架屋。

【條文說明】

　　性別工作平等法所禁止之性別/性傾向歧視亦為就業服務法第5條第1項所禁止之就業歧視項目之一,因此就業歧視評議委員會亦可評議性別/性傾向歧視。因此,本條第4項規定各地方主管機關如有設置就業歧視評議委員會,且其組成符合同條第2項之規定時,得由就業歧視評議委員會處理有關性別工作平等之事項。

　　不論是由性別工作平等會或是就業歧視評議委員會評議性別歧視或是性傾向歧視申訴案件，皆需要透過具備勞工事務、性別問題之相關學識經驗或法律專業人士就申訴案件進行專業判斷。因此，評議委員是否有充分之專業即成為該項機制是否能有成效之重要關鍵。

　　從過去到現在，就業歧視評議委員會或是性別工作平等會所作成之評議，常有遭到勞動部訴願審議委員會、行政院訴願審議委員會或是行政法院廢棄之情況，相當程度地影響評議機制之威信與效能。不可否認，有些評議結果被撤銷是因為某些地方政府在選任就業歧視評議委員會或是性別工作平等會之委員時，未能充分考量委員之相關專業，致使評議結果欠缺說服力。然而，亦有些評議結果被撤銷是因為就業歧視評議委員會或是性別工作平等會所做成之專業判斷未受到相關機關應有之尊重。

【相關文獻】

焦興鎧，就業歧視之新興議題解析，法制論叢，第 46 期，頁 85-121，2010 年 7 月。

第6條（編列經費及中央之經費之補助）

【條文內容】

I 直轄市及縣（市）主管機關為婦女就業之需要應編列經費，辦理各類職業訓練、就業服務及再就業訓練，並於該期間提供或設置托兒、托老及相關福利設施，以促進性別工作平等。

II 中央主管機關對直轄市及縣（市）主管機關辦理前項職業訓練、就業服務及再就業訓練，並於該期間提供或設置托兒、托老及相關福利措施，得給予經費補助。

【立法理由】

一、地方政府為婦女就業之需要應編列因定之經費，舉辦各類職業訓練，培養受僱者之職業技能，以開發人力資源。

二、顧老育幼等照顧工作應為家庭、社會之共同責任，但多數受僱者卻常因為托兒、托老問題而無法參與各類職業訓練，故明定政府部門辦理職業訓練或就業服務時應提供相關托兒、托老服務，以保障其權益。

第6-1條（勞動檢查項目）

【條文內容】

主管機關應就本法所訂之性別、性傾向歧視之禁止、性騷擾之防治及促進工作平等措施納入勞動檢查項目。

【立法理由】

一、新增本法規定事項納入勞動檢查項目。

二、本法雖針對性別歧視之禁止、性騷擾防治、促進工作平等措施皆已訂立罰則，但因勞資關係不對等，致使受僱者為保全工作而不敢提出申訴，造成法令執行效果不彰。據勞委會（現已更名為勞動部）出版婦女勞動統計顯示：94年本法促進工作平等措施如生理假、調整工作時間、家庭照顧假、設置托兒設施或提供托兒措施等項目，約超過60%之事業單位未提供；性騷擾防治措施亦僅48.61%事業單位符合法規。為健全本法落實之規定，爰將本法相關規定列入勞動檢查項目。

第二章　性別歧視之禁止

第7條 (招募、甄試、進用、分發、配置、考績、陞遷)

【條文內容】

雇主對求職者或受僱者之招募、甄試、進用、分發、配置、考績或陞遷等,不得因性別或性傾向而有差別待遇。但工作性質僅適合特定性別者,不在此限。

【立法理由】

一、本條制訂理由有二:

(一)為確保求職者或受僱者享有平等受僱之機會,明定雇主於招募及僱用時,不得因性別而有差別待遇,惟慮及有些工作需特定性別者方能完成,爰為除外規定。

(二)但書未就「法律另有規定者」給予保留規定,因此現行法律中因性別而有差別待遇者,如勞工安全衛生法第21條、勞基法第49條等,於本法提出時,應配合修正。

二、民國96年修訂時,為因應多元性傾向時代來臨,並配合國際人權推動趨勢,就本條進行修正,其修正理由如下:

(一)為保障多元性傾向者之工作權益,增列性傾向歧視之禁止規定。

(二)目前已有許多國家立法保障多元性傾向者免於受到差別待遇,此乃國際趨勢。

(三)本條文所稱「性別」,除了指性別之生理特徵外,亦應包含對性別之刻板印象,如生理特徵為男性者將其對應於豪邁;生理特徵為女性者則將其對應於溫柔等。

【條文說明】

★「差別待遇」之意義

性別工作平等法中所定之「差別待遇」，依同法施行細則第 2 條後段之規定，係指「雇主因性別或性傾向因素而對受僱者或求職者為直接或間接不利之對待」。

「直接不利之對待」係一種「表面歧視」，從雇主措施的表面或形式上即可觀察出來的性別或性傾向歧視，亦即雇主之措施可對照出有明顯的「男性 v. 女性」或是「同性戀 v. 異性戀」的差別待遇，例如雇主在招募廣告中明白限制求職者之性別必須是女性，男性求職者即會因其性別受到不利對待。

「間接不利之對待」則係當雇主之措施表面和形式上是中性的，但實施的結果卻會對大多數特定性別或特定性傾向者造成負面影響。 例如雇主在招募時要求所有求職者必須通過「背負 30 公斤沙包，在 1 分鐘內，5 公尺的距離內，來回跑走 4 遍」的體能測驗方有機會受僱，此種標準表面看來雖是中性的，但實施的結果會對大多數女性求職者造成負面影響，此即間接不利之對待。

★性別歧視之例外

性別工作平等法第 7 條但書規定「但工作性質僅適合特定性別者，不在此限」，所謂「工作性質僅適合特定性別者」，依同法施行細則第 3 條之規定係指「非由特定性別之求職者或受僱者從事，不能完成或難以完成之工作」，亦即若非特定性別者，無法安全且有效率地執行系爭工作。例如女性成衣製造廠招募模特兒拍攝型錄，若非由女性擔任模特兒，無法完成該項工作。

★「性傾向」與「性傾向歧視」

我國性別平等教育法、就業服務法及性別工法平等法均未明確定義「性傾向」。在學理上，性傾向係指「一個人對另一個人在感情上有持續、浪漫

愛、性慾或情感的吸引，用來描述一個人性渴望、幻想和感覺的對　象」[14]，亦即一個人在情慾上會被同性或異性吸引。

　　性傾向歧視係指雇主因為對特定性傾向之偏好或偏見，而在就業上因求職者或受僱者之性傾向給予差別待遇。性傾向歧視的禁止係保障所有性傾向者，包括同性戀、異性戀及雙性戀者不因其性傾向在職場中受到差別待遇[15]。

★禁止性別認同歧視之必要性

　　「性別認同」係指「個人對自身性別上之認同」，相較於生理性別（生理學上之特徵）及社會性別（社會對特定生理性別所為相應之期待），性別認同乃是個人對自身屬於何種性別之認同，可視為一種「心理性別」[16]。

　　我國性別工作平等法明文禁止性別與性傾向歧視，但並未禁止性別認同歧視，究竟係立法者之立法疏漏，或係立法者認為性別及性傾向歧視的禁止規定即足以保護性別認同歧視之情形，並不可知。目前我國職場中之性別認同歧視個案大多被視為性傾向歧視個案處理，雖可保障受害者之權益，但性別認同歧視在本質上實不同於性傾向歧視，我國於 2013 年 3 月依聯合國規格提出國家人權報告書時，審查報告即指出台灣未能理解性傾向與性別認同之差異，乃是我國於性別平等保障法治實踐上之缺失。因此，未來實應修正性別工作平等法，明確定義性傾向與性別認同，並明文禁止性別認同歧視，方能有效解決此一問題。

14　陳宜倩，禁止就業「性傾向歧視」之理論與實務初探，月旦法學雜誌，第 187 期，頁 121，2010 年 12 月。

15　張宏誠，論公開出櫃與強迫出櫃之憲法意義——立法防制性傾向就業歧視之策略與議題，100 年度防制就業歧視暨性別平權專題論壇論文手冊，頁 53，2011 年 8 月。

16　吳馨恩，生理性別、跨性別與順性別，公民行動影音紀錄資料庫，2015 年 6 月 27 日，http://www.civilmedia.tw/archives/33386（最後瀏覽日：2016 年 11 月 8 日）。

【相關文獻】

1. 王如玄，又見性別招募歧視，律師雜誌，第 242 期，頁 2-5，1999 年 11 月。

2. 李惠宗，分定男女錄取名額考試之合憲性，月旦法學教室，第 88 期，頁 6-7，2010 年 2 月。

3. 林更盛，論性別歧視與母性歧視之禁止——評台灣高等法院八十七年度勞上易字第一號判決，月旦法學雜誌，第 74 期，頁 185-192，2001 年 7 月。

4. 張文貞，性別平等之內涵與定位：兩公約與憲法之比較，臺大法學論叢，第 43 卷特刊，頁 771-838，2014 年 11 月。

5. 張宏誠，論公開出櫃與強迫出櫃之憲法意義——立法防制性傾向就業歧視之策略與議題，臺北市政府勞工局 100 年度防制就業歧視暨性別平權專題論壇，2011 年 8 月。

6. 郭玲惠，兩性工作平等法實施成效之檢討-以司法實務為核心，國家政策季刊，第 4 卷第 1 期，頁 5-20，2005 年 4 月。

7. 郭玲惠，性別表現或性傾向歧視案——台北地方法院 100 年勞訴字第 172 號判決，勞動法精選判決評釋，元照，頁 171-182，2013 年 9 月。

8. 陳宜倩，禁止就業「性傾向歧視」之理論與實務初探，月旦法學雜誌，第 187 期，頁 119-133，2010 年 12 月。

9. 焦興鎧，美國就業上性傾向歧視爭議之探討，歐美研究，第 39 卷第 1 期，頁 29-77，2009 年 3 月。

10. 葛百鈴，性傾向？性別認同歧視？——台北地方法院 101 年度簡字第 164 號判決，性別工作平等法精選判決評釋，元照，頁 73-82，2014 年 9 月。

【相關函釋】

★事業單位以特定主題如女僕餐廳或僕人餐廳招募員工,是否構成性別歧視,由地方主管機關性別工作平等會審議

（勞委會民國98年11月26日勞動三字第0980090244號函）

查性別工作平等法第7條規定,雇主對求職者或受僱者之招募、甄試、進用、分發、配置等,不得因性別或性傾向而有差別待遇。但工作性質僅適合特定性別者,不在此限。同法施行細則第3條規定,所稱工作性質僅適合特定性別者,指非由特定性別之求職者或受僱者從事,不能完成或難以完成之工作。

復查性別工作平等申訴處理辦法第2條規定,受僱者或求職者依性別工作平等法第34條規定向地方主管機關申訴時,地方主管機關之性別工作平等會應依本辦法審議。

基上,有關事業單位以特定主題如女僕餐廳或僕人餐廳名義辦理招募行為,是否違反性別工作平等法性別歧視之規定,而對求職者或受僱者有差別待遇疑義,依前開規定辦理。

★雇主招聘員工不得以避免違反勞動基準法第49條為由,限定求職者之性別

（勞委會民國100年3月2日勞動三字第1000004808號函）

雇主在刊登招募員工廣告時,對求職者訂有性別限制,違反就業服務法第5條第1項規定及性別工作平等法第7條規定,按特別法優於普通法原則,應適用性別工作平等法第7條規定及第38條之1規定裁處。

查勞動基準法第49條規定,雇主不得使女工於午後10時至翌晨6時之時間內工作。但雇主經工會同意,如事業單位無工會者,經勞資會議同意後,且雇主提供必要之安全衛生設施及無大眾運輸工具可資運用時,提供交通工具或安排女工宿舍時,女工得於夜間工作。

基上,系爭超商因24小時營業,需招募人才從事夜間工作,仍不得以

避免違反勞動基準法第 49 條規定爲由，僅徵「男大夜班」。

★公司規定女性員工應著裙裝制服是否涉及性別歧視，依個案事實認定

（勞委會民國101年9月28日勞動三字第1010078777號函）

查性別工作平等法有關禁止性別歧視之規定，爲就業服務法第 5 條之特別規定。雇主如違反性別歧視之規定，應依性別工作平等法規定辦理，前經本會於 91 年 7 月 25 日勞動 3 字第 09100345431 號函釋在案。

依性別工作平等法第 7 條至第 11 條規定，從招募、甄試、進用、分發、配置、考績、陞遷、舉辦或提供教育、訓練、福利措施、薪資給付、退休、資遣、離職及解僱等事項，雇主不得因性別而有差別待遇。同法施行細則第 2 條規定，所稱差別待遇，指雇主因性別或性傾向因素而對受僱者或求職者爲直接或間接不利之對待。

綜上，公司規定女性穿著行爲是否涉及性別歧視，應視其有無違反性別工作平等法第 7 條至第 11 條規定之情事，依個案事實予以認定。

【相關判決】

★雇主在招募說明會上要求職者繳交驗孕報告，有剝奪求職者僱用機會之傾向，屬性別差別待遇

（臺中高等行政法院99年度簡字第222號判決）

◎事實

求職者甲向被告 B 市府勞工局申訴稱原告 A 公司承攬國立台灣美術館（下稱國美館）98 年度勞務委託案，惟 A 公司於 98 年 6 月 24 日及 6 月 26 日召集舊有員工（原受僱於維新保全股份有限公司派駐國美館之人員）共 14 人舉行說明會時，要求女性求職者需繳交驗孕報告，有違反性別工作平等法第 7 條規定之情事。B 市府勞工局依職權進行調查，並提經 B 市府性別工作平等會評議，認定 A 公司違反性別工作平等法第 7 條之規定。A 公司不服，

提起訴願，經決定駁回，遂提起本件行政訴訟。

◎爭點

原告於具有招募性質之說明會中，要求參與者體格檢查需繳交驗孕報告，是否構成性別工作平等法第7條「因性別而有差別待遇」之情形？

◎判決要旨

性別工作平等法第7條所稱之「差別待遇」，依同法施行細則第2條後段規定，係指「雇主因性別或性傾向因素而對受僱者或求職者為直接或間接不利之對待」。是雇主如在工作上以排除特定群體為目的，故意在其僱用制度上以特定條件，對求職者有剝奪其僱用機會之傾向，或對其地位有不利影響，即屬差別待遇，至於實際上是否有求職者因而受僱或不被僱用，並不影響差別待遇之成立。

A公司於其所辦理屬招募行為之說明會，要求女性求職者需繳交驗孕報告，對女性求職者造成差別待遇，違反性別工作平等法第7條，縱認A公司當時無明知之故意，依本件違章之情節，亦難認其無過失。

★受僱者因其性別在遴選程序中受到差別待遇，應成立性別歧視

（臺北地方法院96年度訴字第7313號民事判決）

◎事實

原告甲為國立臺灣科技大學教授，前受國立宜蘭大學推薦為校長候選人，且為三位候選人之唯一女性。被告教育部為聘任該校校長，組成遴選委員會於2006年4月26日對候選人面試，然於面試過程中，遴選委員之一被告乙於遴選過程中，連結「募款能力」與性別，甲因而主張乙之行為涉及性別歧視，且侵害其名譽，違反性別工作平等法，向乙和教育部求償200萬元，並要求其登報道歉。

教育部則是主張乙委員係善意徵詢並提醒甲募款能力之重要性，實與性別歧視無涉，縱認甲受有損害，惟甲亦未能證明乙之行為與其損害有何相當因果關係。本件遴選程序完全符合法定程序，且遴選委員會係獨立行使職務

不受教育部指揮監督；遴選委員會經充分討論後一致決議：「丙的行政經歷完整且具親和力，又具私校經驗，有利公立大學的經營。甲的學識與經驗豐富，有助學校之運作與發展。決定遴選丙教授與甲教授，請部長擇一擔任國立宜蘭大學校長。」乙委員對女性募款能力之提問並未成為會議討論焦點，亦無從認定有左右其他委員評斷並進而影響遴選結果之情形，是以甲未能證明教育部之行為與其未能獲選之損害有相當因果關係。

◎爭點

乙委員在遴選過程中對甲提問「女性候選人在募款能力方面比較吃虧，妳認為怎樣？」是否構成「性別差別待遇」？

◎判決要旨

性別主流化的最終目標在於實現性別平等，使兩性都能有更多的選擇自由，以促進人類平等、和平、發展。因此性別平等是一種攸關全社會、全人類幸福的價值，而不是特定人口的福利，更不等於婦女福利。

在本案中，募款能力固然可以於遴選時加以考量，但其考量與判斷，應就各候選人本身之經驗、能力、社會活動等因素為斷，絕不得以性別作基礎。然乙卻將「募款能力」與「性別」加以連結，卻未對在場的男性候選人詢問募款能力的問題，已屬對女性候選人之間接差別待遇。況且，女性募款比較吃虧又非事實，此觀美國民主黨初選中，候選人希拉蕊之募款能力極強即可明白，則該差別待遇，又非基於男女生理之差異或因此差異所生社會生活功能角色上不同。乙未舉證其如此差別待遇之經驗事實何來，亦未能舉證其認為女性募款能力不足非其遴選之基礎，則本次遴選過程，至少有一個遴選委員以性別差別待遇作為其遴選基礎已可認定，且不因乙其後有無肯定甲之學術成就，即正當化先前違反性別平等之言詞。是該項差別待遇乃屬於不必要、不合理之求職障礙，而屬於前開所言之「間接差別待遇」。

第 8 條 (教育訓練)

【條文內容】

雇主為受僱者舉辦或提供教育、訓練或其他類似活動，不得因性別或性傾向而有差別待遇。

【立法理由】

一、職業訓練等類似活動攸關受僱者工作能力之培養、開發，為避免雇主因性別而有差別待遇，故為本條規定。

二、民國 96 年修訂時，為因應多元性傾向時代來臨，並配合國際人權推動趨勢，故本條進行修正，其修正理由如下：

(一)為保障多元性傾向者之工作權益，增列性傾向歧視之禁止規定。

(二)目前已有許多國家立法保障多元性傾向者免於受到差別待遇，此乃國際趨勢。

(三)本條文所稱「性別」，除了指性別之生理特徵外，亦應包含對性別之刻板印象，如生理特徵為男性者將其對應於豪邁；生理特徵為女性者則將其對應於溫柔等。

第9條 (福利措施)

【條文內容】

雇主為受僱者舉辦或提供各項福利措施，不得因性別或性傾向而有差別待遇。

【立法理由】

一、為確保受僱者享有同等之福利措施，故為本條規定。

二、民國96年修訂時，為因應多元性傾向時代來臨，並配合國際人權推動趨勢，故本條進行修正，其修正理由如下：

　　(一)為保障多元性傾向者之工作權益，增列性傾向歧視之禁止規定。

　　(二)目前已有許多國家立法保障多元性傾向者免於受到差別待遇，此乃國際趨勢。

　　(三)本條文所稱「性別」，除了指性別之生理特徵外，亦應包含對性別之刻板印象，如生理特徵為男性者將其對應於豪邁；生理特徵為女性者則將其對應於溫柔等。

第 10 條 (薪資給付)

【條文內容】

I 雇主對受僱者薪資之給付，不得因性別或性傾向而有差別待遇；其工作或價值相同者，應給付同等薪資。但基於年資、獎懲、績效或其他非因性別或性傾向因素之正當理由者，不在此限。

II 雇主不得以降低其他受僱者薪資之方式，規避前項之規定。

【立法理由】

一、本條制訂理由有二：

(一)規定「同工同酬」及「同值同酬」原則。

(二)為避免雇主以降低其他受僱者薪資規避本條第 1 項之規定，故明文禁止。

二、民國 96 年修訂時，為因應多元性傾向時代來臨，並配合國際人權推動趨勢，故本條進行修正，其修正理由如下：

(一)為保障多元性傾向者之工作權益，增列性傾向歧視之禁止規定。

(二)目前已有許多國家立法保障多元性傾向者免於受到差別待遇，此乃國際趨勢。

(三)本條文所稱「性別」，除了指性別之生理特徵外，亦應包含對性別之刻板印象，如生理特徵為男性者將其對應於豪邁；生理特徵為女性者則將其對應於溫柔等。

【條文說明】

「同工同酬」係指從事相同工作之不同性別/性傾向者應得到相同薪資，「同值同酬」則係謂工作價值相同之不同性別/性傾向者應得到相同薪資。

造成「同工不同酬」之主要原因是性別刻板印象，有些雇主認為男人工作賺錢是為了養家活口，女人工作賺錢則多僅是供自己使用。此種性別刻板印象使得有些雇主在決定薪資水準時，會因受僱者之性別而有差別待遇，亦

即雇主會給從事相同工作之男性受僱者較高之薪資。

　　本條不僅禁止雇主因受僱者之性別或性傾向而給從事相同工作者薪資給付上的差別待遇，同時亦禁止雇主因受僱者之性別或性傾向而給工作價值相同者薪資給付上的差別待遇。有些雇主執意要給男性受僱者較高之薪資，但又擔心會違反同工同酬之規定，因此儘管男性與女性受僱者從事之工作相同，雇主透過給予男性受僱者一個「主管」的頭銜，即可主張男性與女性受僱者從事之工作不同，因此領取不同之薪資。因此，單有同工同酬之規定並無法解決不同性別受僱者在薪資給付上受到差別待遇之問題，本條文因此規定雇主對受僱者薪資之給付，其工作價值相同者，仍應給付同等薪資。同值同酬之規定雖可彌補同工同酬規定的不足，只是工作價值如何認定在實際操作上頗為困難，難免影響同值同酬規定的落實[17]。

　　同工同酬與同值同酬僅是原則，倘若雇主給付從事相同工作或相同價值之工作的不同性別/性傾向者不相同之工資，係基於年資、獎懲、績效或其他非因性別或性傾向因素之正當理由，並不會構成性別／性傾向歧視。

　　此外，雇主不得以降低其他受僱者薪資之方式，來規避同工同酬或同值同酬之規定。例如，雇主原來給從事相同工作之女性受僱者較低之薪資，不得為規避同工同酬之規定，而降低男性受僱者之薪資。

【相關文獻】

1. 林佳和，各國同值同酬規定之比較分析——以歐洲法暨德國法為中心，法學新論，第 20 期，頁 49-74，2010 年 3 月。
2. 侯岳宏，薪資禁止性別歧視——宜蘭地方法院 98 年度勞訴字第 2 號判決評釋，台灣勞工季刊，第 44 期，頁 28-35，2015 年 12 月。
3. 陳昭如、張晉芬，性別差異與不公平的法意識——以勞動待遇為例，政大法學評論，第 108 期，頁 63-123，2009 年 4 月。

---

[17] 鄭津津，職場與法律，新學林，頁 455-456，2015 年 10 月修訂 5 版。

4. 焦興鎧，同工同酬與同值同酬——美國之經驗，政大勞動學報，第 9 期，頁 65-110，2000 年 1 月。

5. 焦興鎧，美國實施同工同酬經驗之探討，全國律師，第 4 卷第 2 期，頁 62-77，2000 年 2 月。

6. 嚴祥鸞，她們的真正平等工作權——同工同酬到同值同酬的意義，律師雜誌，第 242 期，頁 61-75，1999 年 11 月。

【相關判決】

★雇主對受僱者薪資之給付，非基於考績或其他非性別因素而有差別待遇，即構成性別歧視

（宜蘭地方法院98年度勞訴字第2號民事判決）

◎事實

原告甲先於 2000 年 1 月 1 日至 2002 年 3 月 31 日與被告乙電視股份有限公司（下稱乙公司）簽訂「地方特約記者新聞影帶合作合約」，由甲為乙公司製作宜蘭地區新聞採訪錄影帶及稿件之工作，係採「按件計酬」方式，之後甲與乙公司於 2002 年 4 月 1 日始成立勞動契約關係，並約定甲負責宜蘭地區之採訪工作，且為乙公司唯一派駐宜蘭之記者，負責所有新聞製作流程，包括到現場拍攝、錄製、剪輯、後製、連線、上傳及宜蘭地區相關事務聯繫與設備管理等工作。

在本案中，甲主張其身為乙公司全台第一位有線電視台女駐地記者，不論其工作之年資、內容、效率均未曾遜於其他駐地男性記者，此有製作新聞數量多寡可稽，然甲不經意耳聞同為東部之基隆、花蓮、台東等地之男性駐地記者，年資均相同或低於甲，其領取之薪資竟均高於甲，例如，同為東部駐地記者之男性同事月薪均達 55,000 元以上，與甲 45,000 元差距為 1 萬元，衡諸工作內容相同、地域相同之條件，乙公司竟僅因性別不同而為不同薪資之給付，實已有違勞基法第 25 條及性別工作平等法第 10 條之規定，已符合勞基法第 14 條第 1 項第 6 款之終止事由，且得依據性別工作平等法第 26 條

規定向乙公司請求 5 年內之損害賠償為 600,000 元。

　　乙公司則抗辯，依性別工作平等法第 10 條第 1 項但書規定，薪資若係基於年資、獎懲、績效等因素而有不同，係屬正當理由。依兩造僱用契約之約定，甲方得視營運績效及乙方之工作表現或考績結果調整乙方之薪資。再依乙公司工作規則第 17 條規定：「本公司員工之薪資係按工作繁簡難易、職責輕重及所需專業技能等訂定之薪級表標準支給，由雙方議定之……」乙公司係一私法人，員工薪資多寡需視員工個人學經歷、工作內容、考績等諸多因素而定，且由勞資雙方自行約定，並無統一標準，此乃就業市場之通則，並未考慮性別因素。乙公司東部駐地 3 名記者中，甲之工作表現最差，以致考績劣於其他 2 人，且台東、花蓮駐地記者負責區域範圍係甲數倍以上，因此所領薪資較甲高自屬自然，並非因性別不同所致，乙公司無違上開法令損害甲權益情形，甲據此主張乙公司差別待遇及請求賠償 60 萬元，應無所據。

◎爭點

　　乙公司對甲之薪資給付標準是否有違性別工作平等法所定同工同酬之規定？

◎判決要旨

　　經查甲係於 2002 年 4 月 1 日起受僱於乙公司，自 2002 年 7 月起被正式任用，薪資為每月 30,000 元，但僅擔任文字記者。自 2003 年 6 月起因改採單機作業，甲即身兼文字、攝影記者，工資被調整為每月 41,000 元。自 2006 年 10 月起再調整為每月 45,000 元。乙公司派駐花蓮地區之記者，為單機作業且身兼文字、攝影記者，自 2003 年 3 月起正式任用薪資為每月 4,5000 元；自 2005 年 10 月起調整為每月 51,000 元；自 2006 年 10 月起再調整為每月 55,000 元。另乙公司派駐台東地區之記者，為單機作業且身兼文字、攝影記者，自 2002 年 11 月起正式任用薪資為每月 43,000 元；自 2006 年 10 月起調整為每月 55,000 元。

　　甲自 2002 年度至 2008 年度，歷年之考績均為甲等；花蓮記者自 2003 年度至 2008 年度，歷年之考績均為優等；台東記者自 2002 年度至 2008 年

度，歷年之考績則為甲等、甲等、甲等、甲等、甲等、優等、優等。

經本院勾稽上述資料予以核對，甲採單機作業且身兼文字、攝影記者時，起薪為每月 41,000 元，花蓮記者為每月 45,000 元，台東記者為每月 43,000 元，甲與其他花東駐地記者之薪資差距為每月 2,000 元至 4,000 元不等，此或可解釋為宜蘭地區之地域範圍較花東地區之地域範圍為小之合理差距。然甲於 2006 年 10 月起調整為每月 4,5000 元，其他花東記者亦於 2006 年 10 月起調整為每月均達 55,000 元，甲與其他花東駐地記者之薪資差距提高為每月 10,000 元，明顯超出先前之薪資差距，顯非單純之宜蘭地區之地域範圍較花東地區之地域範圍為小，可資合理解釋。

花蓮記者因每年考績均為優等，故其自 2005 年 10 月起已先調薪為每月 51,000 元，但甲與台東記者自 2002 年度起至 2006 年度止，考績均為甲等，但甲自 2006 年 10 月起僅調薪 4,000 元而為每月 45,000 元，台東記者自 2006 年 10 月起則調薪 12,000 元而為每月 55,000 元，顯非因為甲與台東記者之考績差異因素所導致。

再參照乙公司係自 2009 年 1 月 1 日起始全面將新聞傳輸方式由光纖傳輸改為網路傳輸之情事，足認在兩造間因新聞傳送方式發生爭議之前，甲之薪資已與其他花東駐地記者有所差距。乙公司雖辯稱該公司東部駐地 3 名記者中，甲工作表現最差，以致考績劣於其他 2 人，且花東駐地記者負責區域範圍係甲數倍以上，因此所領薪資較甲高自屬當然，並非因性別不同所致，惟乙公司於 2006 年 10 月調整甲與台東記者之薪資前，兩者之年度考績每年均為甲等，並無不同，但自 2006 年 10 月調整後每月薪資差距已擴大為 10,000 元，故乙公司抗辯係因考績因素而有薪資差距，已難採信。花東之地域範圍雖較宜蘭地域為廣，然此項地理條件從 2002 年迄今均屬固定而未曾變更，何以 2003 年時甲之薪資與花東之記者相較，每月僅差距 2,000 元至 4,000 元不等，卻於 2006 年 10 月起每月差距增加為 10,000 元，是乙公司抗辯係因花東記者負責區域範圍係甲數倍以上，亦無可採。

乙公司未提出其他證據資料可資證明有其他合理之事由而對於甲之薪資為差別待遇，則甲主張乙公司係因性別因素而對於甲之薪資給付有差別待遇，已有違性別工作平等法第 10 條，應屬可採。

第 11 條 (退休、資遣、離職、解僱)

【條文內容】

Ⅰ 雇主對受僱者之退休、資遣、離職及解僱,不得因性別或性傾向而有差別待遇。

Ⅱ 工作規則、勞動契約或團體協約,不得規定或事先約定受僱者有結婚、懷孕、分娩或育兒之情事時,應行離職或留職停薪;亦不得以其為解僱之理由。

Ⅲ 違反前二項規定者,其規定或約定無效;勞動契約之終止不生效力。

【立法理由】

一、本條制訂理由有三:

(一)受僱者於退休年齡、資遣、離職及解僱等情形下,時常因性別而有著差別待遇,故特明文禁止。

(二)女性受僱者為求獲得工作機會,往往被迫與雇主約定有結婚、懷孕、分娩或育兒等情事時應自動辭職或留職停薪之約款,是為遏止此種脫法行為,特明文禁止。

(三)明定違反第 1 項、第 2 項行為之效力。

二、民國 96 年修訂時,為因應多元性傾向時代來臨,並配合國際人權推動趨勢,故本條進行修正,其修正理由如下:

(一)為保障多元性傾向者之工作權益,增列性傾向歧視之禁止規定。

(二)目前已有許多國家立法保障多元性傾向者免於受到差別待遇,此乃國際趨勢。

(三)本條文所稱「性別」,除了指性別之生理特徵外,亦應包含對性別之刻板印象,如生理特徵為男性者將其對應於豪邁;生理特徵為女性者則將其對應於溫柔等。

【條文說明】

★雇主對懷孕女性不友善之可能原因

懷孕生產係人類延續生命之必要過程，而此項任務唯有女性可以完成。因此懷孕對女性而言，既是特權，也是負擔。女性在懷孕過程中身心所產生之變化雖因人而異，但懷孕女性多會面臨懷孕所引起之不適與不便。懷孕期間之身心不適難免會影響女性之工作表現與績效，再加上相關法律賦予懷孕、生產之女性受僱者得改調較輕易之工作[18]、安胎休養[19]、產檢假[20]、產假[21]、育嬰留職停薪[22]等權利，增加雇主之經營成本，易造成雇主對懷孕女性在招募、甄試、進用、分發、配置、考績、陞遷、資遣、離職及解僱等方面給予差別待遇[23]。

★懷孕歧視之本質

性別工作平等法與就業服務法均未明確規定「懷孕歧視」是否為「性別歧視」之一種，蓋並非每一位女性都會懷孕，雇主對懷孕求職者或受僱者之差別待遇，似乎無法直接與性別歧視劃上等號。惟雖然並非每個女性都會選擇懷孕或可以懷孕，但在職場中因懷孕而受到差別待遇者皆為女性，故懷孕

---

[18] 勞動基準法第 51 條：「女工在妊娠期間，如有較為輕易之工作，得申請改調，雇主不得拒絕，並不得減少其工資。」

[19] 性別工作平等法第 15 條第 3 項：「受僱者經醫師診斷需安胎休養者，其治療、照護或休養期間之請假及薪資計算，依相關法令之規定。」

[20] 性別工作平等法第 15 條第 4 項：「受僱者妊娠期間，雇主應給予產檢假五日。」

[21] 性別工作平等法第 15 條第 1 項：「雇主於女性受僱者分娩前後，應使其停止工作，給予產假八星期；妊娠三個月以上流產者，應使其停止工作，給予產假四星期；妊娠二個月以上未滿三個月流產者，應使其停止工作，給予產假一星期；妊娠未滿二個月流產者，應使其停止工作，給予產假五日。」

[22] 性別工作平等法第 16 條第 1 項：「受僱者任職滿六個月後，於每一子女滿三歲前，得申請育嬰留職停薪，期間至該子女滿三歲止，但不得逾二年。同時撫育子女二人以上者，其育嬰留職停薪期間應合併計算，最長以最幼子女受撫育二年為限。」

[23] 鄭津津，懷孕歧視之探討，台灣勞工季刊，第 6 期，頁 44，2007 年 3 月。

歧視在本質上仍是雇主基於「性別」之差別待遇[24]。

★懷孕歧視之常見態樣

　　求職者或受僱者因懷孕在職場中受到差別待遇大致可歸納為下列幾種態樣[25]：

　　1.雇主因求職者懷孕而拒絕予以僱用。

　　2.雇主在僱用時要求受僱者切結，若有懷孕即應離職或辦理留職停薪。

　　3.雇主因受僱者懷孕而予以調動，因調動後之工作與受僱者能力不相合，造成受僱者無法勝任，致受僱者自請離職或雇主以懷孕受僱者不能勝任工作為由，予以解僱。

　　4.受僱者因懷孕身心不適而影響其工作表現與效能，雇主不考量其懷孕狀況，僅以其工作表現決定其績效，給予懷孕受僱者較差之考評，或以「不能勝任工作」為由解僱懷孕受僱者。

　　5.受僱者並未因懷孕影響工作表現與效能，然雇主出於偏見或是成本考量，給予懷孕受僱者較差之考評，或以「不能勝任工作」為由解僱懷孕受僱者。

★混合動機懷孕歧視

　　在有些個案中，雇主解僱懷孕受僱者並不單純是因為受僱者懷孕，而是混合著其他合法原因。例如，雇主因業務緊縮需要裁員，在決定裁員名單時，考量了受僱者懷孕之因素。此種解僱表面上看來是合法的，但卻暗藏著懷孕歧視的動機，惟因判斷暗藏懷孕歧視動機的困難，此種混合動機的懷孕歧視在處理上格外棘手。

---

[24] 鄭津津，同前註，頁 45。

[25] 黃碧芬，我國法院之懷孕歧視案例分析，94 年度兩性工作平等法制學術研討會論文手冊，行政院勞工委員會，頁 29-30，2005 年。

★懷孕歧視之判斷標準

我國懷孕歧視爭議，多是集中在雇主因受僱者懷孕而要求其留職停薪、給予較差考評或予以解僱等問題[26]。在懷孕歧視的訴訟案件中，雇主多會提出看似合理之說詞，然法院在判斷雇主行為是否構成懷孕歧視時，已建立若干客觀之判斷標準，例如，雇主是否提供懷孕受僱者善意無歧視之工作環境、雇主對懷孕受僱者之差別待遇與該受僱者懷孕之時點是否吻合、雇主之考評標準是否客觀具體、雇主是否藉由合法事由掩飾懷孕歧視之事實、雇主對懷孕受僱者之一貫態度等等[27]。

【相關文獻】

1. 王澤鑑，勞動契約法上之單身條款，基本人權與公序良俗，萬國法律，第 50 期，頁 3-13，1990 年 4 月。
2. 李玉春，我國懷孕歧視司法實務問題之研究，法令月刊，第 63 卷第 3 期，頁 46-68，2012 年 3 月。
3. 孟藹倫，婦女產假薪資改由勞保給付懷孕不用再怕雇主刁難解僱——產假期間薪資納入勞工保險生育給付規劃芻議，台灣勞工季刊，第 3 期，頁 93-95，2006 年 9 月。
4. 郭玲惠，性別工作平等法制之現在與展望，台灣勞工季刊，第 17 期，頁 14-25，2009 年 3 月。
5. 郭玲惠，產假期間預告終止僱傭契約，律師雜誌，第 242 期，頁 42-60，1999 年 11 月。
6. 郭玲惠，勞動契約之合意終止與附解除條件勞動契約之限制，台灣社會研究季刊，第 24 期，頁 41-78，1996 年 11 月。
7. 焦興鎧，論雇主採用「胎兒保護措施」所引起之就業歧視爭議——

---

[26] 李玉春，我國懷孕歧視司法實務問題之研究，法令月刊，第 63 卷第 3 期，頁 46，2012 年 3 月。

[27] 鄭津津，懷孕歧視之探討，台灣勞工季刊，第 6 期，頁 51，2007 年 3 月。

Johnson Controls 一案之分析，勞工法與勞工權利之保障——美國勞工法論文集(一)，元照，頁389-443，1995年11月。

8. 黃碧芬，我國法院之懷孕歧視案例分析，94年度兩性工作平等法制學術研討會論文手冊，行政院勞工委員會，頁29-30，2005年。

9. 劉士豪，懷孕歧視與慰撫金／士林地院96勞訴32，台灣法學雜誌，第117期，頁187-188，2008年12月。

10. 劉梅君，懷孕歧視——兩性工作平等法的現階段立法困境與缺憾，立法院院聞，第31卷第7期，頁16-31，2003年7月。

11. 鄭津津，懷孕歧視之探討，台灣勞工季刊，第6期，頁44-51，2007年3月。

【相關函釋】

★受僱者於育嬰留職停薪屆滿前分娩，遭雇主以業務緊縮為由資遣，主管機關應再審視雇主是否違反性別工作平等法第11條

（勞委會民國102年4月26日勞動三字第1020130788號函）

查性別工作平等法第11條規定，雇主對受僱者之退休、資遣、離職及解僱，不得因性別或性傾向而有差別待遇。工作規則、勞動契約或團體協約，不得規定或事先約定受僱者有結婚、懷孕、分娩或育兒之情事時，應行離職或留職停薪；亦不得以其為解僱之理由。違反前2項規定者，其規定或約定無效；勞動契約之終止不生效力。

同法第17條第1項規定，受僱者於育嬰留職停薪期滿後，申請復職時，除有該條所列情形之一，並經主管機關同意者外，雇主不得拒絕。同條第2項規定，雇主因前項各款原因未能使受僱者復職時，應於30日前通知之，並應依法定標準發給資遣費或退休金。

本案勞工於育嬰留職停薪期間分娩，並於育嬰留職停薪期滿前申請復職，遭雇主以業務緊縮為由資遣，貴府應本權責查明是否符合性別工作平等法第17條第1項各款所定要件。另雇主於資遣該名勞工時，如知悉其分娩

未久，貴府應再審視是否違反同法第 11 條規定，本權責核處。

★外籍家庭看護工於工作期間懷孕遭資遣，是否違反性別工作平等法第11條規定，應依個案事實認定

（勞委會民國101年12月14日勞動三字第1010133196號函）

目前本、外國籍家事服務業工作者（如家庭看護工）尚不適用勞動基準法。

查性別工作平等法第 11 條規定略以，雇主對受僱者之資遣、離職及解僱，不得因性別而有差別待遇。工作規則、勞動契約或團體協約，不得規定或事先約定受僱者有結婚、懷孕、分娩或育兒之情事時，應行離職或留職停薪；亦不得以其為解僱之理由。違反前二項規定者，其規定或約定無效；勞動契約之終止不生效力。同法第 31 條規定略以，受僱者於釋明差別待遇之事實後，雇主應就差別待遇之非性別因素負舉證責任。

基上，外籍家庭看護工懷孕遭資遣是否違反性別工作平等法第 11 條規定，應就個案事實予以認定，並非懷孕期間，雇主皆不得終止契約。又，雇主基於外籍看護工若於工作期間懷孕恐影響看護工作，與其約定性別工作平等法第 11 條第 2 項所禁止之事項部分，已與性別工作平等法規定有違。

★對於從事繼續性工作之懷孕勞工不續聘，違反性別工作平等法第11條

（勞委會民國100年4月13日勞動三字第1000067510號函）

性別工作平等法第 11 條規定，雇主對於受僱者之退休、資遣、離職及解僱，不得因性別或性傾向而有差別待遇。……勞基法第 9 條規定，除臨時性、短期性、季節性及特定性工作得為定期契約外，有繼續性工作應為不定期契約。上開定期契約工作期間，依同法施行細則第 6 條規定，臨時性、短期性在 6 個月以內者；季節性在 9 個月以內者；特定性工作期間超過 1 年者，應報主管機關核備。

至「繼續性工作」如何認定疑義，按現行勞基法之規範及勞動市場之僱

傭型態以繼續性工作為一般常態，非繼續性工作為例外，所稱「非繼續性工作」係指雇主非有意持續維持之經濟活動，而欲達成此經濟活動所衍生之相關職務工作而言。

基上，本案勞工如係從事繼續性工作者，不因契約形式（或名義）上訂有期間而影響其勞動契約性質。雇主如因勞工懷孕而不續聘，係違反性別工作平等法第11條規定。

★性別工作平等法第11條第1項係規定當發生退休、資遣、離職及解僱情形時，雇主不得因性別或性傾向而對受僱者有差別待遇；第2項則僅指解僱，未包含退休及資遣

（勞委會民國100年1月6日勞動三字第0990132208號函）

性別工作平等法第11條第2項規定：「工作規則、勞動契約或團體協約，不得規定或事先約定受僱者有結婚、懷孕、分娩或育兒之情事時，應行離職或留職停薪；亦不得以其為解僱之理由。」上開規定所稱「解僱」係僅指解僱，未包含退休及資遣。

性別工作平等法第11條第1項規定：「雇主對受僱者之退休、資遣、離職及解僱，不得因性別或性傾向而有差別待遇。」該規定係則指當發生退休、資遣、離職及解僱情形時，雇主不得因性別或性傾向對受僱者有差別待遇。

★雇主若因受僱者懷孕而終止勞動契約，即屬違反性別工作平等法第11條第2項規定

（勞委會民國97年8月1日勞動三字第0970130568號函）

依法條結構通常先作原則性規範，後再作特殊性規範。以此觀之，性別工作平等法第11條第1項、第2項規定，係針對雇主終止契約所為之原則性及特殊性規範。

至於性別工作平等法第11條第2項後段規定「亦不得以其為解僱之理由」，所稱「其」係指受僱者有結婚、懷孕、分娩或育兒之情事；亦即雇主不得以受僱者有結婚、懷孕、分娩或育兒之情事，而予以解僱。故雇主若因

受僱者懷孕而終止勞動契約,即屬違反性別工作平等法第11條第2項規定。

★雇主不得約定勞工若懷孕即應行離職或留職停薪,亦不得以其為解僱理由,若約定因懷孕而無法勝任工作致終止勞動契約須賠償罰金者,該約定亦為無效

（勞委會91年11月19日勞職外字第0910055006號函）

　　公司不得與外籍勞工事先約定如其有懷孕之情事時,應行離職或留職停薪;亦不得以其為解僱之理由。另女工懷孕係其基本人權亦為我國公法上所保障之事項,雇主自不得要求因懷孕而無法勝任工作致終止勞動契約之女性外籍勞工賠償「罰金」。如有此約定或行為,亦因違反法律強制規定及公序良俗而當然無效。

【相關判決】

★雇主解僱懷孕之受僱者,又未能舉證受僱者有何不能勝任工作情事,且亦不符合解僱最後手段性原則,其終止勞動契約為無效

（臺北地方法院104年度勞訴字第75號民事判決）

◎事實

　　甲自102年11月20日起受僱於乙公司,從事網頁設計工作,每月薪資38,000元,自102年11月20日起至103年3月間已通過3個月試用期,自103年4月起,甲除處理既有工作外,尚須負責乙公司實習學生媒合招募業務及教育訓練工作。甲於任職期間盡心工作,並確實遵守乙公司之規定制度與工作要求,乙公司對於甲之設計內容與工作,除意見交流外,亦無批評挑剔之情形。

　　甲於103年5月20日懷孕,乙公司負責人及設計部門主管自同年6月間獲悉後,開始對甲之設計內容諸多挑剔,乙公司設計部門主管甚至於同年7月10日在實習學生面前以甲懷孕情形,藉故羞辱甲,並調整甲之工作內容,僅讓甲負責原本網頁設計工作。乙公司法定代理人丙於同年8月15日建議

甲留職停薪回家休養，並要求甲自行負擔留職停薪期間之勞健保費用，為甲所拒，之後乙公司指稱甲有諸多疏失不能勝任工作，並以勞基法第11條第5款之規定資遣甲，要求甲於同年8月25日離職。

甲遂於同年9月10日向A市府勞動局依性別工作平等法提起申訴，於同年12月23日A市府性別工作平等會評議懷孕歧視成立，認乙公司違反性別工作平等法第11條、第35條之規定，其解僱甲涉及懷孕歧視，解僱違法。甲雖於同年9月11日聲請勞資爭議調解，兩造於同年月25日調解，惟因雙方歧見過大，調解不成立。甲因而依兩造僱傭契約，請求確認兩造僱傭關係存在。

◎爭點

甲主張乙公司係因懷孕歧視而違法終止契約是否可採？乙公司抗辯係甲不能勝任工作，而依勞基法第11條第5款之規定終止契約是否合法？

◎判決要旨

按工作規則、勞動契約或團體協約，不得規定或事先約定受僱者有結婚、懷孕、分娩或育兒之情事時，應行離職或留職停薪；亦不得以其為解僱之理由。違反前二項規定者，其規定或約定無效；勞動契約之終止不生效力，性別工作平等法第11條第2項及第3項定有明文。次按勞基法第11條第5款之規定，勞工對於所擔任之工作確不能勝任時，雇主得預告勞工終止勞動契約，揆其立法意旨，重在勞工提供之勞務，如無法達成雇主透過勞動契約所欲達成客觀合理之經濟目的，雇主始得解僱勞工，其造成此項合理經濟目的不能達成之原因，應兼括勞工客觀行為及主觀意志，是該條款所稱之「勞工對於所擔任之工作確不能勝任」者，舉凡勞工客觀上之能力、學識、品行及主觀上違反忠誠履行勞務給付義務均應涵攝在內，且須雇主於其使用勞動基準法所賦予保護之各種手段後，仍無法改善情況下，始得終止勞動契約，以符「解僱最後手段性原則」。

查甲自102年11月20日迄103年8月25日受僱於乙公司期間長達9個月，並已通過3個月試用期。乙公司並未具體提出甲任職期間有何因工作

不力遭受懲處之紀錄，且甲所學為平面設計，而乙公司所應徵及指派甲擔任之工作為網頁設計本即有落差，乙公司明知甲出身平面設計，仍予以任用並試用期滿，並指派其從事網頁設計之工作，對於甲工作表現之落差，部門經理丙亦因徵才不易而接受現狀，另甲對於實習生業務部分尚屬稱職，又依部門經理丁證述，甲於 103 年 6 月 23 日即以電子郵件通知乙公司及其他部門主管其懷有身孕並因發燒而住院，乙公司即陸續以甲設計之衣服有問題、刊物文字出錯等情，指摘其工作表現不力，然對於甲究竟有何不能勝任工作之具體情形，證人丙及丁之證述均甚空泛，且證人丁所指設計理念不同，版面同一性相異、顏色調性缺乏統一性、陰影方向不同等與原設計概念不一致等情，亦為證人丁主觀上對於其設計之想法不同，並不具客觀明確之標準；加以乙公司事後甚且徵詢甲是否前往會計部門，與甲所學毫無關連，則由乙公司調整甲職務及指摘其工作不力之時間及情形觀之，堪認乙公司係因甲懷孕而予以歧視，核與 A 市府性別工作平等會審定及勞動部訴願決定之結果相符，是甲主張乙公司違反性別工作平等法第 11 條第 2 項之規定，依同條第 3 項規定乙公司終止勞動契約應為無效。

承前所述，乙公司抗辯甲有不能勝任工作情事，並未能舉證證明其不能勝任工作之情形及致使乙公司所受損害為何，亦未能證明已達解僱之最後手段性，是兩造間之僱傭契約並未合法終止，應堪認定。

★雇主恣意資遣懷孕受僱者，係違反性別工作平等法第11條第1項之懷孕歧視

（臺北地方法院104年度簡字第106號行政訴訟判決）

◎事實

訴外人 A 於民國 101 年 10 月 15 日起受僱於甲公司，擔任北區業務人員。A 於 103 年 4 月 9 日向乙市政府申訴，其於 103 年 3 月 30 日向甲公司請安胎假，甲公司即同年 4 月 2 日以其不能勝任工作為由，依勞基法第 11 條第 5 款規定予以資遣，涉有性別工作平等法第 7 條及第 11 條第 1 項所禁止之懷孕歧視，及同法第 21 條所禁止因受僱者請安胎假而遭不利待遇等情事。案經

乙市府依職權調查並提經乙市性別工作平等會評議，審認甲公司違反性平法第 11 條第 1 項所禁止之懷孕歧視成立。甲公司不服，提起訴願經駁回後，遂提起本件行政訴訟。

甲公司主張，A 長期業績不佳，在溝通、客訴處理、行銷技巧上不足，不能勝任工作，並曾於 103 年 3 月 7 日業務會議請直屬主管陳君敦促 A 改善，均未見 A 檢討改善，因無改善可能，故於 103 年 3 月 24、25 日與其直屬主管陳君詳談後，請陳君轉告 A 將依法資遣之決定，非因 A 懷孕或請安胎假而將之資遣。

◎爭點

甲公司是否因 A 懷孕而予以資遣，故而違反性別工作平等法第 11 條第 1 項之規定？

◎判決要旨

A 在遭甲公司資遣前 6 個月期間，並非一直處於業績不佳之狀態，甚至於 102 年 10 月至 12 月間，A 之業績係逐步上升，並於 102 年 12 月達甲公司所定標準。A 雖於 103 年 1 至 3 月間業績有所下滑，但以 A 所提振興醫院診斷證明書所載懷孕期間推斷，A 應早自 102 年 11 月起即已受胎懷孕，103 年 1 至 3 月恰為 A 懷孕初中期，以一般婦女妊娠懷孕之常情，恰為身體感受懷孕所帶來生理變化與明顯不適之開始，則其業績之表現縱有不佳，應與其懷孕有關。甲公司代表人 B 身為女性，於 103 年 3 月初即已獲知 A 懷孕，由 A 申請安胎假所提診斷證明書所載資訊，也應有足夠之敏感度，推知 A 業績下滑與其懷孕生理狀況變化有一定之關連，此等身心狀況限制，非其主觀上能為而不為，可以做而無意願之消極不作為。

再 A 業績達成率雖未盡如甲公司之意，惟如前述，其尚有後續觀察、評估之空間，A 也自行提出改善方案檢討，而其雖曾遭客訴，然其原因非可全然歸咎於其工作態度及方法，實難謂 A 主觀或客觀上已達不能勝任工作之程度。況且，甲公司也未積極針對 A 個別情形施以輔導、訓練或再教育，使其能達成績效目標，給予改善機會。而甲公司在 103 年 3 月 24、25 日間，只

要求 A 之直屬主管陳君傳達如果繼續業績不佳，將可能資遣之訊息，並非已因 A 不能勝任工作而明確決定予以資遣。惟甲公司卻於 A 在 103 年 3 月 30日向甲公司申請 4 週安胎假後，旋即於同年 4 月 1 日由代表人 B 致電 A，遂予解雇，且對話過程中可明顯察覺 B 對 A 因懷孕需長期請安胎假休養，不能為甲公司接續服務，卻仍得支領公司薪資的不滿，且無視於 A 對自己因懷孕無法盡全力拼博業績之解釋，仍定意要求 A 在自行離職或由公司資遣之方案中做一選擇。顯見甲公司就是獲悉 A 懷孕後，又需申請長期之安胎假，才對業績本已不佳，有待改善之 A 更心生不滿，認其既因懷孕、請假等事由，使甲公司無從獲得完全之勞務貢獻，卻仍得支領薪酬，於是無視解僱最後手段性之契約原則，以勞基法第 11 條第 5 款之法定事由外觀，違法資遣 A。

甲公司此終止契約之舉，不僅於私法關係上，不符「解僱最後手段性」原則而不生效力，此並經士院以 104 年度勞訴更一字第 1 號判決確認其與 A間之僱傭契約存在。且在性別工作平等法之行政法律關係上，甲公司恣意資遣 A 確係有性別工作平等法第 11 條第 1 項所禁止之因婦女懷孕而生之性別歧視情事，是本件經乙市府性別工作平等會評議，審酌 A、陳君與甲公司之陳述、說明資料等，評議懷孕歧視成立，違反性別工作平等法第 11 條第 1項規定，經核並無違誤。

★雇主以受僱者配偶在同業工作為由，要求懷孕滿8個月之受僱者離職，又未能提出受僱者向配偶洩漏營業秘密之事證，顯已構成懷孕歧視

（新竹地方法院103年度簡字第32號行政訴訟判決）

◎事實

緣訴外人 A 於民國 94 年 6 月 8 日到職，並與甲公司簽訂 94 年 6 月 8 日起之僱傭契約，擔任業務員，於 100 年 4 月升任為店長。嗣甲公司新竹區總經理 B 於 102 年 7 月 10 日上午 9 時許約談 A（當時已懷孕 8 個月），以其業績不如預期，及 A 之配偶也在房仲業任職，恐有洩漏營業秘密的疑慮，希望A 以「即將生產」為離職原因辦理離職。嗣經 A 提出申訴，案經乙市性別工

作平等會於 102 年 11 月 14 日召開性別工作平等會審議，評議結果認為甲公司懷孕歧視成立。甲公司不服，向勞動部提起訴願遭駁回。甲公司仍不服，逐提起本件行政訴訟。

◎爭點

雇主以受僱者配偶在同業工作為由，要求懷孕滿 8 個月之受僱者離職，又未能提出受僱者向配偶洩漏營業秘密之事證，是否構成懷孕歧視？

◎判決要旨

甲公司雖堅稱要求 A 離職之原因，係因 A 之配偶在同業工作，且擔任主管，A 有洩密之虞，故請求 A 離職。惟 A 之配偶原係甲公司之員工，且係從事與 A 相同之房仲業務工作，A 已結婚 6 年，甲公司對 A 家庭狀況應知之甚詳，何以在 A 未懷孕前，未以該理由請求 A 離職，反在 A 懷孕將生產之際，以其配偶在同業擔任主管為由要求離職？甲公司亦未提出任何 A 洩漏甲公司所有營業秘密予其配偶之事證，況 A 離職申請書上明載「即將待產」，甲公司總經理 B 收到該申請書後亦無異議，轉交甲公司人事部門後，甲公司亦未就 A 之離職事由與 A 說明，且 B 在 A 與甲公司給付資遣費民事事件中，亦曾證稱認 A 因懷孕而影響工作，是以甲公司未提出任何 A 有洩漏甲公司所有營業秘密之事證，即以其配偶在同業任職為由，請求懷孕 8 個月 A 離職，顯已構成懷孕歧視。

★**雇主因男性受僱者有女性傾向而給予不利待遇，應成立性別歧視**

（台北地方法院行政訴訟庭101年度簡字第164號判決）

◎事實

訴外人甲男於民國 94 年 11 月 30 日起為任職於原告 A 醫院擔任資訊設備維修人員，因甲主張其身著女裝上班而遭受 A 醫院不利對待，A 醫院並於 99 年 12 月 30 日以甲擅離工作崗位為由免職。甲逐於 100 年 1 月 12 日向被告 B 市府勞工局提起申訴。經 B 市府性別工作平等會評議審定性別歧視成立，B 市政府乃據以認定 A 醫院違反性別工作平等法第 11 條第 1 項及 38 條

之 1 規定，而處原告罰鍰新臺幣 5 萬元整。原告不服，提起訴願遭決定駁回，遂提起本件行政訴訟。

◎爭點

A 醫院是否因其男性員工有女性傾向而予以解僱？

◎判決要旨

　　性別工作平等法第 11 條明文禁止雇主因性別或性傾向為差別待遇。差別待遇案件之舉證責任則規定於性別工作平等法第 31 條，其立法目的在於雇主對受僱者之差別待遇是否係基於性別因素，往往牽涉雇主之主觀動機與意圖，受僱者在舉證上多有困難，且有關差別待遇之證據，多屬雇主人事管理資料，受僱者取得不易，故乃課予具有優勢地位且掌握人事資訊之雇主較重之舉證責任。

　　縱然 A 醫院稱甲自 99 年 6 月起至 12 月底止長期不在工作崗位，擅離職務之主張屬實。然按 A 醫院所訂工作規則第 75 條應予免職之事由係以「致生變故使醫院蒙受重大損害者」之結果為其要件，就此 A 醫院並未能證明甲擅自離開工作崗位之行為，有何「致生變故使醫院蒙受重大損害」之處。且 A 醫院亦承認甲擅自離開工作崗位並未造成何等重大損害，故 A 醫院之主張自難遽認與工作規則第 75 條所定免職事由相符。

　　再者，參諸 A 醫院所訂工作規則、獎懲規則等，該醫院人力資源室 99 年 12 月 16 日簽呈明列關於擅自離開工作崗位之各項懲戒手段甚明，可知甲若有怠忽工作、擅離職務、曠職等情事，A 醫院非不能以書面或口頭警告、記小過、甚至資遣方式以達懲戒之目的。A 醫院之工作規則既已承諾以漸進式懲戒手段予以導正員工不當行為，僅於較輕程度之懲戒手段仍無法導正時，始具備解僱比例性及最後手段性。是 A 醫院顯然未就甲有無造成醫院資產重大損害一事善盡調查之能事前，即給予甲最嚴重之免職處置，自難謂公平。

　　甲早於 99 年 5 月 6 日即以心臟出現異常為由向 A 醫院申請調整職務，且 A 醫院內部於 99 年 5 月間之原簽核意見亦曾建議資遣甲，然 A 醫院就此

並未積極回應甲，是始發生甲於99年9月間開始擅離工作之疏失。又A醫院如認該項疏失情節係屬重大，理當設法要求甲改善或予以懲處，並應設法改善甲之職務以安定其身心健康狀況，惟A醫院捨此不為。此外，甲於99年6、7月以後始發生穿著女性衣著之情況，顯見A醫院對於甲於99年5月間調整職務內容之申請，本擬循資遣方式為之，然卻未能配合甲獲取非自願離職證明之方式處理，是甲始出現穿著女裝及擅自離開工作崗位情事。由此觀之，A醫院無明確證據，足證甲擅自離開工作崗位致生變故，因而使A醫院蒙受重大損害，且除上述「為達被資遣或獲取『非自願離職證明』之目的，在服裝打扮及行為舉止相當女性化」實例外，A醫院未能舉出甲有其他工作疏失，然卻仍執意以甲擅離職務為由將其免職，就此顯然可知A醫院係基於甲身著女裝等女性傾向之因素，對其所為差別待遇，實已構成性別歧視。

★雇主以工作危險性為由，以性別決定被資遣人員，構成性別歧視
（臺中地方法院99年度勞訴字第163號民事判決）

◎事實

原告甲、乙二人均是79年間經省農會統一招考合格而受僱於被告A農會之員工。甲於80年2月13日至A農會服務，曾於供銷部、保險部等單位工作，後於92年11月1日調職至東勢鎮四角林場擔任櫃檯工作；乙於81年4月至A農會服務，曾於供銷部、會務課、輔導課、會計課等單位工作，後於92年5月調職至東勢鎮四角林場擔任櫃檯工作。甲、乙二人任職期間並無任何失職行為，亦未受任何懲戒處分，然A農會未說明任何具體理由，亦未提出全體員工人事評比資料說明評議依據，更未通知人事評比結果，對甲、乙二人考核成績屢屢刻意打壓，嗣A農會於99年9月底發函通知自99年11月1日起資遣甲、乙二人，而經甲、乙兩人申請復議後，A農會仍以四角林場業務減少、長期虧損，再經人事評議委員會評議維持原議。

甲、乙兩人主張，A農會所稱四角林場下一階段任務係以林場安全、水土保持工作為重點，因而留任男性員工、資遣女性員工，此已違反性別工作平等法第11條之規定。況四角林場轉型為休閒農場，此與A農會陳稱將以

水土保持為重點工作等語，難認有具體關聯。故 A 農會以農會人事管理辦法第 51 條第 1 項第 2 款為由資遣甲、乙兩人，顯於法不合，爰請求確認兩造僱傭關係存在。

◎爭點

A 農會是否得以工作危險性為由，以性別決定被資遣人員？

◎判決要旨

性別工作平等法第 11 條第 1、3 項明定雇主對受僱者之退休、資遣、離職及解僱，不得因性別或性傾向而有差別待遇。違反前項規定者，勞動契約之終止不生效力。本件 A 農會係以四角林場結束營運後，將以林場安全、水土保持等防火防災為重點工作，故以男性較能勝任為由而決議留任男性員工，並資遣甲、乙等女性員工，此為 A 農會所承認，並有 A 農會 99 年度第 5 次人事評議小組評議紀錄為憑。準此，A 農會既認四角林場日後將以防火防災等為工作重點，則理應以此為準逐一審核四角林場所有員工此方面能力之優劣，並據以決定留任人選。詎其並未為任何考核，遽認男性員工能力較佳，就此顯然係以性別作為資遣之差別待遇甚明。

A 農會雖辯稱四角林場廣達 175 公頃，女性員工執勤有相當之危險等語。惟民法第 483 條之 1、勞工安全衛生法均明定雇主應提供安全良好之工作環境及設備予員工，並明定各該環境及設備之標準，因之雇主對於員工負有維護其工作安全之附隨義務。本件縱認四角林場工作環境有相當之危險性，然基於前述規定，A 農會理應積極創造安全之工作環境，防止任何危及員工之情事發生，然 A 農會不思此途，反以此為資遣甲、乙等女性員工之藉口，是其所辯顯無理由。

★雇主對受僱者之退休、資遣、離職及解僱,若涉有性別因素,應屬性別工作平等委員審議事項

（臺北高等行政法院98年度簡字第48號判決）

◎事實

　　申訴人甲於 86 年 11 月受僱於原告乙公司擔任繪圖員,92 年 7 月 3 日請病假求診,得知懷孕 1.5 個月後,隨即於 92 年 7 月 11 日遭乙公司以業務緊縮為由予以解僱,故甲向被告台北市政府申訴,案經台北市政府性別工作平等會評議性別就業歧視成立,乙公司於窮盡訴訟先行程序後提起本件訴訟。

◎爭點

　　雇主對受僱者之退休、資遣、離職及解僱,若涉有性別因素之申訴或爭議,是否屬性別工作平等委員審議之事項?

◎判決要旨

　　性別工作平等法第 11 條第 1 項規定所稱「差別待遇」,依同法施行細則第 2 條後段規定,係指「雇主因性別因素而對受僱者或求職者為直接或間接不利之對待」。而在受僱者懷孕時雇主之不利對待是否構成差別待遇,往往牽涉雇主主觀動機之認定,是應如何判斷雇主真正意圖,受僱者往往舉證困難。又有關差別待遇之證據,多屬雇主之事管理資料,受僱者取得不易。綜上,性別工作平等法於制訂時乃參考歐美先進國家處理懷孕歧視事件之作法,課予具有優勢地位且掌握人事資訊之雇主較重之舉證責任,而受僱者僅須盡其釋明責任,使處分機關或調查委員大略相信因懷孕而有遭受不利待遇之情事時,舉證責任即轉換至雇主。

　　按前述性別工作平等法意旨及第 11 條、第 31 條「雇主對受僱者之退休、資遣、離職及解僱,不得因性別而有差別待遇。」、「受僱者於釋明差別待遇之事實後,雇主應就差別待遇之非性別因素,或該受僱者所從事工作之特定性別因素,負舉證責任。」之規定,應由乙公司就資遣懷孕受僱者之理由非基於性別因素負舉證責任。

乙公司於 92 年 7 月 11 日資遣甲後，即於同年 11 月 4 日及 93 年 1 月 8 日，分別在 104 人力銀行刊登徵求 1 至 2 名繪圖員，此亦見乙公司仍有繪圖員之需求，則依乙公司營業狀況及對繪圖員仍有需求等情觀之，尚難認乙公司具備資遣最後手段性，是乙公司未能證明有必須資遣甲之必要性。另有關乙公司稱是否已達勞動基準法第 11 條規定「虧損或業務緊縮」，核屬乙公司有無違反勞動基準法規定之範疇，尚與其是否違反性別工作平等法之認定無涉。惟性別工作平等法係規範性別工作平等事項，應為勞動基準法之特別法，該法未規定者自應適用勞動基準法之規定。而性別工作平等法對於「退休」、「資遣」、「離職」及「解僱」並未另有定義規範，則適用勞動基準法行業之勞工，自應受勞動基準法有關「資遣」、「退休」之規範，乙公司辯稱兩者無涉，顯係誤解。是雇主對受僱者之退休、資遣、離職及解僱，涉有性別因素（如懷孕、性騷擾等等）之申訴或爭議，即屬性別工作平等委員審議事項。

故就工作量、工作態度及年資而言，甲並非資遣之首要考慮人選，因而乙公司以甲分配之工作量較少且離職前無重大案件待辦，則屬推托之詞，並不足採。

★受僱者若因懷孕不適住院無法立即完成請假手續，雇主不得以無正當理由曠職為由予以解僱

（臺北高等行政法院98年度簡字第152號判決）

◎事實

原告乙公司之前員工甲向被告 A 市府勞工局申訴其自 93 年 10 月起受僱於乙公司並擔任技術員，於 97 年 4 月告知乙公司其懷有身孕，待 97 年 6 月 23 日因「早期懷孕，雙胞胎併妊娠劇吐」住院治療，以簡訊、傳真告知乙公司主管，97 年 6 月 27 日出院，醫囑宜休養 1 週，翌日請家人送住院證明至乙公司辦理請假，但乙公司竟終止勞動契約，故顯有懷孕歧視之情事。此案經 B 市府勞工局依職權進行調查，評議結果懷孕歧視成立。乙公司不服，提起訴願遭駁回，遂提起本件行政訴訟。

◎爭點

　　受僱者若因懷孕不適住院無法立即完成請假手續，雇主得否以無正當理由曠職為由予以解僱？

◎判決要旨

　　甲所屬部門主管，即乙公司製造部副理丙，於接受 B 市府勞工局訪談時，陳稱 97 年 6 月 20 日甲提身體不適請假已答應，甲也主動提及願意配合 21、22 日的加班，但 21 日早上甲又說身體不舒服無法前來，丙也同意，並主動告知 22 日也不用來加班。丙在同年 10 月 28 日於 B 市府性別工作平等會出席陳述，內容也提到直到 6 月 27 日遭管理部通報甲已無故 4 天不到職，要依勞基法規定處理後，丙才打電話給甲，甲表示生病住院，要傳真資料到公司。由此可知丙對甲因懷孕身體不適而無法上班及配合加班等情知之甚詳，且於 6 月 27 日知悉甲自 6 月 23 日起住院治療，並非「無正當理由」無故不到職。

　　又甲於 97 年 6 月 23 日住院治療時，曾以簡訊傳予所屬部門直屬單位主管丁；參以丙稱「課長（即丁）說只有收到甲的簡訊問傳真」，足見甲直屬單位主管丁確曾於 6 月 23 日收到甲之簡訊，否則自不可能提供乙公司傳真號碼予甲。甲雖稱其於 97 年 6 月 23 日曾將住院證明傳真至乙公司，惟乙公司否認收有上開傳真，就此甲未能舉證，因此甲未完成請假程序，固堪認定。

　　然依乙公司 86 年 1 月 1 日所頒人事管理規則第 17 條規定：「本公司從業人員……如遇疾病或臨時重大事故，即由本人委託同事、家屬、親友以電話報告直屬主管，代辦請假手續，如需補提證明，當事人應於 3 日內提供給所屬主管按權責核定之……」故員工所請假別如屬病假，本得先向直屬主管報告以代辦請假手續，相關證明再於 3 日內補行提出。本件甲於 97 年 6 月 23 日因故住院，既經其本人以簡訊方式通知所屬部門直屬單位主管丁，自已踐行前開人事管理第 17 條所定「報告直屬主管」之程序，且丁由簡訊內容即可知悉甲住院，不可能到班，卻未代辦請假手續，亦未將此情告知乙公司，在此情形下，乙公司逕以甲未完成請假程序，將其論以曠職，實屬過苛。

甲於 97 年 6 月 26 日出院後，因醫囑休養 1 週，翌日即請家人送診斷證明至乙公司，欲辦理請假，因無法進入人事行政部，而由乙公司工程師戊受託轉送甲所屬部門主管，是乙公司至遲於 6 月 27 日已收受甲診斷證明，並知悉其自 6 月 23 日至 26 日因住院治療，該段期間未到職並非無正當理由，卻仍以自 6 月 23 日至 27 日無故連續 5 日未到職爲由，依勞動基準法第 12 條第 6 款「無正當理由繼續曠工 3 日」之規定將之解僱，則以乙公司就本件事實之認定、處理之手段觀之，非僅過於嚴苛，不近情理，亦與法定「無正當理由繼續曠工 3 日」之解僱要件不符。

乙公司對甲所爲上開不利對待，經 B 市府性別工作平等會審議後決議「懷孕歧視成立」，堪認乙公司確係因甲懷孕之故而藉此機會將其解僱，而有懷孕歧視之情事。

★雇主若無法正當化其對懷孕受僱者之調動，即構成懷孕歧視

（臺北高等行政法院98年度訴字第993號判決）

◎事實

原告乙公司之勞工甲向被告 A 市府申訴略以，其因懷孕遭乙公司調動工作並予解僱，乙公司涉有性別歧視。案經 A 市府就業歧視評議委員會審議結果就業（性別）歧視成立。乙公司不服，提起訴願遭駁回，遂向本院提起本件行政訴訟。

◎爭點

乙公司調動懷孕員工甲是否構成懷孕歧視？

◎判決要旨

本件乙公司係於 97 年 2 月 1 日將甲調至包裝課擔任助理管理師，然以往乙公司在包裝課並未設置該職缺，且該職缺工作性質或工作環境均迥異於甲原任職之業務助理工作，且因調動職務時甲正值懷孕期間，依據勞動基準法第 51 條規定，甲本得依體能狀況，申請改調較爲輕易之工作，故乙公司欲調動甲至包裝課擔任助理管理師一職時，本應向甲妥爲說明其職務內容及

工作時間等，或於調動公告文件載明，但乙公司未於調動前向甲積極說明職務內容及工作時間，致甲對該項調動無異議機會，更遑論依據勞動基準法第51條規定申請改調較爲輕易之工作。

　　嗣乙公司更以甲在97年2月1日及2月4日、5日未到勤，逕以曠工論處，並以連續曠工3日將其解僱，惟甲上述3日其中97年2月4、5日已於97年1月28日請假獲准，而2月1日有無完成請假程序雖勞資雙方各執一詞，但依當時主管簽核意見亦僅以甲之假單漏未填寫事由，其情節與勞動基準法第12條第1項第6款規定所稱無正當理由曠工之情形不同；經A市府就業歧視評議委員會評議本案性別歧視成立，因認乙公司涉有因員工懷孕調動工作並予解僱，違反性別工作平等法第11條第2項之性別歧視之情事，並非無據，核無不合。

★雇主對於受僱者非基於性別因素而予以解僱，雖受僱者懷孕，仍不成立性別歧視

　　（臺北地方法院98年度勞訴字第6號民事判決）

◎事實

　　受僱者甲主張其自95年8月23日起在乙公司任職，從事業務工作，於97年1月向乙公司提出婚假申請，表示其將於同年2月18日至2月25日請婚假8天，並告知公司其已懷孕。詎料乙公司稱甲若要請婚假，即要予以解僱，並要甲自請離職，嗣甲不願辭職，乙公司遂決定資遣甲，以資遣費脅迫使甲簽立資遣協議書，甲便於協議書上註記「本人現爲懷孕期間，遭公司非合理資遣」，以示其並非自願簽立協議書。甲以當初係受迫簽署協議書，該協議書不得拘束甲且得撤銷之，並認乙公司明知其懷孕仍非法資遣甲，已違反性別工作平等法第11條，主張兩造間僱傭關係存在。

　　乙公司則主張甲經常上班遲到，客戶及同事經常無法聯絡甲，甚至被客戶要求更換，造成乙公司業務困擾、商譽受損。乙公司總監A及市場經理B於97年1月底針對工作表現不佳事宜約談甲，甲表示因結婚將於97年農曆年後離職，乙公司遂同意比照勞基法給予甲資遣費，然甲竟於簽立資遣協議

書時自行加註「本人現爲懷孕期間，遭公司非合理資遣」，乙公司始知甲懷孕。依 97 年 4 月 21 日醫院診斷證明書記載甲已妊娠 18 週又 4 日，足見甲於 97 年 1 月中旬即已懷孕，惟甲仍於 97 年 1 月 7 日請生理假 1 日；又乙公司舉行 97 年 1 月 18 日至 23 日到哈爾濱員工旅遊，曾建議懷孕員工勿參與，如懷孕仍欲前往者須簽立切結書，甲參與旅遊且未簽立切結書，乙公司自無法得知其懷孕。本件實係甲主動表示欲行離職，乙公司同意並給予資遣費，兩造間僱傭關係業已合法終止，非乙公司強迫甲簽署協議書，亦非因甲懷孕而予違法資遣，此觀乙公司仍有其他受僱者懷孕在職未遭解僱即可知乙公司絕無懷孕歧視。

◎爭點

甲與乙公司間僱傭關係究係合意終止，或甲係因懷孕而被乙公司資遣？

◎判決要旨

經查，乙公司總監 A、市場經理 B 二人曾於 97 年 1 月 30 約談甲，指出甲工作表現缺失情事，甲未爲否認並表示無繼續任職之意思，將於 2 月份結婚，休完特別休假及婚假後便離職，主管 A 當即同意，嗣甲於 97 年 2 月 14 日休假期間致電要求資遣費，A 亦同意。此外，協議書係由乙公司會計 C 一邊與甲電話協談，由另一員工繕打，甲知道協議內容也表示同意。本件確係甲主動表示因結婚之故，將於 97 年農曆年過後離職，並要求乙公司給付資遣費，經乙公司同意，由會計 C 與甲會算資遣費及薪資金額，經甲同意資遣協議書之內容後，方於 97 年 3 月 11 日簽訂該協議書，兩造顯係合意終止勞動契約。

甲雖以手寫方式於協議書上註記「本人現爲懷孕期間遭公司非合理資遣」等語，然此僅係甲片面意見之表述，仍無礙兩造僱傭關係已於 97 年 3 月 11 日即生合意終止之效力。又甲雖主張係受迫，於審理中亦自陳無證據證明乙公司有何脅迫情事，且由甲仍得任意爲註記以觀，可反面推知甲之意見表達自由未受乙公司脅迫，本件難憑甲片面陳述，即認乙公司曾以何不法危害之言語或舉動加諸甲使其心生恐怖而受迫爲意思表示，甲據此主張撤銷協

議書，委無足採。

再查主管 A 證稱本件肇因於甲工作表現不佳才進行約談，與甲是否懷孕無涉，堪信屬實。況甲於 97 年 4 月 21 日醫院診斷當時，已妊娠 18 週又 4 日，足見甲應於 96 年 12 月間至 97 年 1 月間即已懷孕，然其仍於 97 年 1 月 7 日以生理期為由向乙公司請生理假 1 日，此為甲所承認，且在知其懷孕之同事 D 善意勸阻下，仍參加懷孕婦女不宜參與之員工旅遊，是以乙公司如何在甲有意隱瞞懷孕事實之情況下，明確知悉甲已懷孕，進而以此作為解僱事由，顯有疑義。

且縱認兩造於簽署資遣協議書前，乙公司已獲悉甲懷孕事實，然甲仍未舉證證明乙公司僅因甲懷孕即欲為差別待遇之解僱，其空言主張乙公司違反性別工作平等法第 11 條規定亦無足採。

★雇主未考量受僱者懷孕期間生理狀況，拒絕受僱者改調較輕易工作之申請，並以其不能勝任工作為由予以解僱，構成懷孕歧視

（臺北高等行政法院97年度簡字第341號判決）

◎事實

甲原受僱於乙公司擔任技術業務專員，於 94 年 3 月 15 日告知乙公司其懷孕一事，之後因懷孕初期有出血現象，醫囑需臥床休息，於 94 年 3 月 17 日至 18 日、28 日至 30 日向乙公司請病假，然乙公司前總經理丙卻於 94 年 3 月 31 日要求其辦理留職停薪 1 個月，甲不同意，丙復於 94 年 4 月 11 日要求其就留職停薪一事作決定，且未准其調整職務。甲於 94 年 4 月 13 日出血嚴重，以電話請假至 94 年 4 月 22 日，均依規定檢附診斷證明，卻於同年 4 月 19 日接獲乙公司資遣通知，甲認為乙公司涉有懷孕歧視，故提出申訴。經評定乙公司性別歧視成立，乙公司不服，主張甲於懷孕期間之非停止工作期間，有勞動基準法第 11 條第 5 款之不能勝任工作情形，乙公司自得依法將其資遣，故提起訴願，經訴願決定駁回，乙公司仍不服，遂提起本件行政訴訟。

◎爭點

乙公司於甲懷孕期間，以其不能勝任工作爲由予以資遣，是否構成懷孕歧視？

◎判決要旨

參據勞委會 90 年 3 月 8 日台（90）勞資 2 字第 0006580 號函釋「女工懷孕期間，因生理上變化，得依勞動基準法第 51 條規定，申請改調較爲輕易之工作，雇主不得以不能勝任工作爲由，依同法第 11 條第 5 款規定，終止勞動契約。倘因懷孕身體不適致違反勞動契約或工作規則之規定時，雇主尚不得濫用解僱權，逕用同法第 12 條第 1 項第 4 款規定終止勞動契約。」之意旨，乙公司不得以甲懷孕而不能勝任工作爲由而終止契約。縱甲有因懷孕身體不適，致違反勞動契約或工作規則之情事，因妊娠係暫時狀態，待妊娠期間結束即可預期該等情況消滅，乙公司尚不得濫用解僱權，以不能勝任工作爲由終止勞動契約。甲因懷孕期間之生理上變化，申請改調內勤工作以減少外勤次數，既係依法申請，非甲主觀上能爲而不爲，違反勞工應忠誠履行勞務給付義務之情形。是乙公司據以資遣甲，難謂非因性別之差別待遇所致。

另查甲因妊娠併先兆流產、脅迫性流產，醫師囑咐臥床休息，乃陸續自行或電話託人代辦請病假手續，依 94 年 3 月 1 日至同年 4 月 22 日間請假紀錄所示，均經公司主管簽核同意，並列有職務代理人，合計請病假日數爲 14 天，尚未逾勞工請假規則第 4 條規定之請假日數，乙公司於甲請假期間內要求甲留職停薪，已與前述規定不合，復未考量甲懷孕期間生理上之狀況，於其合法請假及依規定申請調整較爲適宜工作之情形下，以其請假過多、請假期間不聯絡、堅持調任內勤工作等由，認其不能勝任工作，於 94 年 4 月 19 日傳真告知資遣決定，實爲因甲懷孕之性別因素而爲不利之對待。

乙公司未衡酌甲生理狀況，亦未盡力調整安排甲工作，以甲能爲而不爲，違反勞工應忠誠履行勞務給付義務之情形，予以資遣，難認具有正當理由。訴請撤銷原處分，應予駁回。

★雇主若有因受僱者懷孕而違法解僱之情事，應屬違反性別工作平等法第11條第1項而非第2項，主管機關不得以違反第1項或第2項結果相同為由不予糾正；雇主若未曾有解僱或資遣懷孕、生產受僱者之前例，主管機關應查明雇主解僱懷孕受僱者是否係出於懷孕之原因（臺中高等行政法院97年度簡字第112號判決）

◎事實

甲自 95 年 8 月 1 日起受僱乙公司擔任美容技術指導工作，於 95 年 10 月 20 日參加乙公司訓練課程，乙公司得知其懷孕，旋於同年月 26 日以工作不適任為由要求甲離職，甲乃以乙公司違反性別工作平等法為由向提出申訴，經性別工作平等會評議結果認乙公司資遣甲違反性別工作平等法第 11 條第 2 項，乙公司不服提請審議遭駁回，提起訴願仍遭駁回，遂提起行政訴訟。

◎爭點

雇主若有因受僱者懷孕而違法解僱之情事，應屬違反性別工作平等法第 11 條第 1 項或是第 2 項之規定？主管機關是否得以違反第 1 項或第 2 項結果相同為由不予糾正原處分適用法令之錯誤？

◎判決要旨

依原處分認定之事實，乙公司得知甲懷孕乃予以資遣，亦即認乙公司資遣甲係因性別而有差別待遇，應屬違反性別工作平等法第 11 條第 1 項之規定。惟原處分認乙公司係違反同條第 2 項之規定，顯有認定事實與理由相互矛盾之違法。勞委會（現已更名為勞動部）性別工作平等會審定結果認乙公司違反第 11 條第 1 項，惟未糾正原處分適用法規錯誤，而駁回乙公司之審議申請，維持原處分，於法均有未合，行政院訴願決定理由欄說明原處分適用法規錯誤，勞委會（現已更名為勞動部）性別工作平等會之審定未予糾正逕予維持，尚有未洽，惟衡酌其皆應依同法第 38 條規定裁處之結果並無二致，而駁回乙公司之訴願。

　　查違反性別工作平等法第 11 條第 1 項及第 2 項之規定者，固均依同法第 38 條之規定裁處，惟第 11 條第 1 項及第 2 項規定之內容不同，其應適用之事實即不相同，本件原處分所記載乙公司違法內容，係違反該條第 1 項規定之事實，卻認乙公司係違反同條第 2 項之規定，顯未正確適用法律，主管機關未為更正，依法即應撤銷，難以違反第 1 項及第 2 項結果均相同為由，予以維持。本件原處分適用法律有錯誤，勞委會（現已更名為勞動部）性別工作平等會審定時未予糾正，行政院訴願決定僅述說其錯誤，未予撤銷，乙公司訴請撤銷，為有理由，本件應將原處分、原審定及訴願決定均予撤銷，著由主管機關另為適法之處分。

　　次查乙公司係經營化妝品批發及零售業，其僱用員工多為女性，以往未曾有女性員工結婚、懷孕而遭乙公司解僱或資遣者。本件被資遣之受僱者甲係自 95 年 8 月 1 日起進入乙公司任職，其試用期間為 3 個月，試用期間尚未屆滿，即常有欠繳出勤紀錄、客戶及同仁反應技術指導及服務態度不佳，及私人事務太多等情事，乙公司因而在試用未滿前不予正式錄用，且以資遣方式使其離職，雖其時發現甲已懷孕，惟以經營化妝品之公司，其員工大都為年輕女性員工，為眾所皆知之事實，則其從業人員難免有結婚、懷孕、生產之情事發生，倘乙公司資遣甲係屬歧視懷孕女性，何以過往從未解僱或資遣懷孕、生產之女性員工？是本件乙公司資遣甲，究係因受僱者於試用期間工作不力，抑或因性別歧視而資遣，主管機關於另為處分時亦有再加查明之必要。

★雇主以職務取消為由資遣懷孕受僱者，卻於徵才網站刊登相同職位招募廣告，其解僱構成懷孕歧視

（臺南地方法院96年度勞簡上字第7號民事判決）

◎事實

　　受僱者甲主張其自 94 年 7 月 25 日穿孕婦裝上班，乙公司於知悉甲懷孕後，即無預警資遣甲，甲認遭懷孕歧視乃向 A 市府性別工作平等會提出申訴，申訴期間乙公司稱其係因取消電話總機人員職務始資遣甲，甲因此希望調任

至其可適任之業務助理一職，遭乙公司拒絕，且乙公司仍保留電話總機服務一職，並於人力銀行網站上發佈招募總機、大廳接待員等人事廣告，可見乙公司欲資遣甲並非因為該職務已不存在。

乙公司則主張其於94年7月29日通知甲將予以資遣，因為乙公司計畫增設保全系統或駐衛人員來取代總機工作，並決定將總機職務改為定期工，且甲工作內容包含每天早上開啟乙公司大廳門，卻經常遲到讓客戶或廠商無法進入公司，造成業務上之不便，故依勞動基準法第11條第1項第4款之「業務性質變更」相關規定資遣甲，並給予資遣費及預告工資，乙公司並不知甲懷孕情事。

又甲要求轉調業務助理遭拒即稱乙公司懷孕歧視，惟乙公司業務助理須具備大學學歷、諳英日文及有消費性電子產品銷售相關工作之經驗，因甲學、經歷不符且不諳日文，故乙公司無法同意。甲申訴時所稱5月底發現懷孕時，未將懷孕狀況告知乙公司，亦未著孕婦裝，直至94年7月25日起著孕婦裝上班，故乙公司於甲94年7月22日請求轉調時根本不知甲已懷孕，如何會因甲懷孕而拒絕其轉任業務助理一職？實因甲不符業務助理職需求，又無其他適當工作予以安置，才將甲資遣，並非因甲懷孕而予以資遣。

◎爭點

雇主以職務取消為由資遣懷孕受僱者，卻於徵才網站刊登相同職位招募廣告，是否構成懷孕歧視？

◎判決要旨

乙公司以總機職務由不定期契約轉成定期為由資遣甲，此舉並未符合所謂「業務性質變更」情事，且乙公司於口頭通知資遣甲當日，旋於人力銀行網站刊登總機職務徵才廣告，可見乙公司並無減少勞工之必要。又乙公司辯稱係因考量甲不符業務助理一職需求，又無其他適當工作得以安置甲，才依勞動基準法第11條第4款規定將甲資遣，然乙公司保留甲原任電話總機服務人員一職，對外應徵新進人員擔任總機之工作，又未提出充分證據說明有安置甲至其他職務之舉動，即逕行資遣甲，其抗辯顯與事實不符。

乙公司並無充分理由而執意資遣甲，應有懷孕歧視情事，雖未直接以懷孕作爲解僱理由，惟其所提之解僱理由不具有合理性，顯係因甲懷孕而予以解僱。

★雇主未經預告、未附理由、未經人事考評或懲處階段，同時解僱2名懷孕受僱者，構成懷孕歧視

（臺北地方法院92年度勞訴字第104號民事判決）

◎事實

受僱者甲主張自 88 年 12 月 1 日起任職於乙公司，於 89 年 12 月 20 日遭乙公司經理告知自該日起被解僱，但未說明原因。由於與甲一同遭解僱者，尚有請產假之 A 及懷孕之 B，顯見乙公司係因甲懷孕而終止兩造間勞動契約，甲提出申訴，經評議歧視成立，乙公司之解僱行爲不合法，甲請求確認甲在與現職丙公司成立勞動契約前，與乙公司間之僱傭契約仍然存在，乙公司應給付甲非法解僱期間薪資。

雇主乙公司則主張 B 係因業務過失造成公司損失而遭解僱，乙公司在其工作規則中載明女性員工生產有賀儀金，且其他懷孕女性員工 C、D 等人並未遭資遣，足見乙公司並無懷孕歧視。乙公司係因甲於任職期間經常遲到早退、於上班時間上網、傳送與工作無關之郵件，造成工作績效不彰，影響同仁上班情緒，經主管屢勸不聽，其行爲業已違反工作規則。且甲身爲業務員，工作爲開發業務，惟任職 1 年多來並未開發新客戶，經主管評定爲不能勝任工作，乙公司始依勞基法第 12 條第 1 項第 4 款、第 11 條第 5 款規定終止兩造間勞動契約。

◎爭點

乙公司解僱甲之原因是因爲甲不能勝任工作，還是因爲甲懷孕？

◎判決要旨

本件甲在懷孕期間遭乙公司解僱，甲申訴，經 X 市府就業歧視評議委員會評議結果就業歧視成立，理由爲：「乙公司同時解僱 2 位同期懷孕之申訴

人，依公司所提供甲之業務考核表資料顯示，可看出甲係屬公司中優秀之業務人才，並曾得到老闆讚許，與資方解僱之理由似有矛盾。」

又乙公司雖辯稱除本件甲及另一員工 B 外，乙公司尚有其他懷孕女性員工如 C、D 並未遭資遣，且乙公司之工作規則亦載明女性員工生產可享有 3200 元之賀儀金，然該工作規則之規定，僅能證明乙公司有此福利制度，而實際上有無就業歧視，則仍應視乙公司實際上實施之情形以為判定。

查甲於工作時間上網，依工作規則之懲罰規定，充其量僅屬申誡、記過或記大過之情形，並不在「免職」之事由中，是乙公司據此辯稱甲有違反工作規情節重大，而終止與甲之勞動契約，洵無可取。且解僱勞工應係公司業經依工作規則懲處之最後手段，乙公司卻未經預告、未具理由，亦未經過人事考評、懲處之階段，即同時解僱 2 名懷孕之女性員工，堪認乙公司有就業歧視，其終止僱傭契約行為不合法。

第三章　性騷擾之防治

第 12 條 (性騷擾之定義)

【條文內容】

I　本法所稱性騷擾，謂下列二款情形之一：

一、受僱者於執行職務時，任何人以性要求、具有性意味或性別歧視之言詞或行為，對其造成敵意性、脅迫性或冒犯性之工作環境，致侵犯或干擾其人格尊嚴、人身自由或影響其工作表現。

二、雇主對受僱者或求職者為明示或暗示之性要求、具有性意味或性別歧視之言詞或行為，作為勞務契約成立、存續、變更或分發、配置、報酬、考績、陞遷、降調、獎懲等之交換條件。

II　前項性騷擾之認定，應就個案審酌事件發生之背景、工作環境、當事人之關係、行為人之言詞、行為及相對人之認知等具體事實為之。

【立法理由】

一、明定敵意工作環境性騷擾之內涵。

二、明定交換式性騷擾之內涵。

三、稱「勞務契約」者，謂雇主與受僱者之勞動契約、聘僱契約。

四、鑑於我國 100 年度性騷擾申訴調查成立案件數目較 99 年度增加三成，對於性騷擾之認定要件卻無具體規範，於 103 年 11 月，將原性別工作平等法施行細則第 4 條規定提升至母法位階，俾利明確性騷擾案件應審酌之具體事實項目與內容，以強化我國性騷擾案件之處理作為。

【條文說明】

★性騷擾之定義

性別工作平等法是我國第一個針對工作場所性騷擾有明確規範的法律，雖然該法性騷擾防治專章中僅有 2 個條文，但其對規範工作場所性騷擾有相當重要之貢獻。在本條的規定下，工作場所性騷擾分為兩種：

◎敵意環境性騷擾

受僱者於執行職務時，任何人以性要求、具有性意味或性別歧視之言詞或行為，對其造成敵意性、脅迫性或冒犯性之工作環境，致侵犯或干擾其人格尊嚴、人身自由或影響其工作表現[28]。行為人可以是「任何人」，包括雇主、雇主代理人、主管、同事、顧客、廠商等，受害人則必須是受僱者[29]。

此種性騷擾強調的是行為人的言詞或行為（包括性要求、具有性意味或性別歧視之言詞或行為），對受僱者造成一個敵意性、脅迫性或冒犯性之工作環境，其結果會侵犯或干擾該受僱者之人格尊嚴、人身自由或影響其工作表現。

由於每個人對「性要求、具有性意味或性別歧視之言詞或行為」的忍受程度不同，故同一行為人在工作場所的言詞或行為，對不同的受僱者而言，可能會產生不同的效果。舉例而言，一個受僱者在辦公室講黃色笑話，可能大多數同事都認為無傷大雅，但卻有一兩位同事覺得被冒犯。在此種情形下，應以何種標準來認定該行為人的言詞或行為是否構成敵意環境性騷擾，性別工作平等法並未明確規定。

每個人對何種「性要求、具有性意味或性別歧視之言詞或行為」會造成「敵意性、脅迫性或冒犯性之工作環境」皆有其主觀標準。因此，在認定敵意環境性騷擾時應採取何種認定標準方才客觀並不容易。若採取「受害人標

---

[28] 參見性別工作平等法第 12 條第 1 項第 1 款。

[29] 鄭津津，職場與法律，新學林，頁 459，2015 年 10 月修訂 5 版。

準」，亦即以申訴人的主觀感受作為認定標準，若遇到極度敏感的申訴人，即可能造成在一般通念檢驗下並無不當的言詞或行為，因申訴人感到被冒犯，而被認定為敵意環境性騷擾。因此，「受害人標準」顯非完全妥當之認定標準。

「合理第三人標準」是另一個可以採用的認定標準，此種認定標準的適用係以一般合理第三人的客觀感受來認定「系爭性要求、具有性意味或性別歧視之言詞或行為是否造成敵意性、脅迫性或冒犯性之工作環境」，較具客觀性。

當行為人的言詞或行為在「合理第三人標準」的認定下是不妥當的，該項言詞或行為是否就一定構成敵意環境性騷擾呢？基於個人觀念的差異，即使是一般合理第三人都無法忍受的言詞或行為，仍可能有人覺得無所謂。舉例而言，如果在某事業單位中有男性員工 A 喜歡喊女同事「親愛的」，打招呼也常用「抱抱」的方式，鼓勵人時慣用「愛你喔~」的言詞，此種言詞與行為在「合理第三人標準」的檢驗下，顯然是不妥當的，但若是某位女性同仁 B 覺得 A 的方式很有趣，故亦以「親愛的」、「抱抱」以及「我也愛你喔~」的方式回應 A。在此種情形下，A 的言詞與行為顯然並未使 B 感到敵意、被脅迫或被冒犯，故 B 日後自然不能主張 A 的言詞與行為對其造成敵意環境性騷擾。

因此，在判斷敵意環境性騷擾時，宜分為兩個步驟。先以「合理第三人標準」檢驗系爭言詞或行為，倘若並無不當，則即使申訴人主觀上感到被冒犯、充滿敵意，仍不構成敵意環境性騷擾。然而，倘若以「合理第三人標準」檢驗系爭言詞或行為，認定有所不當，接著進入第二步驟，以申訴人的主觀感受來檢驗系爭言詞或行為，倘若申訴人未感到被冒犯或充滿敵意，則敵意環境性騷擾不成立；反之，申訴人若感到被冒犯或充滿敵意，則敵意環境性騷擾成立。

◎交換式性騷擾

雇主對受僱者或求職者為明示或暗示之性要求、具有性意味或性別歧視

之言詞或行為，作為勞務契約成立、存續、變更或分發、配置、報酬、考績、陞遷、降調、獎懲等之交換條件[30]。行為人為雇主（包括代表雇主行使管理權之人、代表雇主處理有關受僱者事務之人以及要派單位），受害人則可能是求職者，也可能是受僱者[31]。此種性騷擾主要是著眼於雇主透過其在工作場所中所擁有的權力，以威脅或利誘之方式，使求職者或受僱者滿足雇主之性要求交換，或迫使求職者或受僱者忍受雇主具有性意味或性別歧視之言詞或行為，以交換勞務契約的成立、存續、變更或分發、配置、報酬、考績、陞遷、降調、獎懲等條件。

★外國立法例－工作場所性騷擾之定義

◎德國

德國工作場所性騷擾保護法第2條第2項將工作場所性騷擾定義為：「每一故意及性（色）慾之特定行為舉止，凡侵害到工作場所中受僱者之人格尊嚴時，即屬工作場所之性騷擾。」並列舉二種可構成工作場所性騷擾之情形：「(1)依刑法規定屬於刑事可罰性之性（色）慾行為或舉止。(2)其他性（色）慾上之行為，且滿足下列要件之一者：特定身體的性（色）慾接觸、性內容的提示、性內容之展現、色情表現，且當事人明顯可見地對上述行為加以拒絕者。」[32]。由上可知，德國對於工作場所性騷擾之定義，舉凡性騷擾侵害到受僱者人格尊嚴即構成性騷擾，即使受僱者在工作上並未因此受有利益或損失[33]。

◎美國

在美國，所有求職者與受僱者在工作場所皆享有不受到任何性別之行為

---

[30] 參見性別工作平等法第12條第1項第2款。

[31] 鄭津津，職場與法律，新學林，頁459，2015年10月修訂5版。

[32] 林明鏘，論德國工作場所性騷擾保護法──兼論我國立法政策與立法草案──，臺大法學論叢，第25卷第1期，頁73-74，1995年10月。

[33] 俞慧君，各國對工作場所性騷擾之法律規範，法學叢刊，第186期，頁82，2002年4月。

人性騷擾的權利，因此同性間之性騷擾行為也是被禁止的[34]。

工作場所性騷擾可分為兩大類：(1)交換式性騷擾[35]（quid pro quo sexual harassment）與(2)敵意環境性騷擾[36]（hostile environment sexual harassment）[37]。交換式性騷擾之構成要件有五項：(1)原告具有「法律明定保護之特質」（如性別）；(2)原告受到令人厭惡的性接近；(3)原告在對其不利的僱用決定下受害；(4)該不利行動與原告的性別有因果關係及(5)雇主是可歸責的[38]。敵意環境性騷擾之構成要件亦有五項：(1)原告具有「法律明定保護之特質」（如性別）；(2)原告須受制於以性為基礎且不受歡迎的行為；(3)該性騷擾行為須影響原告之工作條件；(4)上述影響原告工作條件的行為與原告的性別有因果關係及(5)雇主知悉或應知悉該性騷擾行為而未採取立即適當的救濟措施[39]。

在法律已明文禁止性別歧視時，聯邦法院起初並未將工作場所性騷擾視為性別歧視的一種態樣。在早期的工作場所性騷擾案件中，如 *Corne v. Bausch & Lomb, Inc.* [40]一案，原告（數位女性受僱者）指控她們的男性上司持續地對

---

[34] TITUS E. AARON, SEXUAL HARASSMENT IN THE WORKPLACE---A GUIDE TO THE LAW AND A RESEARCH OVERVIEW FOR EMPLOYERS AND EMPLOYEES 66 (1993).

[35] 交換式性騷擾係指「一個掌控僱用機會的人以維持或給予該僱用機會為手段，向其下屬提出性方面好處的要求」，參見 29 C.F.R. §1604.11(a)(2).

[36] 敵意環境性騷擾係指「不受歡迎(unwelcome)且會不合理地影響個人工作表現，或造成一個充滿敵意、令人懼怕不愉快之工作環境的行為」。參見 29 C.F.R. §1604.11(a)(3).

[37] 平等就業機會委員會在 1988 年制訂了「平等就業機會委員會性騷擾政策指導原則」(EEOC Policy Guidance on Sexual Harassment)，在該指導原則中，平等就業機會委員會樹立一項原則──交換式性騷擾與敵意環境性騷擾並非可以完全劃分清楚的，兩者在本質上有相互重疊之處。例如，上司對下屬所作的交換式性騷擾往往會同時不合理地影響下屬的工作表現；同樣地，敵意環境性騷擾也會因受害人無法忍受該種工作環境而選擇離職，因而構成影響受僱者實質工作條件的交換式性騷擾。

[38] BARBARA LINDEMANN AND DAVID D. KADUE, PRIMER ON SEXUAL HARASSMENT 22-23 (1992).

[39] JANA HOWARD CAREY, SEXUAL HARASSMENT IN THE WORKPLACE 12 (1992).

[40] 390 F. Supp. 161, 10 FEP 289 (D.Ariz.1975), *vacated and remanded*, 562 F.2d 55, 15 FEP 1370 (9th Cir. 1977).

她們進行性騷擾，致使她們無法繼續工作而辭職。聯邦法院認為此種性騷擾行為純屬兩造當事人間的「私人事務」（personal matter），被告的行為並未針對特定性別，且其行為亦與工作無關，因此不構成性別歧視。直到 1976 年，在 *Williams v. Saxbe*[41]一案中，聯邦法院才首次將工作場所性騷擾視為性別歧視的一種[42]。

在 1970 年代，工作場所性騷擾的被害人若無法證明其因性騷擾行為而受有實質的工作損害（tangible job detriment）時，即無法依 1964 年民權法第七編獲得賠償[43]。直到 1981 年，聯邦上訴巡迴法院在 *Bundy v. Jackson*[44]一案中方樹立一個新原則—工作場所性騷擾之受害人即使無法證明其因性騷擾行為受有任何工作上的實質損失，仍有權主張 1964 年民權法第七編所保障之權利[45]。

◎日本

日本於 1999 年 4 月施行之男女僱用機會均等法第 21 條第 1 項規定：「雇主應於僱用管理上為必要之照扶，使遭受職場性的言語動作之女性勞工不致於因其對應情形而受勞動條件之不利益，或使該女性勞工的就業環境不致於因該性的言語動作而受害。」根據本條規定，日本勞動省發布第 20 號告示「關於雇主對於職場內性的言語動作所生問題於僱用管理上應注意事項之指針」，將工作場所性騷擾分為「對價型性騷擾」及「環境型性騷擾」，但該

---

[41]　413 F. Supp. 654 (D.D.C. 1976).

[42]　聯邦地方法院在 Williams 一案中主要是著眼於原告是否因拒絕她的上司對她的性要求(advances based upon her sex)而遭到報復的行動，該院認為原告上司的行為在該工作場所中造成一種就業上的人為障礙(an artificial barrier to employment)，而此種障礙係針對特定性別，因而構成性別歧視。

[43]　ANJA ANGELICA CHAN, WOMEN AND SEXUAL HARASSMENT---A PRACTICAL GUIDE TO THE LEGAL PROTECTIONS OF TITLE VII AND THE HOSTILE ENVIRONMENT CLAIM 4 (1994).

[44]　641 F.2d 934 (D.C. Cir. 1981).

[45]　在 Bundy v. Jackson 一案中，原告在超過兩年半的時間裡受到她五個男上司的性騷擾，但無法證明她受到任何工作上的實質損失。

法僅保護女性勞工[46]。

　　日本工作場所性騷擾定義以違反女性勞動者之意願作為前提，且須與勞動條件的變動、工作環境狀況有所關聯，尤其環境型性騷擾，須對女性勞動者之工作環境不良影響達到不能忽視之程度，若僅是「人格尊嚴」受辱，則非為法律所保護，可見日本工作場所性騷擾之概念是較為限縮的[47]。

【相關文獻】

1. 王如玄、李晏榕，認識「性騷擾」──從性騷擾防治法、兩性工作平等法與性別平等教育法談起，檢察新論，第 1 期，頁 152-178，2007 年 1 月。

2. 林明鏘，論德國工作場所性騷擾保護法──兼論我國立法政策與立法草案──，臺大法學論叢，第 25 卷第 1 期，頁 69-90，1995 年 10 月。

3. 林威成，性別工作平等法中敵意工作環境性騷擾相關問題之探討，萬國法律，第 168 期，頁 104-119，2009 年 12 月。

4. 俞慧君，各國對工作場所性騷擾之法律規範，法學叢刊，第 186 期，頁 79-105，2002 年 4 月。

5. 高鳳仙，性騷擾及性侵害之定義，月旦法學雜誌，第 207 期，頁 83-100，2012 年 8 月。

6. 焦興鎧，我國防治性騷擾法制之建構，法令月刊，第 57 卷第 5 期，頁 460-483，2006 年 5 月。

7. 焦興鎧，工作場所性騷擾是不是就業上性別歧視？──試評臺北高等行政法院一則相關判決並兼論美國經驗之啟示(上)，全國律師，

---

[46] 劉志鵬，兩性工作平等法草案「整合版」所定工作場所性騷擾之研究──以日本法制為比較對象，月旦法學雜誌，第 71 期，頁 44，2001 年 4 月。

[47] 俞慧君，各國對工作場所性騷擾之法律規範，法學叢刊，第 186 期，頁 88-89，2002 年 4 月。

第 8 卷第 2 期，頁 21-33，2004 年 2 月。

8. 焦興鎧，工作場所性騷擾是不是就業上性別歧視？──試評臺北高
　　等行政法院一則相關判決並兼論美國經驗之啟示(下)，全國律師，
　　第 8 卷第 3 期，頁 106-125，2004 年 3 月。

9. 焦興鎧，向工作場所性騷擾問題宣戰，元照，2002 年 3 月。

10. 焦興鎧，兩性工作平等法中性騷擾相關條款之解析，律師雜誌，第
　　271 期，頁 40-56，2002 年 4 月。

11. 焦興鎧，從法律層面探討工作場所性騷擾問題──美國之經驗，政
　　大勞動學報，第 6 期，頁 15-37，1997 年 9 月。

12. 黃碧芬，解決工作場所性騷擾問題的法律，全國律師，第 6 卷第 3
　　期，頁 26-28，2002 年 3 月。

13. 劉志鵬，兩性工作平等法草案「整合版」所定工作場所性騷擾之研
　　究──以日本法制為比較對象，月旦法學雜誌，第 71 期，頁 41-53，
　　2001 年 4 月。

14. 鄭津津，敵意環境性騷擾的認定，月旦法學教室，第 54 期，頁 30-31，
　　2007 年 4 月。

【相關函釋】

★受僱者於上班時間使用通訊軟體接收無職務往來者傳送之不雅照片，不適用性別工作平等法

（勞動部民國104年8月26日勞動條4字第1040074158號函）

　　……性別工作平等法係課雇主使受僱者免於遭受工作場所性騷擾，並提供受僱者無受工作場所性騷擾疑慮之工作環境，以保障其人格尊嚴、人身自由及職場工作表現之自由公平，達到本法消除性別歧視、促進性別地位實質平等之立法目的。

　　旨揭於上班時間透過手機通訊軟體接收不雅照片，該照片之傳送，非屬「執行職務」所給予之機會，非屬性別工作平等法第 12 條第 1 項受僱者於

執行職務之範疇，尚無性別工作平等法之適用。

★參加公司尾牙聚餐期間，員工發生性騷擾情事，仍適用性別工作平等法

（勞動部民國104年10月12日勞動條4字第1040131158號函）

查性別工作平等法旨在使受僱者免於遭受工作場所性騷擾，並提供受僱者無遭受工作場所性騷擾疑慮之工作環境，俾保障其人格尊嚴、人身自由及職場工作表現之自由公平，以達消除性別歧視、促進性別地位實質平等之立法目的。旨揭公司尾牙聚餐，如為雇主舉辦之活動，於該場合發生員工遭受性騷擾事件時，雇主仍應盡性騷擾之防治責任，並有性別工作平等法之適用。

★連鎖便利商店店員於所任職店內遭顧客性騷擾，應適用性別工作平等法

（勞委會民國101年12月28日勞動三字第1010090706號函）

查性別工作平等法第12條規定：「本法所稱性騷擾，謂下列二款情形之一：受僱者於執行職務時，『任何人』以性要求、具有性意味或性別歧視之言詞或行為，對其造成敵意性、脅迫性或冒犯性之工作環境，致侵犯或干擾其人格尊嚴、人身自由或影響其工作表現。…」前開規定所稱「任何人」，包括雇主、同事、客戶。有關所詢性騷擾事件是否適用性別工作平等法之規定，應視受僱者所提之性騷擾申訴是否符合前開規定所稱之性騷擾而定，與性騷擾發生之場域係開放或封閉性無涉。

次查性別工作平等法第 13 條第 2 項：「雇主於知悉前條性騷擾之情形時，應採取立即有效之糾正及補救措施。」基此，雇主於知悉受僱者或求職者於職場中遭受性別工作平等法第 12 條所稱之性騷擾時，應即時啟動其糾正及補救機制，使受害者免處於受性騷擾的工作場所中。若受僱者或求職者發現雇主違反上開第 13 條規定時，得依第 34 條規定向地方主管機關申訴。

另查性別工作平等法第 27 條規定，受僱者或求職者因第 12 條之情事，受有損害者，由雇主及行為人連帶負損害賠償責任；第 29 條規定略以，第

27條情形,受僱者或求職者雖非財產上之損害,亦得請求賠償相當之金額。其名譽被侵害者,並得請求回復名譽之適當處分。爰此,若受僱者欲就性騷擾行為人部分循求法律救濟,得依上開規定辦理。

★員工應公司負責人邀約參加該公司節慶聚餐及聯誼活動,返回公司時遭同事性騷擾,是否適用性別工作平等法,應視案情之發生與職務有無關連

（勞委會民國98年2月4日勞動三字第0980000351號函）

有關性騷擾防治涉及性別工作平等法及性騷擾防治法,性別工作平等法旨在保障受僱者及求職者之工作權益,雇主應提供其免於遭受性騷擾之工作環境,採取預防、糾正、懲戒及處理措施;性騷擾防治法則從人身安全角度出發,主要規範發生在職場以外(如大眾運輸工具或公共空間)之性騷擾行為。

查性別工作平等法第12條第1款規定,受僱者於執行職務時,任何人以性要求、具有性意味或性別歧視之言詞或行為,對其造成敵意性、脅迫性或冒犯性之工作環境,致侵犯或干擾其人格尊嚴、人身自由或影響其工作表現。復查同法施行細則第4條規定,性騷擾之認定,應就個案審酌事件發生之背景、工作環境、當事人之關係、行為人之言詞、行為及相對人之認知等具體事實為之。

基上,案內所述員工應公司負責人邀約參加公司節慶聚餐及聯誼活動,如為企業於工作時間外所要求參與之聚會或活動,其活動結束後返回公司取其摩托車而遭同事性騷擾一節,是否有性別工作平等法之適用,應視本案之發生是否基於執行職務、與職務是否具關連性、發生時間、地點與職務有無關連及職務上是否給予機會等具體事實以為判斷。

【相關判決】

★受僱者之同事傳遞超乎一般同事日常感情表達之紙條，利用職權查詢受僱者婚姻狀況，致受僱者產生心理困擾，干擾其情緒及工作表現，應認性騷擾成立

（臺北高等行政法院101年度訴字第2013號判決）

◎事實

甲於上班時間傳紙條予女同仁乙表示保護及吃醋之意，並利用職務密碼違規查詢乙及其家人戶政資料，乙心生畏怖、感受被冒犯，提出性騷擾申訴，經性騷擾申訴調查小組決議，認甲行為符合性騷擾防治法第2條第2款，應成立性騷擾，甲不服提起申覆，經性騷擾申訴調查小組會議審議，認甲觸犯性別工作平等法第12條規定，維持原性騷擾成立之決議，並函復甲申覆無理由，應予駁回。甲不服，提起復審，復審遭駁回，甲仍不服，遂提起行政訴訟。

◎爭點

甲傳遞超乎一般同事日常感情表達之紙條給乙，並利用職權查詢乙之婚姻狀況，是否該當性別工作平等法第12條所定之性騷擾行為？

◎判決要旨

查甲係丙機關所屬公務人員，於100年7月23日、7月30日、8月4日之上班時間，三度寫紙條予其同事乙，其上載明「我會永遠保護著你……直到你找到你的幸福為止」、「我倆曾一直想保護對方，結果卻造成傷害彼此」、「不可否認其實你和○○（若無結婚）應是個很契合的伴侶，看到你在工作上、生活上如此認同、支持他，不免感到吃醋」等文字，並利用職務之便，於100年6月3日、4日私下查詢乙及乙家人之戶政資料，以瞭解乙是否已婚生子，有甲所書寫紙條為據，甲亦於法院準備程序中坦承真實。

甲雖稱私下查詢乙戶政資料並無不良企圖，且與性別工作平等法中性騷擾定義完全不符，另傳遞紙條僅為化解與乙之間誤會，均無「性要求、性意

味」，然上開紙條內容，客觀上已超乎一般同事日常生活感情表達，而近於男女私情之表白，甲稱係為化解誤會及善盡主管責任說法不足採。

另甲利用職務之便，私下查詢乙及其家人戶政資料，以瞭解乙是否已婚生子，雖辯稱係基於主管瞭解所屬家庭狀況以作為平時考核依據，然乙婚姻及家庭狀況與工作表現並無直接或間接關係，且乙明確表明因甲上開行為，要求不要和甲同一單位，及看到甲有恐懼感會驚慌等情形，足見甲上開行為，已對乙造成心理困擾，致干擾或影響乙之工作情緒與表現。

丙機關申調小組因而認甲違反性別工作平等法第 12 條規定情事，性騷擾行為成立，該認定性騷擾成立之判斷，無法定程序之瑕疵，對事實認定亦無違誤，自應予尊重。

★雇主對受僱者若以具有性要求或性意味之言語，作為勞務契約存續之交換條件，即屬性騷擾行為

（板橋地方法院100年度勞簡上字第22號民事判決）

◎事實

受僱者甲主張其自 99 年 10 月 20 日起擔任乙公司總經理丙之特助。丙自 99 年 10 月底某日及 11 月初時開始對其有言語上之性騷擾，假借至銀行辦事之名，單獨找甲至咖啡廳、餐廳或出差過夜，並表明欲承租房屋包養甲等具有明顯性要求或具有性意味之言語，作為勞務契約存續之交換條件。丙並於 100 年 2 月 17 日要求甲於 100 年 3 月 15 日前決定是否同意，遭甲拒絕後，丙於 100 年 3 月 4 日要求甲於 100 年 3 月 7 日自行離職，甲因而遭違法解僱。丙之行為對甲具有以性要求與具有性意味之言詞，作為勞務契約存續、報酬等交換條件，致侵犯及干擾甲之人格尊嚴及人身自由，實已違反性別工作平等法第 12 條第 1、2 款等規定，甲因而請求丙賠償其非財產上之損害。

丙則主張甲於 100 年 3 月 4 日不願陪同其至銀行辦事，並於當日中午時自行離職，並非丙解僱甲，且甲提出之錄音譯文，係甲利用閒聊時偷錄的，甲提出之性愛同意書雖是丙親自所書寫，然印章是甲偷刻或拿丙印章偷蓋，簽名亦應是甲移花接木，同意書並未寫價碼，因甲有積欠丙借款 6、7 萬元，

丙催討時，當時說好每晚以 12,000 元抵債，故丙始寫同意書，並未對甲有性騷擾之行為。

◎爭點

丙對甲是否有以性要求與具有性意味之言詞，作為甲勞務契約存續、報酬等之交換條件？

◎判決要旨

經查，甲主張任職乙公司期間，丙多次對甲為性要求及具有性意味言詞，作為勞務契約存續、報酬等之交換條件，因甲不從，乙公司便於 100 年 3 月 4 日違法解僱甲事實，有甲提出之同意書照片及錄音光碟 9 張暨譯文 1 份可佐，丙均不否認上開同意書及錄音譯文內容之真正，堪認丙確於甲任職期間內，多次要求與甲上床、欲租屋包養甲、願給付包養費，要求甲為丙之第二夫人等事實。

再依勞工局電話訪談紀錄記載，乙公司會計 A 陳述丙有要求甲當小老婆，副總經理 B 陳述丙要求資遣不同意上床者、應徵之主管要與丙上床才能被錄取，足認丙多次對甲為性要求及具有性意味言詞，作為勞務契約存續、報酬等之交換條件等事實。

綜上，丙對甲實有明示或暗示之性要求、具有性意味或性別歧視之言詞或行為，作為勞務契約成立、存續、變更或分發、配置、報酬、考績、陞遷、降調、獎懲等之交換條件，該當於性別工作平等法第 12 條第 2 款所規定之性騷擾要件，是丙抗辯並未對甲性騷擾云云，自無可取。

★行為人以具有性意味之言詞或行為，對受僱者造成敵意性、脅迫性或冒犯性之工作環境者，對受僱者造成精神上極大之痛苦，應賠償受僱者所受非財產上之損害

（臺北地方法院96年度訴字第6336號民事判決）

◎事實

甲自 94 年 8 月 15 日起受僱於乙公司，擔任設計師，並被分配使用部門

主管丙座位旁之電腦處理設計業務。95年農曆年後，丙經常於上班時間燉煮中藥，並於飲用時對甲稱：「中醫師說我火氣大，要用中藥降火，最快的方法是應該找個女的來採陰補陽、陰陽調和」，且於上班時間常向甲講黃色笑話，並要求甲背起來轉述給其他女同事聽。又丙每逢祭祀時，常以祭祀貢品之水果排列成女性胸部、下體或男性生殖器形狀，並要求甲以及其他女性員工觀看，甚或公開拿水果擺弄各種不雅動作。95年7月某週五下午，丙不僅在辦公座位瀏覽色情圖片，更要求部門女同事輪流觀看，向甲稱：「妳看，這胸部漂不漂亮？這個像不像我前妻？那個像不像妳？」並要求甲為其列印二張裸女圖。因上述種種，且乙公司內部並無申訴管道，甲乃於96年3月5日以電子郵件向乙公司負責人提出辭呈，並於同年3月7日發存證信函將丙性騷擾等情事告知乙公司，但乙公司未採取任何措施，甲因而請求乙公司及丙連帶賠償其遭受性騷擾致精神痛苦之非財產上損害賠償。丙則全盤否認有甲所稱之相關性騷擾行為。

◎爭點

行為人丙以具有性意味之言詞或行為，對受僱者造成精神上極大之痛苦，是否應賠償受僱者所受非財產上之損害？

◎判決要旨

性別工作平等法第12條第1款之性騷擾類型，學說通稱為「敵意環境性騷擾」，可知本法明確禁止任何人於受僱者執行職務時有性騷擾行為，將性騷擾防治由單純人身安全保護，擴及雇主對受僱者的保護義務，使受僱者在友善的工作環境，安全而不受干擾的工作。言詞或行為是否造成敵意性、脅迫性或冒犯性之工作環境，依學說見解應以「一般合理第三人之感受」為準較具客觀性，才不會因接受言詞或行為者感受不同而有不同之認定結果。

在本案中，依照與兩造同公司之證人丁陳述可知，丙確有於上班時間向甲及其他女同事以水果影射性器官，並要求同事看網路色情圖片及燉煮中藥時陳述騷擾言語之行為。且縱使醫生開立藥方原因的確如所述，丙亦可不必用如此露骨的言語告知其他同事服藥之原因，丙利用同事詢問的機會，以陰

陽調和等言語告知異性同事，顯有使人陷於冒犯性工作環境下之情事。另由公司內部調查報告可知，丙確有於上班時間在其辦公座位瀏覽寫真圖片，並要求包含甲在內的部門女同事輪流觀看之事實，且當時甲使用電腦座位在丙身旁根本無從離去，可知甲之主張屬實。再由證人己之證言可知丙確實曾將祭祀用之水果排列成女性胸部、下體或男性生殖器形狀，及丙有向甲講黃色笑話，並要求其背起來向證人等轉述的事實。本院審酌甲受丙性騷擾將近 1 年，精神時常處於恐慌狀態，確受精神上極大之痛苦，故丙應賠償甲所受非財產上之損害。

第 13 條 (性騷擾防治措施、申訴及懲戒)

【條文內容】

I　雇主應防治性騷擾行為之發生。其僱用受僱者三十人以上者,應訂定性騷擾防治措施、申訴及懲戒辦法,並在工作場所公開揭示。

II　雇主於知悉前條性騷擾之情形時,應採取立即有效之糾正及補救措施。

III　第一項性騷擾防治措施、申訴及懲戒辦法之相關準則,由中央主管機關定之。

【立法理由】

明定雇主有防治受僱者或求職者受到性騷擾之義務。

【條文說明】

★雇主之防治責任

由於所有受僱者皆是由雇主僱用,工作場所亦是由雇主管理,雇主有責任確保所有求職者與受僱者免於受到工作場所性騷擾。因此,雇主在平時即應負起預防工作場所性騷擾發生之責任;若有性騷擾發生,雇主一旦知悉,即必須採取立即有效之糾正與補救措施來處理性騷擾事件。

為使受僱於一定規模以上事業單位之受僱者對該事業單位有關性騷擾之政策與措施有明確之瞭解,本條規定僱用受僱者 30 人以上者,應訂定性騷擾防治措施、申訴及懲戒辦法,並在工作場所公開揭示。

★雇主「知悉性騷擾」之認定

依性別工作平等法第 13 條第 1 項之規定,僱用受僱者 30 人以上之事業單位,應訂定性騷擾防治措施、申訴及懲戒辦法,並在工作場所公開揭示。當申訴人透過前述申訴管道,向事業單位提出申訴時,雇主應已知悉性騷擾之情形,依本條第 2 項之規定,雇主即應採取立即有效之糾正及補救措施。

僱用人數 30 人以下之事業單位雖未被強制訂定性騷擾防治措施、申訴及懲戒辦法，並在工作場所公開揭示，但若有受僱者或求職者向雇主提出受到工作場所性騷擾之情形時，雇主亦屬知悉性騷擾之情形，亦應採取立即有效之糾正及補救措施。此外，雇主若係收到外部申訴機制來函告知性騷擾情事，亦屬知悉該性騷擾情形，亦應採取立即有效之糾正及補救措施[48]。

在相關申訴案件中，許多被申訴之雇主係因在知悉性騷擾情事後「未採取立即有效之糾正及補救措施」而被處罰。有些被處罰之雇主對性別工作平等法第 13 條第 2 項所規定的「立即」、「有效」、「糾正」與「補救」的具體內容感到困惑，因而對原處分機關的處分常有不服的情形。不可否認，「立即」、「有效」、「糾正」與「補救」確實是不明確的法律概念，易生爭議。因此，主管機關在認定雇主知悉性騷擾情事後是否有採取立即有效之糾正及補救措施，實應考量性騷擾情事發生時的所有環境與條件，如雇主所採取之調查與處理措施已屬合理，即不應予以處罰[49]。

★「立即有效之糾正及補救措施」之內涵

所謂「立即有效之糾正及補救措施」，係指雇主在知悉工作場所性騷擾情形後，應立刻啟動性騷擾調查機制，調查結果若是性騷擾成立，即應對性騷擾行為人進行糾正，對受害人亦應採取適當之補救措施。糾正措施應有時效性，補救措施亦應有成效性，以有效救濟該性騷擾事件造成的傷害，並預防類似事件再次發生。

★「性騷擾防治措施、申訴及懲戒辦法相關準則」之法律性質

性別工作平等法第 13 條第 3 項授權中央主管機關訂定「性騷擾防治措施、申訴及懲戒辦法之相關準則」，係法律概括授權行政機關訂定相關法規

---

[48] 侯岳宏，性別工作平等法判決之回顧與展望，月旦法學雜誌，第 232 期，頁 122，2014 年 9 月。

[49] 鄭津津，職場上雇主之性騷擾防治責任——臺中高等行政法院 99 年度簡字第 208 號判決，性別工作平等法精選判決評釋，元照，頁 130，2014 年 9 月。

命令。此外，前述準則亦應符合性別工作平等法之立法意旨，僅得就有關性騷擾防治之措施、申訴及懲戒相關事項加以規定[50]。

【相關文獻】

1. 李玉春，企業對於性騷擾案件之申訴及調查應用，100年度防制就業歧視暨性別工作平等法專題論壇會議手冊，頁31-48，2011年9月。

2. 邱琦，工作場所性騷擾民事責任之研究，臺大法學論叢，第34卷第2期，頁181-214，2005年3月。

3. 侯岳宏，性別工作平等法判決之回顧與展望，月旦法學雜誌，第232期，頁114-132，2014年9月。

4. 侯岳宏，性別工作平等法上工作場所性騷擾雇主之民事責任，月旦法學雜誌，第196期，頁214-220，2011年9月。

5. 焦興鎧，雇主防治監護工被性騷擾之責任——臺北高等行政法院92年度簡字第466號判決，性別工作平等法精選判決評釋，元照，頁165-174，2014年9月。

6. 焦興鎧，雇主對工作場所性騷擾之防治義務——最高行政法院九十八年度第二八〇二號裁定評析，月旦法學雜誌，第222期，頁5-11，2013年11月。

7. 焦興鎧，雇主知悉離職員工於在職期間遭受性騷擾——臺北高等行政法院101年度簡字第112號判決，性別工作平等法精選判決評釋，元照，頁155-164，2014年9月。

8. 焦興鎧，美國最高法院對工作場所性騷擾事件雇主法律責任範圍之最新判決——Pennsylvania State Police V. Suders一案之評析，美國最高法院重要判決之研究：2004-2006，歐美研究所，頁219-294，

---

[50] 謝棋楠，工作場所性騷擾防治措施申訴及懲戒辦法訂定準則探討：美國法之經驗，法學新論，第22期，頁5-7，2010年5月。

2011 年。

9. 焦興鎧，工作場所性騷擾爭議之預防及處理：臺灣之經驗，台灣勞動評論，第 1 卷第 2 期，頁 145-155，2009 年 12 月。

10. 焦興鎧，雇主在性騷擾事件法律責任範圍之界定——試評台北高等行政法院九十二年度簡字第四六六號判決，全國律師，第 10 卷第 3 期，頁 4-18，2006 年 3 月。

11. 焦興鎧，我國政府部門建構處理性騷擾爭議內部申訴制度之研究，法官協會雜誌，第 5 卷第 2 期，頁 225-294，2003 年 12 月。

12. 焦興鎧，兩性工作平等法中性騷擾相關條款之解析，律師雜誌，第 271 期，頁 40-56，2002 年 4 月。

13. 焦興鎧，醫療院所性騷擾問題在我國所引起之法律爭議——對我國法院長庚醫院一則相關案例判決之評析，月旦法學雜誌，第 78 期，頁 89-110，2001 年 11 月。

14. 焦興鎧，事業單位應如何建構工作場所性騷擾防治措施——美國之經驗，臺北大學法學論叢，第 46 期，頁 25-78，2000 年 6 月。

15. 焦興鎧，對工作場所言語性騷擾之防制——我國法院一則相關判決之評析，東海大學法學研究，第 14 期，頁 177-200，1999 年 12 月。

16. 焦興鎧，試評「民主進步黨工作場所性騷擾暨性別歧視防治辦法」——兼論幾項近期之相關發展，全國律師，第 3 卷第 8 期，頁 57-72，1999 年 8 月。

17. 焦興鎧，美國法院對工作場所性騷擾判決之發展趨勢——兼論對我國相關制度之啟示，臺大法學論叢，第 28 卷第 3 期，頁 29-87，1999 年 4 月。

18. 黃舒瑜，勞動派遣之雇主責任——針對性騷擾案件探討，萬國法律，第 188 期，頁 63-75，2013 年 4 月。

19. 鄭津津，勞動派遣關係中之雇主性騷擾防治責任——臺北地方法院一○一年勞訴字第一二六號民事判決評釋，月旦裁判時報，第 30

期，頁 5-15，2014 年 12 月。

20. 鄭津津，高中建教生於建教合作機構被性騷擾之法律適用探討，月旦法學教室，第 145 期，頁 39-41，2014 年 11 月。

21. 鄭津津，職場上雇主之性騷擾防治責任——臺中高等行政法院 99 年度簡字第 208 號判決，性別工作平等法精選判決評釋，元照，頁 122-131，2014 年 9 月。

22. 鄭津津，美國工作場所性騷擾相關法制之研究，中正法學集刊，第 1 期，頁 233-265，1998 年 7 月。

23. 謝棋楠，工作場所性騷擾防治措施申訴及懲戒辦法訂定準則探討：美國法之經驗，法學新論，第 22 期，頁 1-32，2010 年 5 月。

24. 謝棋楠，以美國主管人員性騷擾之雇傭人責任認定原則觀臺北高等行政法院 94 年簡字第 64 號判決之雇主責任認定，臺灣勞動法學會學報，第 8 期，頁 147-195，2009 年 12 月。

【相關函釋】

★受僱員工僅1人之事業主其工作場所性騷擾防治義務

（勞委會民國102年5月20日勞動三字第1020130988號函）

　　性別工作平等法第 13 條第 1 項及第 2 項規定：「雇主應防治性騷擾行為之發生。……雇主於知悉前條性騷擾之情形時，應採取立即有效之糾正及補救措施。」事業單位無論規模大小，均應依前開規定防治性騷擾行為之發生，並於知悉性騷擾之情形時，採取適當之處理措施。

★事業單位所訂定之性騷擾防治措施申訴及懲戒辦法不得訂有申訴期限

（勞委會民國100年10月5日勞動三字第1000132616號函）

　　為建立工作場所性騷擾防治措施、申訴及懲戒處理之機制，並規範對於預防性騷擾之發生以及性騷擾案件之申訴與懲處之處理程序等具體作法，本

會訂定「工作場所性騷擾防治措施申訴及懲戒辦法訂定準則」，未就受僱者申訴期限加以限制。

基上，為免影響申訴人申訴救濟權利，事業單位訂定之工作場所性騷擾防治措施申訴及懲戒辦法，依上開規定，應不得訂定申訴期限。

★性別工作平等法第13條第2項之「知悉」包含雇主「可得知悉」之情形在內，不以申訴人提出性騷擾申訴為限

（勞委會民國99年3月11日勞動三字第0990064489號函）

性別工作平等法第 13 條第 2 項：「雇主於知悉前條性騷擾之情形時，應採取立即有效之糾正及補救措施。」，其中所稱「知悉」應包含雇主「可得知悉」之情形在內，並不以申訴人須向雇主提出性騷擾申訴為限。

★公司內性騷擾調查委員調查結論與公司最高決策層意見相左時，以雇主之處理為準，並由雇主負責

（勞委會民國97年5月30日勞動三字第0970014381號函）

性別工作平等法第 13 條第 1、2 項規定：「雇主應防治性騷擾行為之發生。其僱用受僱者三十人以上者，應訂定性騷擾防治措施、申訴及懲戒辦法，並在工作場所公開揭示。雇主於知悉前條性騷擾之情形時，應採取立即有效之糾正及補救措施。」基此，有關性騷擾案件之處理，係課雇主責任，如公司之性騷擾調查委員調查結論與公司最高決策意見相左時，仍應以雇主之處理為準，並由雇主負責。

★事業單位如於公司專屬網站公告性騷擾防治相關規定及措施，應使所有受僱者得以隨時獲取資訊，始符合性別工作平等法第13條第1項所稱「公開揭示」

（勞委會民國97年3月4日勞動三字第0970063570號函）

雇主為防治性騷擾行為發生，除應訂定性騷擾防治措施、申訴及懲戒辦法外，並應提供多元化之處理性騷擾申訴管道，以利受僱者申訴使用。性別

工作平等法法所稱「在工作場所公開揭示」係指將文件置放於公開顯著之場所，使其效力可及於所有受僱者，以隨時獲取資訊。事業單位如於公司專屬網站公告性騷擾防治相關規定及措施（含申訴專線及信箱），亦應符合前開原則。

★性別工作平等法第13條第1項雇主防治性騷擾行為發生之義務，係平常即應設置防範工作場所性騷擾機制，非僅限個案發生與否之處理與認定
（勞委會民國93年11月16日勞動四字第0930055241號函）

依兩性工作平等法（現已更名為性別工作平等法）第13條第1項及第2項規定：「雇主應防治性騷擾行為之發生。其僱用受僱者30人以上者，應訂定性騷擾防治措施、申訴及懲戒辦法，並在工作場所公開揭示。」「雇主於知悉前條性騷擾之情形時，應採取立即有效之糾正及補救措施。」上開規定旨在課雇主防治工作場所性騷擾行為發生之義務，俾保障受僱者於執行職務時，免於遭受性騷擾。而本案有關勞工申訴之性騷擾事件，既經貴府就業歧視評議委員會評議不成立，實難逕責雇主有違反該法第13條第2項規定情事。惟依該法第13條第1項之規定，雇主仍應有防治性騷擾行為發生之義務，此項義務係平常即應設置之防範工作場所性騷擾機制，而非僅限於個案發生與否之處理或認定而已。

★雇主為行政機關時，其所訂立之性騷擾防治措施僅發生對內效力
（勞委會民國91年4月8日勞動三字第0910014599號函）

查兩性工作平等法（現已更名為性別工作平等法）第13條第1項規定：「雇主應防治性騷擾行為之發生。其僱用受僱者30人以上者，應訂定性騷擾防治措施、申訴及懲戒辦法。」上開規定係適用所有公營、私營之雇主，故其所稱辦法，係口語上一般人通稱之辦法，並非法規命令之名稱。雇主為行政機關時，其性質僅係長官對屬官，為規範機關內部秩序及運作，所為具內部效力之規定，並不發生外部效力，宜認定為行政程序法第159條第2項

第 1 款所稱之「行政規則」。

【相關判決】

★雇主於可得知悉受僱者申訴遭受性騷擾時，即應採取立即有效之糾正及補救措施，非遲至認定有性騷擾情事發生時始採取糾正及補救行為

（臺中地方法院105年度簡字第11號行政訴訟判決）

◎事實

A 於 103 年 1 月 20 日向乙市政府婦幼警察隊（下稱婦幼隊）申訴其於 101 年 8 月間調任甲大學 EMBA 碩士在職專班辦公室助理，於 102 年 6 月 1 日下班宴請演講者餐會後，與該辦公室主任 B 同處車內，遭 B 拉扯碰觸雙手，有被性騷擾之感；另 B 於 102 年 10 月 6 日、11 月 3 日及 12 月 21 日多次於辦公室內以言語騷擾。婦幼隊移請甲大學調查，甲大學性平會作出 B 性騷擾行為不成立之決議。A 不服提出再申訴，案經乙市府性別工作平等會評議結果認定甲大學於知悉 A 在職期間遭受 B 言詞及肢體性騷擾事件後，未採取立即有效之糾正及補救措施，違反性別工作平等法第 13 條第 2 項規定，裁處甲大學罰鍰 10 萬元，甲大學不服提起審議，經駁回審議申請，提起訴願又被駁回，遂提起本件行政訴訟。

◎爭點

甲大學是否於知悉系爭性騷擾情事後，是否有採取立即有效之糾正及補救措施？

◎判決要旨

A 於甲大學職員工申評會會議紀錄中陳述，B 在某次餐敘後有令人不舒服的舉動，A 之配偶亦曾以電子郵件寄予甲大學之校長、副校長、處長等，陳稱 A 遭受性騷擾並提出申訴，申訴卻未有結論。處長回信建議 A 循適當程序處理，校長回復稱已請主秘告知 A 性平會聯繫窗口，人事室主任則陳稱 A

曾於人事評議委員會上表達懷疑 B 有性騷擾行為，皆係甲大學可得到掌握之客觀事證，足資研判 A 有提出受到性騷擾之情，惟甲大學卻未立即主動提供協助完成性騷擾申訴程序並開啟調查，迄至 A 向婦幼隊提出申訴後，由婦幼隊函請甲大學處理，甲大學始予以調查，已難認符合性別工作平等法第 13 條第 2 項規定。

此外，雇主即時啟動申訴調查處理機制之義務，與該申訴是否成立性騷擾行為無涉，甲大學主張應先認定 A 之申訴真實存在且該事實確構成「性騷擾」，方適用性別工作平等法第 13 條第 2 項規定之說法並不可取。

★雇主知悉性騷擾情事後即應為立即有效之處理，此義務不因雇主本身為性騷擾申訴案之被申訴人而免除

（臺南地方法院104年度簡字20號行政訴訟判決）

◎事實

甲公司離職員工 A、B 於 103 年 4 月 16 日，申訴其遭到雇主性騷擾，案經乙市府就業歧視評議委員會審定雇主違反性別工作平等法第 13 條第 2 項，雇主於知悉所僱勞工申訴性騷擾情形時，未採取立即有效之糾正及補救措施，甲公司遭處罰鍰 10 萬元整。甲公司不服，提起訴願，訴願被駁回，甲公司仍不服，遂提起本件行政訴訟。

◎爭點

雇主知悉性騷擾情事後即應為立即有效處理之義務，是否因雇主本身為性騷擾申訴案之被申訴人而免除？

◎判決要旨

性別工作平等法第 13 條第 2 項規定，雇主於知悉有職場性騷擾情形發生時，應採取立即有效之糾正及補救措施，立法者係從雇主非被指控者之立場來規定雇主應採取必要之措施，然而萬一雇主本身即是被指控者，此義務並不因而被免除，惟雇主該如何進行後續處理，性別工作平等法第 13 條第 2 項似尚有未殆。按雇主本身如被控性騷擾，申訴之員工又已離職，已無可能

會再發生兩人之間的性騷擾情事，該如何處理？雇主本身不可能自請停職，聽候調查？有謂應向相關單位請求調解，惟雇主自認未有任何性騷擾情事，卻主動向機關求援請求澄清無性騷擾情事，恐有可能被貼上「此地無銀三百兩」之不名譽標籤。本法立法目的固在保障員工免於受到性騷擾，但也須保障無性騷擾行為之雇主的人性尊嚴，而非一昧將被指控性騷擾之雇主，均以有色眼光待之。

又苟真有性騷擾情事，員工已離職之情況下，又如何叫雇主自行迴避？又迴避至何處？如何採取立即有效之糾正及補救措施？基於人性尊嚴之考量，以合乎情理及社會常情言，在公權力、公益團體或他力未涉入前，如調解程序啟動前，社會局、警察局或檢察官等公權力機關傳喚前，除雇主不畏人言，主動向相關單位請求調查外，均難以要求被申訴雇主有何具體因應之道。惟查，本件在調解程序啟動前，雙方已有接觸、對談，則判斷雇主有無採取立即有效之糾正及補救措施，即不得如上開所言，在公權力或公益團體涉入後才開展，應以雇主在雙方對談過程，有無展現「採取立即有效之糾正及補救措施」之舉止為斷。

按性別工作平等法第13條第2項規定為「立即」，意即有賦予雇主應主動積極之意，雇主倘即被申訴者，在他力介入前尚有猶豫空間，惟俟他力或公權力介入後，雇主即應積極面對，但本件甲公司均以消極態度面對勞工申訴性騷擾案件，不參與或出席相關調解，難謂有啟動處理機制的積極態度及符合性別工作平等法第13條第2項規定之立即要件。

再查，甲公司之負責人一概否認有性騷擾情事，致未有任何道歉之舉，還出現不友善之言詞與態度，並且認為申訴人既已向相關主管機關告發，即無庸處理，其消極之不作為明顯並未採取立即有效之糾正及補救措施。

基上所述，雇主於知悉性騷擾情事後即應為立即有效之處理，此義務不因雇主本身為性騷擾之被申訴人而免除。惟甲公司僅以片面認知不存在性騷擾情事，遂認不必為處理，於勞工申訴、聲請調解後，甲公司仍未正視該性騷擾事件對勞工工作權暨職場工作環境之影響，亦未積極採取立即有效之糾

正及補救措施，顯違反性別工作平等法第 13 條第 2 項之作爲義務。

★**性別工作平等法第13條第2項雇主之性騷擾防治義務，非以雇主查明性騷擾事件爲前提，而係課與雇主於受僱者表示有性騷擾情事時，應採取立即有效糾正及補救措施之義務**

（臺北地方法院101年度簡字第49號行政訴訟判決）

◎事實

A 自 99 年 9 月 23 日起受僱於甲公司擔任財務助理，於 100 年 8 月至 10 月間分別遭客戶乙於甲公司電梯口擁抱、公司經理之友人丙借鉛筆時碰觸其手並有不當言語及經理丁拿資料時故意碰觸其手等職場性騷擾行爲，A 多次向甲公司反應，惟甲公司知悉後並未採取立即有效之糾正及補救措施，A 乃向勞工局申訴，案經 X 市府性別平等會審定甲公司違反性別工作平等法第 13 條第 2 項，甲公司不服提起訴願遭駁回，遂提起行政訴訟。

甲公司主張 A 所申訴遭乙於電梯口擁抱係發生於 9 樓而非甲公司所在 7 樓，甲公司無從知悉是否發生該項情事；丙借鉛筆時無意碰觸到 A，A 於事隔 1 個月後始向同仁 B 反應，甲公司曾以存證信函警告丙，並非毫無處理，且案經地檢署不起訴處分，顯見丙之行爲並不符合性騷擾之定義；經理丁年逾 60，一向視 A 爲晚輩，從未聽說丁藉拿資料碰觸 A 之手，而縱有其事，亦係 A 自身太過敏感。此外，A 有主動與客戶交換名片、攀談之習慣，甲公司受僱者 B 曾警告 A，公司客戶三教九流均有，要 A 注意，足見甲公司已善盡職場性騷擾防治義務，且從未發生工作場所性騷擾情事。

◎爭點

甲公司在知悉其員工 A 所指控之性騷擾情事後，是否有採取立即有效之糾正及補救措施？

◎判決要旨

綜觀事實經過，甲公司於 100 年 10 月 28 日即已知悉 A 申訴在職期間遭受性騷擾之情事，即負有啓動處理機制，審慎調查並爲立即有效糾正及補救

措施之公法義務，惟甲公司並未向 A 或其他員工瞭解詳情，或採取任何立即有效之糾正及補救措施，且未成立性騷擾申訴調查小組，已違反性別工作平等法第 13 條第 2 項規定，誠屬明確。

至甲公司主張其爲小公司，性別工作平等法施行後，主管機關未告知該如何處理性騷擾事件，不知如何成立調查委員會，亦無處理此種事件之經驗。惟該管主管機關自性別工作平等法施行以來，對於防治職場上性騷擾有甚多之宣傳文宣、動畫短片等，有利於社會大眾瞭解職場上性騷擾之防治。若甲公司仍不知如何處理性擾相關事件，於事件發生後應向主管機關詢問，而非不作爲。是以甲公司以未被告知如何處理性騷擾事件、不知如何成立調查委員會、無處理相關事件經驗等等，並不足採。

又甲公司主張地檢署對丙被指控性騷擾 A 一案已爲不起訴處分，因此主管機關不應預設立場，遽認甲公司違法。然性騷擾防治法與性別工作平等法所規範之性騷擾定義並不相同，因此檢察官認定丙對甲無性騷擾防治法第 2 條所規定之性騷擾，並不表示丙之行爲當然不構成性別工作平等法第 12 條第 1 款之性騷擾。且性別工作平等法第 13 條第 2 項並未課雇主正確無誤查明性騷擾事件之責任，而是要求雇主在知悉有性騷擾情事時，採取立即有效之糾正及補救措施。丙未因 A 之性騷擾指控被起訴，與甲公司違反性別工作平等法第 13 條第 2 項之規定並無關連，主管機關據以裁處甲違反雇主性騷擾防治義務，並無疑義。

★雇主於受僱者申訴遭到性騷擾後，未採取立即有效之糾正及補救措施，反而解僱申訴之受僱者，嗣後始訂定性騷擾防治措施、申訴及懲戒辦法，仍有違雇主之性騷擾防治義務

（彰化地方法院101年度簡字第5號行政訴訟判決）

◎事實

甲公司將其員工 A 派至乙醫院工作，期間遭同事 B 拉手勾肩，A 認爲遭受性騷擾，向甲公司派駐醫院之組長 C 反應，旋於 2 日後遭解僱。A 提起申訴，經乙市性別工作平等會認定甲公司於 A 受性騷擾前，未訂定性騷擾防治

措施、申訴及懲戒辦法，且於知悉有性騷擾之情形時，未採取立即有效糾正及補救措施，甚至解僱申訴人 A，違反性別工作平等法第 13 條第 1 項後段、第 2 項及第 36 條之規定。甲公司不服提起訴願遭駁回，遂提起行政訴訟。

甲公司主張 A 為試用期間員工，於試用期間 6 天內，因出勤不佳、服裝不整等情形，經判斷不適任職務而未通過試用，非因申訴性騷擾遭到解僱，且因甲公司未完成聘用 A 之程序，A 亦不屬性別工作平等法所稱之受僱者。此外，甲公司於接獲 A 之申訴後，分別請 A、B 及其他現場員工說明，經瞭解實際情況發現 A、B 在工作相處上已有超出同事間應有之相處行為（如：勾肩、拉手），難認 B 有性騷擾 A 之意圖。且雖查無性騷擾事實，甲公司管理幹部仍向 A 提議更換工作單位但 A 不接受，事後亦將 B 調離原工作崗位，甲公司已確實採取糾正及補救措施，並無任何拖延、遲誤處理之情形。至 A 所主張工作場所之乙醫院未公告有相關性騷擾防治措施申訴及懲戒要點之事亦非實情，甲公司一向有於各工作場所揭示、公告有相關性騷擾防治措施、申訴及懲戒辦法。

◎爭點

甲公司在知悉 A 所指控之情事後，所採取之作為是否違反性別工作平等法所定之雇主性騷擾防治責任？

◎判決要旨

按僱傭契約乃當事人以勞務之給付為目的，受僱者於一定期間內，應依照僱用人之指示，從事一定種類之工作，且受僱者提供勞務，具有繼續性及從屬性之關係。甲於 6 月 2 日至 6 月 8 日離職前，受甲公司指派至乙醫院從事傳送工作，每日工作時間 8 小時，是甲公司與 A 間存有僱傭關係甚明。雖甲公司主張 A 僅為實習，然甲公司已為 A 設立人事檔案，發給識別證並有考勤表紀錄 A 之出缺勤，顯見甲公司主張 A 並非員工之說法並不可採。

經勘驗監視器，B 確有對 A 勾肩拉手之行為，則 A 主觀認為遭受性騷擾並非無的放矢，且 A 到職到遭受性騷擾不過 3 日，常理不至與 B 發展出超出同事間之相處行為，甲公司主張兩人平常即相處過密，亦與常理有違而不

可採。

　　甲公司雖提出有「甲公司職場性騷擾防治要點」、「工作場所性騷擾防治措施申訴及懲戒要點」等事證，然上開防治要點、申訴及懲戒要點必須在性騷擾事件發生前，即訂定並公開揭示，惟詢問其他員工，甲公司直至 6 月 20 日才完成訂定前述要點及公開揭示，則上開防治要點、申訴及懲戒要點並非甲公司所主張一直以來均有依法於各工作場所揭示、公告有相關性騷擾防治措施、申訴及懲戒辦法。

　　另查性騷擾事件發生後，甲公司駐醫院組長 C 雖有找 A、B 二人說明，但二人各執一詞，C 未查明事實，反而於 6 月 8 日先行解僱 A，事後才觀看監視器畫面，是甲公司於事件發生後，並未採取立即有效之糾正及補救措施即先解僱 A，堪可認定。

　　綜上，甲公司未於性騷擾事件發生前，訂定性騷擾防治措施、申訴及懲戒辦法並在工作場所公開揭示，且於性騷擾事件發生後，未採取立即有效之糾正及補救措施，於受僱者申訴後，反而將之解僱，違反性別工作平等法雇主之性騷擾防治義務規定甚明。

★所謂「立即有效之糾正及補救措施」係課予雇主立即保護受性騷擾受僱者之義務，避免受僱者繼續處於人格遭侵害之風險，雇主不得主張不知法規而免除行政處罰

（屏東地方法院101年度簡字第8號行政訴訟判決）

◎事實

　　甲合法聘僱印尼籍看護工 A 撥打 1955 專線申訴遭甲之配偶、兒子及孫子性侵，隔日人力仲介來電，甲始知 A 申訴遭性侵一事，遂詢問家屬是否屬實，家屬坦承與 A 合意性交，甲依 A 平日交友狀況認本案非屬性侵，並為顧及家屬名譽，希望以金錢補償 A 解決此事，嗣 A 由乙市府安置。乙市府性別工作平等會評議認定甲企圖私了，難謂為立即有效之糾正補救措施，裁處甲 12 萬元，甲不服提起訴願遭駁回，遂提起本件行政訴訟。

　　雇主甲主張其現年 67 歲，僅小學畢業，是智識程度不高之鄉下農婦，

案發後係經由人力仲介告知始知，當下立即找來配偶及兒子等相關家屬詢問是否有性侵 A 一事，經家屬坦承曾與 A 合意發生性行為，甲依 A 平時交友狀況而認本案應非屬性侵案件，對 A 下跪磕頭，且提出對 A 給予金錢補償方式以為彌補，然當日 A 即經帶走安置，甲及家屬自始未能與 A 有任何接觸。綜合上情，甲找來「加害人」即其配偶、兒子詢問，應符合已採取立即有效之糾正措施，對「被害人」A 提出金錢補償，則應認已採取相關補救措施，且全案已進入刑事司法程序，迄今仍在偵查階段，甲顯無從再對 A 進行任何補救措施等積極作為，主管機關從未指出甲在當時突發情況下，應能有任何具體積極糾正及補救措施之具體作為，卻消極不為之違法情事，遽為罰鍰之處分，顯有未洽。

◎爭點

甲對 A 受其家人性侵之處置是否違反雇主之性騷擾防治義務？

◎判決要旨

性別工作平等法第 13 條第 2 項所謂「立即有效之糾正及補救措施」之立法目的，係課予雇主於受僱者遭受性騷擾等侵害其人格法益之行為時，立即保護受僱者之義務，避免受僱者繼續處於人格遭侵害之風險下，並避免其他受僱者遭受性騷擾，故須以性騷擾被害人同理心之角度解釋何謂「立即有效之糾正及補救措施」。

由地方主管機關勞工處訪談甲之筆錄可知，甲知悉 A 可能遭受性騷擾（性侵害）之情事後，雖有表明將 A 移往較安全之甲小叔住處，但甲並未實際行動，A 實際上係由乙市府相關單位安置，難謂甲已為立即有效之糾正及補救措施，且甲給予金錢並非為補償 A，乃為要求 A 撤銷性侵害申訴，主觀與客觀上均希望家屬不為法律所追訴，行為目的既非性別工作平等法第 13 條第 2 項之「立即有效之糾正及補救措施」，且更給予 A 不合法之壓力。甲企圖私了，已影響事後司法偵查及被害人權益行使，且雇主甲自始至終都沒有提到性侵的糾正，而是要求 A 撤銷申訴，雇主對保護 A 的部分並無有效的作為，給予金錢也非補救措施，且不得因不知法規而免除行政處罰責任，甲違反性

別工作平等法第 13 條第 2 項情形堪予認定。

★雇主於知悉性騷擾情事後，逕認係受僱者與行為人間交往私事，未為立即有效之糾正及補救措施，違反雇主防治性騷擾之義務

（臺北高等行政法院100年簡字第827號判決）

◎事實

A 原任職甲公司行銷企劃專員，受派與其直屬主管 B 至英國開會後，開始接獲 B 騷擾簡訊，經 A 表明已有男友，B 雖以書面道歉，惟仍繼續傳送不當簡訊，並要求 A 與 B 單獨出差。A 於 8 月 31 日強烈表達討厭 B 傳送該類簡訊，9 月 23 日遭 B 以「行事風格自我意識強烈」為由解僱。A 遭解僱下午向甲公司代表人告知遭性騷擾情事請甲公司處理，惟甲公司無任何回應，A 乃提出申訴，案經 C 市府性別工作平等會審定性別歧視成立。甲公司不服申請審議被駁回，甲公司仍不服提起訴願亦遭駁回，遂提起行政訴訟。

甲公司主張 A 與 B 共赴英國洽商期間相處愉快，更曾利用洽商空檔共同出遊，A 曾打探 B 當時為單身，且正在求桃花，使 B 以為 A 對其有愛慕之意，何況 A、B 均為未婚，B 致贈小禮物 A 並未拒絕，B 才會傳簡訊表白愛意。又 A 進入甲公司服務以來工作愉快，很滿意公司各項待遇、福利及環境，從未向甲公司反應有遭受到 B 任何騷擾行為，甚且推介研究所同學前來甲公司上班服務。如 A 遭到性騷擾而深處痛苦不堪之不利工作環境中，豈可能介紹同學前來上班，故 A 申訴遭性騷擾一事並不屬實。

◎爭點

甲公司在知悉 A 受到性騷擾情事後所採取之處置是否符合性別工作平等法所定之雇主防治責任？

◎判決要旨

查 A 於 99 年 9 月 23 日遭解僱當日，即由同事陪同向甲公司陳述遭受 B 性騷擾情形，並出具相關簡訊為證，甲公司客觀上已知悉系爭性騷擾事件，應立即啟動處理機制，審慎調查並為立即有效糾正及補救措施。惟甲公司之

代表人於 99 年 10 月 23 日參與勞資爭議協調會議時，陳稱 A、B 雙方共赴英國出差，期間互動親切產生情愫，B 向 A 表示愛慕之意並贈送禮品，A 並未拒絕。嗣甲公司代表人於主管機關通知接受調查時，並未親自出席而委由 B 代為於 99 年 11 月 12 日接受詢問，B 陳稱其於 99 年 9 月 23 日 A 遭解僱當天有將本案所有細節向公司負責人報告，但公司未成立性騷擾申訴處理委員會調查小組。嗣經主管機關於 99 年 12 月 23 日電詢甲公司後續處理情形，甲公司代表人表示無後續之處理，亦未與 A 聯絡，並認本件純屬 A、B 二人間交往之事。顯見甲公司知悉性騷擾事件後，並未採取立即有效之糾正及補救措施，僅憑 B 片面說詞及報告，率爾認定無性騷擾情事，而未為任何處理，堪認違反性別工作平等法之雇主性騷擾防治義務甚明。

★雇主知悉其受僱者之間有性騷擾情事，嗣後未採取立即有效之糾正或補救措施，自屬違反雇主防治性騷擾之義務

（高雄高等行政法院98年度簡字第124號判決）

◎事實

　　甲公司之離職員工 A 申訴於其還在職時，於執行職務期間遭甲公司當時之負責人 B 性騷擾。經調查發現 B 於 97 年 4 月 20 日至 97 年 7 月 30 日期間，於 A 執行職務時，以信件、簡訊及「交待事項」工作簿表達具有性要求及性意味之愛意追求 A 之行為，對 A 造成冒犯性之工作環境，致侵犯並干擾 A 之人格尊嚴，並影響 A 之工作表現，經就業歧視評議委員會評議性騷擾成立，乙市府以甲公司違反性別工作平等法第 13 條第 2 項規定裁處 5 萬元罰鍰。甲公司不服，提起訴願遭駁回，遂提起本件行政訴訟。

　　甲公司主張 B 雖確有事實欄所稱之行為，惟 A 當時不提出申訴，只是在網誌上表達對 B 的不滿；嗣後 97 年 5 月至 7 月間，B 並未以言詞騷擾，而係長期買早、晚餐給 A，A 於網誌上對此事隻字不提，僅表達這段期間之前及之後對 B 不滿的情事，並在網誌上威脅 B 之配偶。主管機關認 B 寫信、傳簡訊或買飲料給 A 使 A 感到害怕，然 B 傳簡訊、打電話的時間都在下班之後，A 應可不接或藉口拒絕，但 A 均與 B 通電話並接受 B 的飲料或餐點，

也回傳簡訊，A顯然只是想利用申訴之管道，達到報復之目的。

◎爭點

　　甲公司在知悉A受到性騷擾情事後所採取之處置是否符合性別工作平等法所定之雇主防治責任？

◎判決要旨

　　由A之陳述及其所提供之信件、簡訊、部落格網路日誌之內容綜合判斷可知，B於職場上對A所為之不正當行為，已令A感到不舒服及產生會失去工作的恐懼，核已構成性別工作平等法第12條所定之性騷擾，且B亦坦承自97年4月20日許起至同年7月30日止，以信件、簡訊及「交代事項」工作簿表達愛意追求A，其上開行為已涉及性要求及性意味言詞。依法雇主應提供友善的職場環境，而B身為甲公司雇主，非但沒有提供友善的職場環境，反利用雇主權勢性騷擾A，嚴重侵犯並干擾A之人格尊嚴及人身自由，事後亦未採取立即有效之糾正及補救措施，其言行舉止核已違反性別工作平等法第13條第2項之規定甚為明確。

★性別工作平等法第13條所訂之性騷擾防治範圍，包括發生性侵害情事

（臺北高等行政法院97年度簡字第247號判決）

◎事實

　　甲公司離職員工A於執行業務期間遭客戶乙公司之員工B性侵害得逞，期間雖曾向甲公司代表人陳述性侵害發生之經過，但甲公司代表人並未積極採取立即有效之糾正及補救措施，甚至仍要求A至B之工作場所視察。A提出申訴，案經調查及就業歧視評議委員會認定甲公司違反性別工作平等法第13條第2項規定，裁處甲公司罰鍰5萬元。甲公司不服，主張曾詢問A是否需要協助，但A表示自己會依法處理，又本件既屬性侵害案件而非性騷擾事件，甲公司無依性別工作平等法第13條第2項介入及採取補救措施之法源依據，主管機關對甲公司裁處罰鍰於法有誤。

◎爭點

性別工作平等法第 13 條所定之性騷擾是否包括性侵害？

◎判決要旨

就性別工作平等法第 12 條第 1 項第 1 款之意涵而言，受僱者於執行職務時，任何人所爲與性有關之言詞或行爲，對其造成敵意性、脅迫性或冒犯性之工作環境，即屬該法所稱性騷擾範疇。核其立法體例，係屬一般抽象性之規範，故在解釋適用上，應可將性侵害行爲涵攝在內，無須借用舉輕明重法理之適用。且參酌行爲時性別工作平等法第 1 條規定，性別工作平等法之立法目的係維護及促進性別工作權之平等，而同法第 13 條既課以雇主應防治性騷擾行爲發生之責任，其防治範圍自當包含性侵害行爲，否則即與立法旨意相違悖。故而，甲公司主張本件是性侵害案件而非性騷擾事件，無法依性別工作平等法第 13 條第 2 項介入及採取補救措施，尚有誤解，委非可採。

★ 受僱者申訴遭受性騷擾時，雇主應採取立即有效之糾正或補救措施，不得以其爲受僱者隱私爲由消極以對

（臺北高等行政法院96年度簡字第744號判決）

◎事實

甲公司離職員工 A 向 X 市府勞工局申訴，稱任職於甲公司期間遭受客戶 B 多次性騷擾，然甲公司於知悉其遭受客戶性騷擾之情形時，並未採取立即有效之糾正及補救措施。案經 X 市府性別工作平等會評議認爲，甲公司事前對職場性騷擾防治宣導教育不夠完善，事後又未給予 A 適當積極之協助，故決議雇主違反性別工作平等法第 13 條第 2 項規定，裁處甲公司 5 萬元罰鍰。甲公司不服，提起訴願遭駁回，遂提起行政訴訟。

甲公司主張 A、B 兩人之間有交往事實，曾於非工作時間共遊日本、同住一房、每日發生關係，足證 A、B 間爲感情糾紛，非性騷擾之受害人與加害人關係。縱認本件爲性騷擾事件，惟 A 認爲此係其個人隱私，要求所有知悉主管、同仁保密不要宣揚，因此未向總公司彙報，但所有知悉該起事件之

主管、同仁皆已盡其所能採取相關措施協助 A，故 A 稱甲公司未採取立即有效之糾正及補救措施，與事實不符。

◎爭點

甲公司若因指控性騷擾之受僱者要求公司主管及同事不要張揚，無法知悉性騷擾情事，是否仍違反性別工作平等法所定之雇主防治性騷擾責任？

◎判決要旨

A 雖曾向其主管表達不要張揚之意，然既涉及性騷擾一事，主管仍應於保密情形下，循甲公司所訂「性騷擾防治措施、申訴及懲戒辦法」處理，採取立即有效之糾正及補救措施，而非得藉此認屬 A 之隱私範疇，不予積極處置。因此，甲公司主管未告知 A 得循甲公司內部性騷擾申訴委員會管道協助，採取立即有效之補救措施，洵堪認定。縱甲公司於 A 離職後接獲 X 市府勞工局來函，業依上開辦法處理，仍無解於上述已成立之違反情事。

第四章　促進工作平等措施

第 14 條 (生理假)

【條文內容】

I　女性受僱者因生理日致工作有困難者，每月得請生理假一日，全年請假日數未逾三日，不併入病假計算，其餘日數併入病假計算。

II　前項併入及不併入病假之生理假薪資，減半發給。

【立法理由】

一、本條之制訂理由

　　基於女性生理上之特殊性，明定女性受僱者因生理日致工作有困難者，每月得請生理假 1 日。但為免假日太多，影響企業之營運，乃將生理假併入病假日數計算，其薪資亦依各該病假規定辦理[51]。

二、102 年之修定理由

　　(一)原條文規定女性生理假之請假日數需併入病假計算；而依勞工請假規則，勞工普通傷病假 1 年內未超過 30 日部分，工資折半發給。亦即女性受僱者因生理期來臨，工作有困難而需請生理假，其年度病假額度將變相減少，嚴重影響到女性受僱者之權益。

　　(二)爰修正原條文第 1 項，明定女性受僱者因生理日致工作有困難者，每月得請生理假 1 日，全年請假日數未逾 3 日，不併入病假計算，其餘日數併入病假計算。

　　(三)修正原條文第 2 項，明定前項併入及不併入病假之生理假薪資，依各該病假規定辦理。

三、103 年修定理由：

　　為使不併入病假計算之生理假薪資，也能減半發給，並讓立法意旨更形

---

[51]　參見性別工作平等法第 14 條立法理由與沿革。

明確，爰修正原條文第 14 條。

【條文說明】

由於並非每位女性在生理期期間皆會發生身體不適的問題，本條第 1 項規定女性受僱者若因生理日導致工作有困難時，方得請生理假。換言之，女性受僱者並非遇生理期即得請生理假，若非因生理日導致工作有困難者，不得請生理假。

由於大多數女性的生理期是 1 個月 1 次，且生理期最不適的時間約 1 天左右，因此本條第 1 項規定女性受僱者每月得請生理假 1 日。此「1 日」係指「完整的一日」，原則上不得拆開來請求。因此，即使女性受僱者生理期身體不適的期間超過 1 天，也只能擇 1 日請生理日，其他不適的時間可以請病假。另外，即使生理期不適之期間涵蓋 1 日之下午與隔日之上午，也只能擇其中 1 日請生理假。

由於生理假原則上併入病假計算，女性受僱者因為生病而請的「有給病假」可能會因此減少，因此本條第 1 項規定全年請生理假日數未超過 3 日的部分，不併入病假計算，其餘日數才併入病假計算。併入及不併入病假之生理假薪資，薪資皆是減半發給。因此，對女性受僱者而言，全年可以領取半薪之病假合併生理假共 33 天。

性別工作平等法施行細則第 13 條原規定受僱者提出生理假申請時，必要時雇主得要求其提出相關證明文件。惟規定已修正，在現行規定下，雇主不得要求申請生理假之受僱者提出相關證明文件。

【相關文獻】

1. 張珏、陳芬苓、張菊惠、徐儆暉，職場經期健康與生理假實施初探，臺灣公共衛生雜誌，第 30 卷第 5 期，頁 436-452，2011 年 10 月。
2. 陳貞蘭，兩性工作平等法中社會給付規定之研究，國立政治大學法律學系研究所碩士論文，2004 年 1 月。

【相關函釋】

★因病切除子宮但未切除卵巢，如經由適當醫學方法合理判斷女性勞動者仍有排卵，且於排卵日及原行經之日仍因荷爾蒙變化而有身體不適，應可屬「廣義生理日」，如因而致工作困難，得依性別工作平等法規定請生理假

（勞動部105年2月3日勞動條4字第1040132621號函）

　　查性別工作平等法第 14 條規定，女性受僱者因生理日致工作有困難者，每月得請生理假一日。依據前行政院衛生署 91 年 9 月 23 日衛署國健字第 0910012162 號書函說明，生理日，醫學上之定義為週期性之經血來潮。是以，請假係以生理週期來臨，有事實需要為原則。

　　另，生理日之認定，依據前行政院衛生署 95 年 8 月 23 日署授國字第 0950400912 號函轉台灣婦產科醫學會同年 8 月 10 日台婦醫字第 95151 號函略以：關於生理日，因病摘除子宮但未切除兩側卵巢的情況下，手術之後如果卵巢仍然有功能，則還是有正常排卵之可能；不過由於子宮已切除，因而無法直接以月經來潮的狀態來判斷是否正常排卵，而必須藉助病史、基礎體溫或檢測血中荷爾蒙等方法來判斷。因此，如果確能經由上述適當的醫學方法而合理判斷女性勞動者仍然有排卵，且於排卵日及原行經之日仍因荷爾蒙變化而有身體不適，則對生理日可能引起之症狀而言，應可屬於「廣義生理日」的認定範圍。

　　基上，受僱者如確係因上開生理症狀致工作有困難時，得依性別工作平等法規定請生理假。另，自 103 年 1 月 16 日性別工作平等法施行細則第 13 條規定修正後，受僱者提出生理假申請時，無需提出證明文件，併予重申。

★四班二輪制之夜班受僱者請休產假、陪產假或生理假，應將其跨2曆日工作時間合併計算為1日給假

（勞動部民國104年10月26日勞動條4字第1040130819號函）

　　性別工作平等法第 15 條第 1 項……之立法意旨，係為貫徹憲法第 156

條母性保護之精神，明定女性受僱者分娩前後或流產，均應給予一定期間之產假，產假日數依勞動基準法之規定，另考量流產後母體健　康之保護，給予不同日數之產假。性別工作平等法施行細則第 6 條規　定：「本法第十五條第一項規定產假期間之計算，應依曆連續計算。」　又查本部前身行政院勞工委員會 82 年 4 月 26 日(82)台勞動二字第 22319 號函釋略以：「產假無論勞工每日之工作時數多寡，均應以曆日之一日爲計算單位。」綜上，爲確實維護母體健康，產假應以 1 曆日爲請假單位。

另性別工作平等法第 14 條之規定……係基於女性生理上之特殊性，明定女性受僱者之生理假，爰每次以 1 曆日爲原則。

又查勞動基準法施行細則第 17 條規定：「本法第三十條所稱正常工作時間跨越二曆日者，其工作時間應合併計算。」

綜上，四班二輪制之夜班受僱者請……生理假，應將其跨 2 曆日工作時間合併計算爲 1 日給假，以符前開請假規定之意旨。

★受僱者全年度所請生理假，已屆相關法令所定病假之日數上限，年度內再有請生理假之需求仍可依性別工作平等法第 14 條規定請生理假，但雇主得不給付薪資

（勞動部民國104年9月8日勞動條4字第1040131594號令）

性別工作平等法第 14 條生理假規定，受僱者全年度所請併入病假之生理假連同病假之日數，已屆受僱者所適用相關法令所定病假之日數上限者，如年度內再有請生理假之需求，仍可依性別工作平等法第 14 條規定請生理假，但雇主得不給付薪資。

★依兩性工作平等法請生理假或產假者，於依勞動基準法計算平均工資時不列入計算

（勞委會民國92年1月8日勞動二字第0920001321號）

女性受僱者依兩性工作平等法第 14 條規定請生理假，或因妊娠未滿 3 個月流產，依同法第 15 條規定請產假者，於依勞動基準法第 2 條第 4 項規

定計算平均工資時，上開期間之工資及日數均不列入計算。

★婦女之更年期症狀與生理日之成因完全不同，應不屬於生理日之認定範圍

（行政院衛生署民國91年9月3日衛署國健字第0910012162 號書函）

生理日，醫學上之定義為週期性之經血來潮，其週期介乎 21 至 35 天之間，經血來潮期間約為 5 至 7 天；臨床上可利用內診、抽血等方法來確定生理日，非臨床醫學單位則不易判定生理日，只能根據當事人的陳述來判斷；中年婦女之更年期症狀與生理日之成因完全不同，應不屬於生理日之認定範圍。

★女性受僱者停經前因生理日致工作有困難者，每月得請生理假，無年齡之限制，且原則上無需提出證明文件

（勞委會民國91年6月14日勞動3字第0910026837號函）

兩性工作平等法（現已更名為性別工作平等法）第 14 條規定：「女性受僱者因生理日致工作有困難者，每月得請生理假一日……」女性受僱者在停經前因生理日致工作有困難者，每月得請生理假一日，並無年齡之限制。

第 15 條（產假、安胎休養、產檢假、陪產假）

【條文內容】

I 　雇主於女性受僱者分娩前後，應使其停止工作，給予產假八星期；妊娠三個月以上流產者，應使其停止工作，給予產假四星期；妊娠二個月以上未滿三個月流產者，應使其停止工作，給予產假一星期；妊娠未滿二個月流產者，應使其停止工作，給予產假五日。

II 　產假期間薪資之計算，依相關法令之規定。

III　受僱者經醫師診斷需安胎休養者，其治療、照護或休養期間之請假及薪資計算，依相關法令之規定。

IV　受僱者妊娠期間，雇主應給予產檢假五日。

V 　受僱者於其配偶分娩時，雇主應給予陪產假五日。

VI　產檢假及陪產假期間，薪資照給。

【立法理由】

一、本條制訂理由有三：

(一)為貫徹憲法第 156 條母性保護之精神，明定女性受僱者分娩前後或流產，均應給予一定期間之產假，產假日數依勞基法之規定。又鑑於女性受僱者個人體質不同，是否於分娩前即開始請產假，由當事人自行決定，故僅規定「分娩前後」，而不作硬性規定。另考量流產後女性健康之保護，乃給予不同日數之產假。

(二)於社會保險制度實施前，產假期間工資依各該現行相關法令之規定計算。

(三)婦女分娩時，身心面臨甚大壓力，配偶陪伴照顧，實屬必要，故第 3 項規定受僱者於其配偶於分娩時，雇主應給予有薪之陪產假 2 日。

二、96 年修定之理由：

依全民健保所給付之生產住院日數，自然產為 3 日，剖腹產為 6 日，因

此目前規定之 2 日陪產假實有不足。鑑於兩性平權，配偶亦應參與產婦及嬰兒照顧工作，爰修法延長陪產假。

三、99 年修定之理由：

(一)新增安胎假規定。

(二)為保障在懷孕期間有安胎需求的女性勞工，勞委會於 99 年 5 月 4 日修改勞工請假規則，將懷孕期間需安胎休養者，其休養期間，併入住院傷病假計算。然而，生育乃國家的大事，並非個人的事，其所帶來的成本亦應由社會共同承擔。尤其在現今面臨少子女化的情況下更是如此，此亦是婦女團體多年來提倡「生育責任公共化」的主張。鑑於「生育」與「生病」不同，若僅於勞工請假規則中納入病假計算，則懷孕勞工一旦有安胎需求請病假，將影響其考績、全勤或受其他不利處分等。為使安胎假得以適用本法第 21 條第 2 項「受僱者為前項請求時，雇主不得視為缺勤而影響其全勤獎金、考績或為其他不利之處分。」，爰修訂本條文。

(三)增列第 3 項文字：「受僱者經醫師診斷需安胎休養者，其治療、照護或休養期間之請假及薪資計算，依相關法令之規定。」

(四)原第 3 項及第 4 項遞改為第 4 項及第 5 項。

【條文說明】

★產假日數的計算與薪資給付

中華民國憲法第 156 條規定：「國家為奠定民族生存發展之基礎，應保護母性，並實施婦女兒童福利政策。」生育對女性而言是特權也是負擔，相關權益對母性健康與孕育下一代有相當重要的影響，故本條基於女性特有之妊娠、生產等母性機能給予保護。

鑑於女性受僱者個人體質不同，不一定要等到分娩後方得請產假，受僱者可依其需要於「分娩前後」申請產假八星期。受僱者除了分娩可以請產假以外，只要有懷孕流產的事實，不論是懷孕幾個月流產，皆可依本條第 1 項

規定請產假，

在產假薪資計算部分，依勞基法之規定，女性勞工分娩前後或懷孕滿 3 個月流產之產假期間，雇主應照給工資，但受僱工作未滿 6 個月者得減半發給。至於懷孕未滿 3 個月流產請產假者，勞基法並未規定雇主應給付工資，故雇主得不給付工資。在此種情形下，勞工若不欲請無給產假，可以視其該年度是否還有有給（半薪）病假可以請，如果還有，得以請病假的方式休息。

在本條之規定下，女性受僱人請產假所衍生之經濟成本皆是由雇主承擔，對雇主的經營難免造成負擔，也因此有些雇主對懷孕受僱者並不友善。有論者即認為應將勞工保險生育給付由 1 個月提高至 3 個月，增加的 2 個月生育給付，雇主得抵充產假工資。藉此由政府、雇主、勞工共同負擔孕育下一代之社會責任，雇主之產假工資給付責任可以減輕，勞工請領之產假工資不變，或可有效促進更友善之職場[52]。

★安胎休養

有鑑於國人女性生育年齡延後，懷孕期間常有安胎休養之需要，有此需要者雖可依勞工請假規則請假，但恐會影響其全勤獎金或考績，故於本條第 3 項規定受僱者只要經醫師診斷需要安胎休養者，即可請假安胎。受僱者若是適用勞動基準法之勞工，其安胎休養請假及薪資計算，可依勞工請假規則第 4 條第 2 項及第 3 項之規定辦理[53]。

★產檢假

基於我國少子化日益嚴重，建立友善職場，鼓勵女性生產已成我國重要勞動政策，故在本條第 4 項規定女性受僱者在妊娠期間得請產檢假 5 日。一般而言，女性一次產檢時間半日即已足，故 5 日產檢假可拆為 10 次，一次

---

[52] 孟藹倫，婦女產假薪資改由勞保給付懷孕不用再怕雇主刁難解僱——產假期間薪資納入勞工保險生育給付規劃芻議，台灣勞工季刊，第 3 期，頁 93-95，2006 年 9 月。

[53] 行政院勞工委員會，性別工作平等法增訂安胎休養請假及擴大家庭照顧假適用範圍，台灣勞工簡訊，第 5 期，頁 5，2011 年 3 月。

請半日。為鼓勵女性受僱人生產，除了給予產檢假之外，產檢假期間，薪資照給。

★陪產假

考量目前家庭結構多為小家庭，女性生產時極需配偶的陪伴照顧，且生育兒女應是夫妻兩人共同之責任，故本條第 5 項規定男性受僱者於其配偶於分娩時，雇主應給予有薪之陪產假 5 日。另，為使陪產假的申請更有彈性，更能符合受僱者之需求，性別工作平等法施行細則第 7 條規定受僱者於配偶分娩之當日及其前後合計 15 日之期間內，得擇其中之 5 日請陪產假。為鼓勵生育，陪產假期間，薪資亦是照給。

【相關文獻】

1. 行政院勞工委員會，性別工作平等法增訂安胎休養請假及擴大家庭照顧假適用範圍，台灣勞工簡訊，第 5 期，頁 5，2011 年 3 月。
2. 吳惠林，平議「無薪安胎假」，台灣法學雜誌，第 149 期，頁 51-52，2010 年 4 月。
3. 孟藹倫，婦女產假薪資改由勞保給付懷孕不用再怕雇主刁難解僱－產假期間薪資納入勞工保險生育給付規劃芻議，台灣勞工季刊，第 3 期，頁 93-95，2006 年 9 月。
4. 林更盛，論性別歧視與母性歧視之禁止──評台灣高等法院八十七年度勞上易字第一號判決，月旦法學雜誌，第 74 期，頁 185-192，2001 年 7 月。
5. 高添富，自醫學觀點論產後分娩假與相關福利，醫事法學，第 15 卷第 3-4 期，醫事法學，頁 7-28，2008 年 6 月。
6. 郭玲惠，產假期間預告終止僱傭契約，律師雜誌，第 242 期，頁 42-60，1999 年 11 月。
7. 劉梅君，「兩性工作平等法」與「母性保護」──立法之意義、釋疑及理論淺談，律師雜誌，第 271 期，頁 13-27，2002 年 4 月。

【相關函釋】

★適用勞動基準法部分時間工作勞工，依性別工作平等法規定提出產假、安胎休養及育嬰留職停薪、產檢假、陪產假及家庭照顧假、生理假及哺（集）乳時間等相關假別及權益請求時之辦理原則，不適用勞動基準法之勞工亦應參照該原則辦理

（勞動部民國105年6月27日勞動條4字第1050131141號函）

性別工作平等法「促進工作平等措施」之規範包括生理假、產假、安胎休養、產檢假、陪產假、育嬰留職停薪、哺乳時間及家庭照顧假等，依該法第 21 條規定，受僱者為上開規定之請求時，雇主不得拒絕，並不得視為缺勤而影響其全勤獎金、考績或為其他不利之處分。

依《僱用部分時間工作勞工應行注意事項》陸、勞動條件基準，三、例假、休假、請假等相關權益（五）產假……應依勞動基準法第 50 條及性別工作平等法第 15 條規定，給予產假，以利母體調養恢復體力。適用勞動基準法之女性勞工，受僱工作 6 個月以上者，產假停止工作期間工資照給；未滿 6 個月者減半發給。（六）其他性別工作平等法所規定之各種假別及相關權益與全時勞工相同。

為確明上開注意事項所定陸、三（六）之意涵，以全時勞工每月正常工作時間 8 小時、每週正常工作時間 40 小時為例，有關部分工時勞工依性別工作平等法規定提出相關假別及權益之請求時，依下列原則辦理：

1.產假、安胎休養……基於母性保護之精神，部分工時勞工請休產假者，其產假期間應依性別工作平等法第 15 條第 1 項規定，依曆連續計算；懷孕期間經醫師診斷需安胎休養者，雇主應按所需期間，依曆給假。

2.產檢假、陪產假……部分工時勞工相較全時勞工，於工作與家庭生活之時間運用較富彈性，且部分工時勞工之每日工作時數型態多元，爰部分工時勞工於請求產檢假、陪產假……時，依均等待遇原則，按勞工平均每週工作時數依比例計給（平均每週工作時數除以 40 小時，再乘以應給予請假日數並乘以 8 小時）。

……不適用勞動基準法之勞工，亦應參照上開原則辦理。

★基於母性保護，於無薪休假期間若受僱者提出安胎休養請假、產檢假或陪產假申請，雇主應依法給假不得拒絕，且該期間應依原勞動契約所約定工資數額給付，而安胎休養請假期間薪資則依相關法令規定

（勞動部民國105年2月3日勞動條4字第1050130153號函）

　　性別工作平等法第15條規定略以：「……受僱者經醫師診斷需安胎休養者，其治療、照護或休養期間之請假及薪資計算，依相關法令之規定。受僱者妊娠期間，雇主應給予產檢假5日。受僱者於其配偶分娩時，雇主應給予陪產假5日。產檢假及陪產假期間，薪資照給。」；復依本法第21條規定，受僱者為安胎休養請假、產檢假及陪產假請求時，雇主不得拒絕或視為缺勤而影響其全勤獎金、考績或為其他不利之處分。

　　所謂「無薪休假」，係勞雇雙方為因應景氣因素，所為暫時性停止勞務提供之協議，縱使受僱者前已同意實施所謂「無薪休假」，惟基於母性保護之意旨，若受僱者提出安胎休養請假、產檢假或陪產假申請，雇主應依法給假不得拒絕。產檢假或陪產假期間，並應依「無薪休假」前原勞動契約所約定之工資數額給付；安胎休養請假期間薪資，則依相關法令之規定辦理。

★受僱者於安胎休養請假期間結婚或遇親屬喪亡，在婚假或喪假可請假期限內得改請婚假或喪假；有產前檢查之事實及需求者，得改請產檢假

（勞動部民國104年11月13日勞動條4字第1040131548號令）

　　核釋性別工作平等法第15條第3項規定，受僱者於安胎休養請假期間內結婚或遇親屬喪亡，在婚假或喪假可請假之期限內，得改請婚假或喪假；其有產前檢查之事實及需求者，得改請產檢假。

★事業單位採四班二輪制，夜班受僱者之工作時間跨二曆日，其請休
產假、陪產假及生理假之計給，應將其跨二曆日工作時間合併計算
為一日給假

（勞動部民國104年10月26日勞動條4字第1040130819號函）

　　性別工作平等法第 15 條第 1 項……究其立法意旨，係為貫徹憲法第 156
條母性保護之精神，明定女性受僱者分娩前後或流產，均應給予一定期間之
產假，產假日數依勞動基準法之規定，另考量流產後母體健康之保護，給予
不同日數之產假。復查性別工作平等法施行細則第 6 條規定：「本法第 15 條
第 1 項規定產假期間之計算，應依曆連續計算。」又查本部前身行政院勞工
委員會 82 年 4 月 26 日(82)台勞動二字第 22319 號函釋略以：「產假無論勞工
每日之工作時數多寡，均應以曆日之 1 日為計算單位。」綜上，為確實維護
母體健康，產假應以 1 曆日為請假單位。

　　又性別工作平等法第 15 條第 5 項規定：「受僱者於其配偶分娩時，雇主
應給予陪產假 5 日。」復依同法施行細則第 7 條規定略以，「...受僱者應於配
偶分娩之當日及其前後合計十五日期間內，擇其中之五日請陪產假」。究其
立法意旨，係因婦女分娩時，身心面臨甚大壓力，配偶之陪伴照顧實屬必要，
爰無論受僱者每日之工作時數多寡，應以 1 曆日為請假單位。

　　……又查勞動基準法施行細則第 17 條規定：「本法第 30 條所稱正常工
作時間跨越 2 曆日者，其工作時間應合併計算。」

　　綜上，四班二輪制之夜班受僱者請休產假、陪產假或生理假，應將其跨
2 曆日工作時間合併計算為 1 日給假，以符前開請假規定之意旨。

★受僱者如確有產檢事實及需求，以「半日」為請假單位，雇主不得
拒絕，又選擇以「小時」為請假單位亦無不可，而擇定以「半日」
或「小時」為請假單位後，不得變更

（勞動部民國104年5月29日勞動條4字第1040130594號令）

　　考量產前檢查所需次數及時間，受僱者若確有產檢之事實及需求，以「半

日」爲請假單位，雇主不得拒絕。另，鑑於懷孕受僱者產前檢查因個人之醫師排診、候診、往返路程等狀況不同，其次數、時間亦有差異，爲利其彈性運用，受僱者如選擇以「小時」爲請假單位，亦無不可。若以小時計，「五日」之計算得以每日8小時乘以5，共計40小時計給之；受僱者擇定以「半日」或「小時」爲請假單位後，不得變更。

★受僱者之配偶是否爲剖腹生產，均不影響陪產假給假日數；受僱者欲申請產假或陪產假時，醫療院所開立之收據、媽媽手冊之核章、出生證明等，均可作爲合理證明

（勞動部民國104年1月14日勞動條4字第1040000599號函）

查性別工作平等法第 15 條規定略以，受僱者妊娠期間，雇主應給予產檢假 5 日；產假期間，薪資照給。前開產檢假係考量懷孕之受僱者有產前檢查之需求，經參酌全民健保給付產檢次數爲 10 次（每次約需半日），而制定有薪產檢假 5 日。爰受僱者得視產前檢查之需求以半日或 1 日爲請假單位，雇主不得拒絕給假，亦不得強制受僱者每次僅得請半日或必須以 1 日爲單位請產檢假。上開產檢假規定自 103 年 12 月 13 日生效，受僱者於是日起如有產前檢查之需要，即可於前開日數內依法請假。

復查性別工作平等法第 15 條第 5 項規定，受僱者於其配偶分娩時，雇主應給予陪產假 5 日。陪產假之立法意旨，係爲配偶分娩時，能使男性受僱者陪伴在側之特別保護規定，至受僱者之配偶是否爲剖腹生產，均不影響有關給假之日數。

又查性別工作平等法施行細則第 13 條規定，受僱者依本法第 15 條規定提出產檢假及陪產假之請求者，必要時雇主得要求其提出相關證明文件。醫療院所開立之收據、媽媽手冊之核章、出生證明等，均可作爲請假之合理證明。

★勞動基準法第50條第2項規定所稱「停止工作期間工資照給」，指該女工分娩前一個工作日正常工作時間所得之工資。計月者，以分娩前已領或已屆期可領之最近1個月工資除以30所得之金額為準，但該金額低於平均工資者，以平均工資為準

（勞動部民國103年10月7日勞動條2字第1030131931號令）

　　勞動基準法第 50 條第 2 項……所稱「停止工作期間工資照給」指該女工分娩前一工作日正常工作時間所得之工資。其為計月者，以分娩前已領或已屆期可領之最近 1 個月工資除以 30 所得之金額，作為產假停止工作期間之工資，但該金額低於平均工資者，以平均工資為準，並自即日生效。

★受僱者妊娠22週引產後10餘分鐘胎兒死亡，仍應給予陪產假及喪假
（勞委會民國102年8月23日勞動三字第1020023463號函）

　　依性別工作平等法第 15 條第 4 項規定，受僱者於其配偶「分娩」時，雇主應給予陪產假……。分娩與流產，依醫學上之定義，妊娠 20 週以上產出胎兒為「分娩」，妊娠 20 週以下產出胎兒為「流產」；分娩過程中胎死腹中、分娩後死產，均依據事發當時之懷孕週數來決定其為分娩或流產。基上，有關受僱者妊娠 22 週引產，其配偶自可依上開規定申請陪產假。

　　另依勞工請假規則第 3 條第 2 款規定「子女……喪亡者，給予喪假六日，工資照給。」又，本會 82 年 4 月 28 日台〈82〉勞動 2 字第 17859 號函略以，如嬰兒脫離母體後並未獨立存活〈死產〉，則雇主毋庸另給喪假。前開函釋闡明產假給予與否乃以嬰兒脫離母體後是否「獨立存活」為判斷要件。案內嬰兒於脫離母體後獨立存活 10 餘分鐘始死亡，仍應適用勞工請假規則給予喪假 6 日。

★關於產假期間工資之發給
（勞委會民國101年10月24日勞動三字第101012856號函）

　　勞動基準法法第 50 條第 1 項規定……所稱「受僱工作在 6 個月以上者」係指受僱於同一雇主工作在 6 個月以上者。但勞資雙方若有優於前開規定之

約定者，從其約定。

查勞工之工作時間及工資，依勞動基準法施行細則第7條規定應由勞雇雙方約定。部分時間工作之勞工產假停止工作期間工資，依該法第50條第2項規定應予照給，係指應依勞雇雙方原來之約定給與。

依事業單位來函所述，該公司員工採排班排休制，每天排班時數並非均為8小時，惟其實際工時之約定為何，仍請就個案事實查察，再依其雙方契約約定辦理。

有關來函援引本會79年1月25日台勞動3字第01425號函釋，該函釋係說明產假期間之計算依曆連續計算。至有關本會97年9月30日勞動3字第 0970079284 號函釋，係釋示按日（時）計酬勞工於職災醫療期間原領工資補償疑義，與本案所詢女工產假期間工資計給無涉。

★勞工於安胎休養假期間之全勤獎金及性質為工資之任何獎金，雇主皆應照給

（勞委會民國100年11月3日勞動三字第1000132751號書函）

依性別工作平等法第15條第3項規定：「受僱者經醫師診斷需安胎休養者，其治療、照護或休養期間之請假及薪資計算，依相關法令之規定。」受僱者若為適用勞動基準法之勞工，依上開規定，其安胎休養請假及薪資計算，依勞工請假規則第4條第2項及第3項規定辦理。又，依性別工作平等法第 21 條規定，勞工為安胎休養請假之請求時，雇主不得拒絕或視為缺勤而影響其全勤獎金、考績或為其他不利之處分。前開規定旨在保障勞工於行使法定請求時，其原有權益不因而受減損。

依勞動基準法第2條第3款規定，工資謂勞工因工作而獲得之報酬，故全勤獎金若係以勞工出勤狀況而發給，具有因工作而獲得之報酬之性質，係屬工資範疇。爰此，勞工因需安胎休養依勞工請假規則第4條規定請普通傷病假，1年內合計未超過30日工資折半發給期間，雇主不得視為缺勤而影響其全勤金；超過30日部分，若雇主未給付工資，則全勤金無需另行發給。

有關事業單位依民俗發給勞工之春節、端午節、中秋節獎金，其發放要

件、標準及方式等事宜，勞動基準法並無規定，可依事業單位之規定或勞雇雙方之約定辦理，惟不得對因安胎休養請假之勞工另為不利處分。

來函所敘貴公司於薪資之外，視公司營業表現，不定期加發「激勵金」，如何計給安胎休養請假之勞工乙節，若激勵金係以勞工是否在職及發放日前任職期間為發放標準，因勞工安胎休養請假期間，依法係併入住院傷病假計算，不影響其在職與否及工作年資計算，故雇主於發給該等獎金時，不得因勞工請安胎休養請假而不發給。

★產假應一次請足，不得分次給予

（勞委會民國97年4月8日勞動三字第0970066374號函）

依勞動基準法第 50 條規定，女工分娩前後，應停止工作，給予產假 8 星期。查上開規定旨在保護母性之健康，故分娩後之產假應一次連續請足，不得以個別勞動契約方式違反上開規定。

復依本會 79 年 1 月 25 日台（79）勞動 3 字第 01425 號函釋，勞動基準法第 50 條所定之產假旨在保護母性之健康，該假期內如遇星期例假、紀念日、勞動節日及其他由中央主管機關規定應放假之日，均包括在內無庸扣除。勞資雙方約定若有優於前開規定者，從其約定。

★留職停薪期間分娩，雇主可不給予產假

（勞委會民國96年11月15日勞動三字第0960081276號書函）

受僱者留職停薪期間，因無出勤義務，故除勞雇雙方另有約定外，雇主可不給予產假。惟受僱者於留職停薪期滿復職後如仍在產假期間時，雇主仍應依法給予產假，但得扣除自分娩之日至復職前之日數。

★因子宮外孕施行腹腔鏡手術切除得請產假

（勞委會民國92年勞動三字第0920066626號令）

子宮外孕依醫學上之定義亦屬懷孕，為保障母體之健康，受僱者因子宮外孕施行腹腔鏡手術切除，得依兩性工作平等法（現已更名為性別工作平等

法）第15條第1項之規定請產假。

★依兩性工作平等法（現已更名為性別工作平等法）請生理假或產假者，於依勞動基準法計算平均工資時不列入計算

（勞委會民國92年1月8日勞動二字第0920001321號令）

　　女性受僱者依兩性工作平等法（現已更名為性別工作平等法）第14條規定請生理假，或因妊娠未滿3個月流產，依同法第15條規定請產假者，於依勞動基準法第2條第4項規定計算平均工資時，上開期間之工資及日數均不列入計算。

★有關性別工作平等法第15條有關1星期及5日產假薪資給付疑義

（勞委會民國91年7月10日勞動三字第0910035173號令）

　　女性受僱者妊娠2個月以上未滿3個月流產或妊娠未滿2個月流產者，可依兩性工作平等法（現已更名為性別工作平等法）第15條規定請1星期及5日之產假，雇主不得拒絕。惟產假期間薪資之計算，依相關法令之規定。以勞動基準法而言，該法並無1星期及5日之產假規定，基此，適用勞動基準法之勞工，如依兩性工作平等法（現已更名為性別工作平等法）請求1星期或5日之產假，雇主並無給付薪資之義務，但受僱者為此項請求時，雇主不得視為缺勤而影響其全勤獎金、考績或為其他不利之處分。惟若勞工依勞工請假規則請普通傷病假，則雇主應依勞工請假規則第4條第2項規定，就普通傷病假1年內未超過30日部分，折半發給工資。至於不適用勞動基準法之受僱者，產假期間之薪資，則依相關法令之規定或勞動契約之約定辦理。

【相關判決】

★安胎休養請假具連續請假之可能性質，受僱者檢附需要安胎休養一段期日之診斷證明即為已足，雇主不得因受僱者申請安胎休養假期間有個別數日無證明文件，而逕認受僱者請假程序不完備視為曠職（高雄地方法院105年度勞訴字第54號判決）

◎事實

甲自104年5月24日起受僱於乙公司，負責倉庫管理、網路出貨工作。8月間因妊娠具安胎休養必要，乙公司同意甲自同年9月1日起至同年10月31日止請假安胎。詎甲公司竟於同年11月6日寄存證信函，以甲自同年9月15日起至同年月18日止（下稱系爭四日）未提供安胎必要之醫師證明為由，限期於同年11月13日以前提供系爭四日請假文件，否則將依勞基法第12條第1項第6款終止與甲僱傭契約。甲因妊娠期間更換就診醫院，無法提出系爭四日之診斷證明，乙公司逕於同年11月13日辦理甲之勞保退保。甲就系爭四日具請假之正當理由，且系爭安胎假期間除該四日外，均已檢附診斷證明，而完成請假程序，乙公司依勞基法第12條第1項第6款規定，終止契約不合法，請求確認兩造間之僱傭關係存在。

乙公司主張：乙公司前雖同意甲請假安胎，然依勞工請假規則第4條第2項、第10條、性別工作平等法第15條第3項規定及乙公司之請假流程，系爭四日甲未完成請假程序。況有無安胎必要，需仰賴專業醫師之診斷，甲既無法提出系爭四日之診斷證明，該四日即乏請假之正當理由而構成曠職，則乙公司於104年11月13日，依勞基法第12條第1項第6款規定終止兩造之僱傭契約自無不合。

◎爭點

雇主得否因受僱者申請安胎休養假期間有個別數日無證明文件，即逕認受僱者請假程序不完備視其為曠職？

◎判決要旨

　　查乙公司請假流程係受僱者先向會計拿假卡填寫，附上證明文件後傳給法定代理人，請假手續即完成；受僱者若欲請病假，應於當日上班前，以口頭或利用網路通訊軟體等方式向主管請假，事後再附上看診收據或診斷證明，方完成請假手續。另查勞工請假規則第 10 條關於請假手續僅規定「勞工請假時，應於事前親自以口頭或書面敘明請假理由及日數」，另就其餘法定請假程序之具體內容、要件則付之闕如，該程序之具體內涵與要件乃立法者有意保留予雇主自行定奪之權限。

　　乙公司所定請假手續，固要求受僱者之病假應檢附看診收據或診斷證明，惟因「安胎假」具連續請假可能之性質，並無明文規範受僱者於「安胎假」之請假期間應檢附含括該期間始日至終日之證明文件，徵諸勞基法令之基本精神在於保障勞工（即受僱者）權益，於雇主所定請假程序出現要件不明時，自應以有利勞工之方式解釋。易言之，乙公司既無規定「安胎假」之證明文件應涵攝至整體請假期間，且甲因變更就診醫院致看診醫師所出具之證明文件，出現系爭四日之落差，倘強迫甲必須提出系爭四日之證明文件始完備系爭安胎假期間之安胎請假程序，對甲實屬過苛。

　　乙公司知悉甲之系爭四日具安胎休養必要，且甲對系爭四日前、後之安胎請假均已檢附醫師診斷文件，證明甲具有連續安胎休養之必要，該必要期間延續至同年 11 月間，此為乙公司所明知，即便甲於系爭四日因更換就診醫院造成診斷之空窗期，苟認甲之身體狀況於系爭四日突然改善至無安胎休養必要，但自 104 年 9 月 19 日起又有安胎休養必要，尚與醫學常情及甲之妊娠病史相悖，是甲主張於系爭四日具安胎休養必要，且為被告所得預見之事實，堪信屬實。

　　且縱認甲因系爭四日缺乏安胎必要證明文件而引發請假瑕疵之爭議，然性別工作平等法第 15 條第 4 項規定「受僱者妊娠期間，雇主應給予產檢假五日」，甲尚得以法定之產檢假填補上開瑕疵，故乙公司抗辯甲未完成請假程序，亦無足採。

　　依上所述，甲於系爭四日具有不到工之正當理由，且已完備向乙公司之請假程序，則甲之系爭四日未上班並無構成勞基法第 12 條第 1 項第 6 款所定事由，乙公司據以終止兩造雇傭契約並未合法。

第16條 (育嬰留職停薪)

【條文內容】

I 受僱者任職滿六個月後，於每一子女滿三歲前，得申請育嬰留職停薪，期間至該子女滿三歲止，但不得逾二年。同時撫育子女二人以上者，其育嬰留職停薪期間應合併計算，最長以最幼子女受撫育二年為限。

II 受僱者於育嬰留職停薪期間，得繼續參加原有之社會保險，原由雇主負擔之保險費，免予繳納；原由受僱者負擔之保險費，得遞延三年繳納。

III 依家事事件法、兒童及少年福利與權益保障法相關規定與收養兒童先行共同生活之受僱者，其共同生活期間得依第一項規定申請育嬰留職停薪。

IV 育嬰留職停薪津貼之發放，另以法律定之。

V 育嬰留職停薪實施辦法，由中央主管機關定之。

【立法理由】

一、本條制訂理由有二：

　　(一)我國托兒制度未臻完善，且保姆素質不齊，多數父母仍親自負擔養育幼兒的責任，故為同時保障父母之工作權益，使其得以同時兼顧工作與家庭之責任，乃有育嬰假之規定。但為顧及雇主人力之調派，僅適用於30人以上事業規模之事業單位。

　　(二)留職停薪期間，其健保、勞保、公保等社會保險因而停止，對於無收入又在家庭照顧子女之受僱者甚為不利，為保障其繼續享有上開社會保險，乃規定雇主應負擔之保費免予繳納（因受僱者未工作）；受僱者應負擔之保費，准予遞延3年繳納，彼時受僱者已復職有收入，且因社會保險未中斷，投保年資得予併計，對其亦有利，故特

　　此規定。

二、後為受僱於不同企業規模之勞工平等，使所有勞工皆能申請育嬰留職
　　停薪，民國 96 年本條修正，理由如下：

　　(一)本法制定當時，將得申請育嬰留職停薪之受僱者範圍限縮於 30 人
　　　　以上之企業，有其考量因素，惟就此將對受僱於未達 30 人規模企
　　　　業之受僱者形成差別待遇，使得服務於中小企業之受僱者無法申請
　　　　育嬰留職停薪，不符合社會公平正義原則，此於未來就業保險法增
　　　　列發給育嬰留職停薪津貼規定後尤然，爰刪除第一項有關人數門
　　　　檻限制之規定。

　　(二)第 2 項至第 4 項未修正。

【條文說明】

　　性別工作平等法中有關「育嬰留職停薪」之規定，係源自於憲法第 156
條「保護母性」意旨，係為達成社會安全目的[54]。此外，透過育嬰留職停薪
的施行，使社會責任擴及育嬰，並打破傳統上將育兒視為母親責任之觀念[55]。
雖然男女受僱者皆可申請育嬰留職停薪，但目前申請者仍以女性受僱者居
多，因此育嬰留職停薪制度的施行，應可提升國家生育率，並促使產後女性
重回職場，提升女性勞動參與率[56]。

　　社會保險的給付種類眾多，為保障受僱者於育嬰留職停薪期間之社會保
險權益，本條規定受僱者在育嬰留職停薪期間仍得繼續參加原有之社會保
險[57]。在保費負擔方面，雇主應負擔之保費，由於受僱者未提供勞務給付，

---

[54] 李惠宗，愛之適足以害之的美麗錯誤？──育嬰假休完變失業的悲歌，月旦法學
　　教室，第 102 期，頁 6，2011 年 4 月。

[55] 劉梅君，兩性工作平等法中「育嬰津貼」的定位及立法意義淺析，萬國法律，第
　　125 期，頁 2，2002 年 10 月。

[56] 馬財專，回首來時路：育嬰留職津貼的初步思索，社區發展季刊，第 119 期，頁
　　431，2007 年 12 月。

[57] 劉梅君，「兩性工作平等法」與「母性保護」──立法之意義、釋義及理論淺談，
　　律師雜誌，第 271 期，頁 16-17，2002 年 4 月。

故免予繳納；受僱者部分負擔之保費則得遞延 3 年繳納，使其社會保險保障不中斷，投保年資亦得予併計。

★育嬰留職停薪津貼之性質

受僱者為了育兒暫時離開職場，育兒期間既未給付勞務，雇主當然不予支薪，受僱者在此期間若無任何經濟來源，勢必會影響其留職停薪育嬰之意願。本條第 4 項規定發放育嬰留職停薪津貼，該津貼之性質應可視為受僱者所得中斷之補償[58]，以鼓勵受僱者留職停薪育嬰。

★育嬰留職停薪相關爭議

◎無婚姻關係之受僱者得否申請育嬰留職停薪？

雖然性別工作平等法第 22 條規定：「受僱者之配偶未就業者，不適用第十六條及第二十條之規定。但有正當理由者，不在此限。」但該規定應在於限制配偶未就業者原則上不得申請育嬰留職停薪，至於受僱者是否已婚，應非申請育嬰留職停薪之資格限制。

◎育嬰留職停薪期間得否少於 6 個月或分段申請？

育嬰留職停薪實施辦法第 2 條第 3 項規定：「前項育嬰留職停薪期間，每次以不少於六個月為原則。」以兼顧受僱者申請育嬰留職停薪之權利，以及雇主之營運成本與人力規劃。若雇主與受僱者合意育嬰留職停薪期間少於 6 個月，或者受僱者所得申請期間不足 6 個月之情形，皆不受上述辦法之限制[59]。

至於育嬰留職停薪得否分段申請，本條並未規定，只要在符合本條第 1 項要件之前提下，勞資雙方合意即可。

---

[58] 馬財專，回首來時路：育嬰留職津貼的初步思索，社區發展季刊，第 119 期，頁 433，2007 年 12 月。

[59] 勞委會民國 94 年 10 月 13 日勞動 3 字第 0940056112 號函。

◎受僱者任職未滿6個月得否申請育嬰留職停薪？

本條第1項前段規定：「受僱者任職滿六個月後，於每一子女滿三歲前，得申請育嬰留職停薪……」，雇主原則上得拒絕年資未滿六個月受僱者之育嬰留職停薪申請。惟同法第2條第1項規定：「雇主與受僱者之約定優於本法者，從其約定。」因此，勞雇雙方若約定受僱未滿6個月仍得申請育嬰留職停薪，屬優於本法之規定，自無不可。

◎育嬰留職停薪應以何種方式提出申請？

性別工作平等法規定育嬰留職停薪申請程序另以實施辦法定之，育嬰留職停薪實施辦法第2條規定該項申請應「事先」以「書面」提出，但並未明定「事先」之時間，實務上常生爭議。由於雇主不得拒絕受僱者之育嬰留職停薪申請，為使雇主得以及早規畫人力以因應受僱者之育嬰留職停薪申請，未來宜明確規定申請育嬰留職停薪之受僱者應在多久時間前提出申請。

此外，育嬰留職停薪實施辦法第2條亦規定受僱者申請應以「書面」提出，惟此規定係定於實施辦法而非性別工作平等法中，倘受僱者係以口頭申請，雇主是否得以此為由拒絕即生疑義。前述辦法規定受僱者應以書面提出申請，係因如此受僱者申請育嬰之時點以及相關權利義務較為明確，實有其必要性，故未來亦宜將書面提出之要件明定於性別工作平等法中。

◎受僱者得否於解僱預告期間內申請育嬰留職停薪？

受僱者於雇主合法終止勞動契約之預告期間內，申請育嬰留職停薪，雇主是否得予拒絕？從受僱者之角度而言，勞動契約既仍於有效期間內，其若符合育嬰留職停薪之要件，雇主應不得拒絕。惟若從雇主之立場來看，勞動契約既已即將終止，此時允諾受僱者之育嬰留職停薪申請，實無意義，故應得予以拒絕。

性別工作平等法有關促進工作平等措施之訂定係為使勞工得以兼顧工作及家庭，惟其應無使勞工得以藉此規避雇主合法解僱之立法目的，因此雇

主若係合法終止勞動契約，無論勞工係被告知時或於預告期間內申請育嬰留職停薪，要無給予育嬰留職停薪之理，雇主應得予以拒絕[60]。

【相關文獻】

1. 吳姿慧，我國育嬰留職停薪制度申請要件及程序之檢討——兼論育嬰之本質及責任，臺北大學法學論叢，第 98 期，頁 85-135，2016 年 3 月。

2. 李惠宗，愛之適足以害之的美麗錯誤？——育嬰假休完變失業的悲歌，月旦法學教室，第 102 期，頁 6-7，2011 年 4 月。

3. 侯岳宏，工作與生活平衡——日本育兒介護休業法之發展，台灣勞工季刊，第 33 期，2013 年 3 月。

4. 唐文慧、楊佳羚，瑞典育嬰休假制度之研究：共同照顧的價值，政大勞動學報，第 19 期，頁 75-117，2006 年 1 月。

5. 秦書彥，淺論公務人員育嬰及侍親留職停薪制度之檢討，公務人員月刊，第 224 期，頁 31-36，2016 年 3 月。

6. 郝鳳鳴，從社會保障觀點論育嬰假相關法制之改革，台灣本土法學雜誌，第 89 期，頁 1-4，2006 年 12 月。

7. 馬財專，回首來時路：育嬰留職津貼的初步思索，社區發展季刊，第 119 期，頁 445-446，2007 年 12 月。

8. 張道義、張晉芬，由女性公務人員「育嬰制度」看臺灣地區職業婦女的困境，社區發展季刊，第 79 期，頁 91-98，1997 年 9 月。

9. 陳宜倩，邁向一個積極對男性倡議的女性主義取徑？以台灣「性別工作平等法」育嬰假之理論與實務為例，女學學誌：婦女與性別研究，第 36 期，頁 1-47，2015 年 6 月。

10. 劉梅君，兩性工作平等法中「育嬰津貼」的定位及立法意義淺析，

---

[60] 鄭津津，育嬰留職停薪後復職問題之探討——臺灣高等法院 98 年度勞上易字第 107 號判決，性別工作平等法精選判決評釋，元照，頁 119，2014 年 9 月。

萬國法律，第 125 期，頁 2-9，2002 年 10 月。

11. 劉梅君，「兩性工作平等法」與「母性保護」之關聯——淺談「育嬰假」、「家庭照顧假」等「促進工作平等」措施的立法理由與沿革，律師雜誌，第 242 期，頁 34-41，1999 年 11 月。

12. 潘秀菊，育嬰留職停薪及安胎假申請及復職相關實務爭議探討，100 年度防制就業歧視暨性別工作平等法專題論壇會議論文手冊，頁 5-30，2011 年 9 月。

13. 鄭津津，雇主得法因終止勞動契約而拒絕受僱者育嬰留職停薪之申請？，月旦法學教室，第 134 期，頁 30-32，2013 年 12 月。

14. 鄭津津，育嬰假與復職，月旦法學教室，第 86 期，頁 24-25，2009 年 12 月。

15. 鄭麗嬌，美國育嬰休假政策之探討，政大勞動學報，第 20 期，頁 49-96，2006 年 7 月。

16. 謝棋楠，台灣對生產育兒勞工之保護法制，廈門大學法學評論，第 18 期，頁 245-269，2010 年 6 月。

17. 謝棋楠，加拿大之育嬰假與津貼發放制度，政大勞動學報，第 20 期，頁 125-181，2006 年 7 月。

【相關函釋】

★雇主於符合性別工作平等法第16條第1項後段情形，而適用同條第2項規定時，育嬰留職停薪期間仍應符合「於每一子女滿三歲前，得申請育嬰留職停薪，期間至該子女滿三歲止，但不得逾二年」之規定

（勞動部105年11月8日勞動條4字第1050132607號令）

為鼓勵雇主建立友善家庭職場環境，使受僱者之工作得與生活平衡發展，雇主優於性別工作平等法第 16 條第 1 項後段規定，同意受僱者同時撫育子女 2 人以上，其育嬰留職停薪期間不予合併計算者，該等人員育嬰留職

停薪期間社會保險及原由雇主負擔之保險費，適用本法第 16 條第 2 項之規定。上開育嬰留職停薪期間仍應符合「於每一子女滿三歲前，得申請育嬰留職停薪，期間至該子女滿三歲止，但不得逾二年」之規定。

本解釋令自中華民國 105 年 12 月 1 日生效。

★ 適用勞動基準法部分時間工作勞工，依性別工作平等法規定提出……育嬰留職停薪……等相關假別及權益請求時之辦理原則，不適用勞動基準法之勞工亦應參照該原則辦理

（勞動部民國105年6月27日勞動條4字第1050131141號函）

……有關部分工時勞工依性別工作平等法規定提出相關假別及權益之請求時，依下列原則辦理：

……有親自照顧養育幼兒需求而申請育嬰留職停薪者，其期間依曆計算，不因部分時間工作而依比例計給。

……不適用勞動基準法之勞工，應參照上開原則辦理。

★ 被保險人於失業或育嬰留職停薪期間另擔任他單位負責人時，如能檢具證明有相關情事，如該單位屬非營利事業證明文件、申請人已無從事事業經營者相關文件等，仍得依法核發其失業給付或育嬰留職停薪津貼

（勞動部民國105年1月21日勞動保1字第1050140035號函）

被保險人於失業或育嬰留職停薪期間，如有依公司法或商業登記法等規定擔任他單位法定負責人之情事，推定其有從事事業經營，不符就業保險法失業給付或育嬰留職停薪津貼之請領條件。惟為合理保障渠等就業保險給付權益，被保險人於辦理失業認定或申請給付時，如檢具證明有下列情事之一者，仍得依法核發失業給付或育嬰留職停薪津貼：

1.該單位屬非營利事業之證明文件。

2.申請人已無從事事業經營者：

(1)該單位已依法停（歇）業或解散之證明文件。

　　(2)該單位已依法變更負責人，應檢附向目的事業之主管機關或財稅主管機關變更登記之證明文件。

　　(3)該單位出具與申請人解除或終止董事或監察人等委任關係之證明文件，或申請人與該單位解除或終止董事或監察人等委任關係之證明文件。（依民法第549條及公司法第199條、第227條等規定）

　　(4)申請人遭該單位冒名登記為負責人，且無法提供上開證明者，應檢附向檢察機關提出告訴之證明文件。

　　3.失業期間或受領失業給付期間另有從事事業經營並有其他工作收入，應依就業保險法第31條規定，於申請失業認定或辦理失業再認定時，告知公立就業服務機構；至失業給付之核發，應依就業保險法第17條等規定辦理。

★育嬰留職停薪期間受僱者倘若未與他人訂定勞動契約，雖從事非育嬰情事，雇主亦不得停止其繼續育嬰留職停薪

（勞動部民國104年5月11日勞動條4字第1040130777號函）

　　查依性別工作平等法第16條規定，係考量多數父母仍親自養育幼兒，為保障父母之工作權益，使其得以同時兼顧工作與照顧家庭，爰加以訂定。為避免雇主與受僱者對於是否給假引發爭議，並使主管機關處理爭議時有所依據，爰依同法施行細則第13條規定：「受僱者依本法第十五條至第二十條規定為申請或請求者，必要時雇主得要求其提出相關證明文件。」受僱者申請或請求各種假別時，必要時雇主得要求受僱者提出相關證明文件。至證明文件之形式，法無明文，可證明受僱者養育3足歲以下子女、配偶就業中，符合本法第16條及第22條規定者，即為已足。

　　為符合全力撫育幼小子女之立法原意，受僱者於育嬰留職停薪期間，所免除原勞動契約約定應提供勞務之時段，受僱者應不得與他人另訂勞動契約，爰於育嬰留職停薪實施辦法第7條明定。倘受僱者於育嬰留職停薪期間，所免除原勞動契約約定應提供勞務之時段，受僱於其他事業單位，已與本法育嬰留職停薪規定目的不合，雇主自得停止其繼續育嬰留職停薪並要求其復

職。至受僱者如未與他人另訂勞動契約，雇主尚不得停止其繼續育嬰留職停薪並要求其復職。

另教師育嬰留職停薪期間從事進修活動乙節，查教育部 100 年 5 月 3 日臺人(二)字第 1000906491 號函釋略以：「……『原已依教師進修研究獎勵辦法規定奉准進修，嗣後辦理育嬰留職停薪者，准予進修至結業止』之後段『准予進修至結業止』，修正為『進修學位者准予進修至畢業為止』及『進修學分及其他非學位學分者，准予進修至課程結束為止』。」可知，教師倘奉准進修在前、申請育嬰留職停薪在後，如符合相關規定，仍准予進修，併予敘明。

至貴中心留職停薪辦法中要求員工於育嬰留職停薪期間，不得參加國內外全時進修或修習學位，違者取消其留職停薪資格乙節，疑有違反本法相關規定之虞，還請再酌。

★雇主同意受僱者任職未滿6個月申請育嬰留職停薪者，該等人員育嬰留職停薪期間社會保險及原由雇主負擔之保險費，適用性別工作平等法第16條第2項之規定

（勞動部民國104年4月27日勞動條4字第1040130693號令）

爰為鼓勵雇主建立友善家庭職場環境，使受僱者之工作得與生活平衡發展，雇主優於本法第 16 條第 1 項規定，同意受僱者任職未滿 6 個月申請育嬰留職停薪者，該等人員育嬰留職停薪期間社會保險及原由雇主負擔之保險費，適用本法第 16 條第 2 項之規定，本解釋令自即日生效。

★事業單位聘僱之外國專業人員於聘僱契約存續期間申請育嬰留職停薪，亦受性別工作平等法保障，可申請育嬰留職停薪

（勞委會102年4月18日勞動三字第1020058658號函）

查性別工作平等法適用於所有的行業，保障所有的受僱者，不分國籍均受該法之保障。……受僱者申請育嬰留職停薪時，依育嬰留職停薪實施辦法第 2 條規定，應事先以書面向雇主提出，並依法記載相關事項及檢附配偶就

業之證明文件。其就業證明文件之格式或內容，法無明文，足以證明受僱者配偶有就業事實者即可。

　　另定期契約之受僱者，倘符合上開規定，得依法申請育嬰留職停薪至定期契約期限屆滿時止，併予敘明。

★育嬰留職停薪實施辦法第2條所稱配偶「就業」

　　（勞委會民國102年年2月6日勞動三字第1020053685號函）

　　性別工作平等法第 16 條申請育嬰留職停薪之規定……受僱者申請育嬰留職停薪時……依法記載相關事項及檢附配偶就業之證明文件。又配偶就業情形不以受僱為限。

　　來函所述受僱者之配偶為自營作業者，若有就業之事實，雇主仍應准其申請。至有關配偶就業證明文件，以證明受僱者配偶有就業事實即可，至其格式或內容，法無明文。

★育嬰留職停薪津貼之發給，係為提供被保險人於育嬰留職停薪期間，因無工作收入而給予部分所得損失補助，若勞工於育嬰留職停薪期間，另有工作收入或另在受訓單位上課，因而領有政府核發之相關津貼補助者，則不符合育嬰留職停薪津貼之請領條件，而不得繼續請領該項津貼

　　（勞委會民國99年7月27日勞保1字第0990140163號函）

　　……就業保險法第 11 條規定發給育嬰留職停薪津貼，係為提供被保險人於育嬰留職停薪期間，因無工作收入而給予部分所得損失補助。爰勞工育嬰留職停薪期間，如另有工作收入或另在受訓單位上課，因而領有政府核發之相關津貼補助者，不得繼續請領育嬰留職停薪津貼。

★父母二人同時撫育2名未滿3歲之子女時，若符合性別工作平等法第16條及第22條但書規定者，得「同時」申請育嬰留職停薪，並繼續參加原有之社會保險

（勞委會民國99年5月17日勞保1字第0990002973號函）

依性別工作平等法第 16 條規定……同時撫育子女 2 人以上者，其育嬰留職停薪期間應合併計算，最長以最幼子女受撫育 2 年為限。同法第 22 條規定，受僱者之配偶未就業者，不適用第 16 條之規定。但有正當理由者，不在此限。基此，本案父母二人同時撫育 2 名未滿 3 歲之子女時，如符合上開第 16 條及第 22 條但書規定，自得依法同時申請育嬰留職停薪，並繼續參加原有之社會保險。

另查就業保險法第 19 條之 2 規定，父母同為被保險人者，應分別請領育嬰留職停薪津貼，不得同時為之。究其立法意旨，係基於父母同為被保險人情形，雖皆有申請育嬰留職停薪津貼之權利，惟考量育嬰留職停薪之子女撫育需求，爰明定應分別請領，不得同時為之；另基於社會保險不重複保障原則，雖以不同子女之名義申請者，亦同。

★育嬰留職停薪之適用對象係以子女已出生之父母為限，若撫育之子女尚未出生，因非屬性別工作平等法所稱之育嬰留職停薪期間，受僱者不得依就業保險法相關規定請領育嬰留職停薪津貼

（勞委會99年5月11日勞保1字第0990140107號函）

性別工作平等法第 16 條第 1 項規定……之立法意旨係為協助父母兼顧養育幼兒與職場工作之責任，故適用對象以子女已出生之父母為限。本案勞工之子女於 98 年 8 月 31 日出生，其得自 98 年 8 月 31 日起依法申請留職停薪；惟 98 年 7 月 11 日至 98 年 8 月 30 日期間，尚非屬性別工作平等法所稱之育嬰留職停薪期間。……本案勞工於 98 年 7 月 11 日至 98 年 8 月 30 日期間，因非屬性別工作平等法所稱之育嬰留職停薪期間，自不得依就業保險法相關規定請領育嬰留職停薪津貼。

　　至本案勞工於 98 年 8 月 31 日子女出生後，雖得依法申請育嬰留職停薪，惟因其於同年 7 月 10 日已由該公司申報退保，則其於開始育嬰留職停薪當時未參加就業保險，基於申請人既非就業保險被保險人，其開始育嬰留職薪當時核屬非保險有效期間發生之事故，應不得請領育嬰留職停薪津貼。至貴局來函所提如申請人日後恢復被保險人身分（育嬰留職停薪繼續加保或復職加保身分），符合育嬰留職停薪之條件，且有育嬰之事實，則得依法請領育嬰留職停薪津貼。

★投保單位停業期間自行申報全體員工退保，則勞工之育嬰留職停薪是否繼續有效，視其僱傭關係是否終止而定

（勞委會民國99年4月16日勞保1字第0990140127號函）

　　性別工作平等法之適用對象為受僱者，故雇主已申請停業並將全體員工退保，則勞工之育嬰留職停薪是否繼續有效等疑義，應視其僱傭關係是否終止，依個案事實認定。如投保單位已申請停業，經確認申請人與投保單位間僱傭關係已終止，即不符性別工作平等法辦理育嬰留職停薪之規定，所請津貼應發放至離職退保之前 1 日止。

★育嬰留職停薪繼續加保之被保險人同時撫育子女二人以上者，其育嬰續保期間之認定

（勞委會民國99年1月14日勞保1字第0980140644號函）

　　依性別工作平等法第 16 條第 2 項規定略以，受僱者於育嬰留職停薪期間，得繼續參加原有之社會保險。爰受僱者如有同時撫育子女 2 人以上者，應以被保險人申請育嬰留職停薪期間，其最幼子女並已同時受撫育作為續保期限認定。至貴局來函所詢「最幼子女受撫育」之起始日，究係指「最幼子女出生之日」或「較長子女名義第一次申請育嬰留職停薪之日」部分，說明如下：

　　（一）被保險人於最幼子女出生後始申請育嬰留職停薪，其開始申請育嬰留職停薪時正與最幼子女受撫育照顧期間重疊，故以開始申請育嬰留職停

薪時起算，最長以2年為限。

（二）被保險人於申請育嬰留職停薪續保期間，正與最幼子女出生時間重疊，故得以最幼子女出生時即可視為同時受撫育，並以此計算，最長以2年為限。

★受僱者於育嬰留職停薪期間應雇主要求，經其同意後回原任職單位工作1日、數日，應屬與雇主協商提前復職之情形，則其育嬰留職停薪津貼應發放至復職之前1日止

（勞委會98年8月17日勞保1字第0980021139號函）

　　……育嬰留職停薪實施辦法第3條規定，受僱者於申請育嬰留職停薪期間，得與雇主協商提前或延後復職。受僱者於育嬰留職停薪期間應雇主要求，經其同意後回原任職單位工作1日、數日，應屬育嬰留職停薪實施辦法第3條所定與雇主協商提前復職之情形，受僱者已不符合依法辦理育嬰留職停薪，則育嬰留職停薪津貼應依就業保險法施行細則第19條之2規定，發放至復職之前1日止。受僱者復職後如尚符合育嬰留職停薪之條件且有育嬰之需求，得再度依法提出育嬰留職停薪之申請。

★性別工作平等法第16條規範對象為「受僱者」，自營作業者無法適用

（勞委會民國98年7月24日勞保1字第0980020551號函）

　　查「育嬰留職停薪」之法源依據係性別工作平等法第16條規定，該法規範對象為「受僱者」，即受僱者才有請領津貼之依據。

　　依就業保險法第5條規定，年滿15歲以上，65歲以下受僱之本國籍勞工、外國籍配偶、大陸配偶或港澳配偶，除同條第2項所列不得加保之情形外，應以其雇主或所屬機構為投保單位，參加本保險為被保險人。故職業工會所屬會員，如符合前開加保規定者，於受僱期間，應以其雇主為投保單位辦理加保，且渠等如依法參加就業保險，自可依法請領失業給付及育嬰留職停薪津貼等相關給付。至自營作業者，因非屬受僱者，尚無本法相關規定之適用。

★受僱勞工於育嬰留職停薪期間不得繼續參加就業保險，故如其於育嬰留職停薪期間再生育，並以該名子女繼續辦理育嬰留職停薪，因非屬保險有效期間發生之事故，不得請領育嬰留職停薪津貼

（勞委會民國98年5月12日勞保1字第0980070290號函）

　　有關於事業單位任職未滿1年（103.12.13修正為6個月）之被保險人，於育嬰留職停薪期間再生育，並以該名子女繼續辦理育嬰留職停薪，得否核發該名子女育嬰留職停薪津貼部分，查本法第11條第1項第4款規定，被保險人年資滿1年以上，子女滿3歲前，依性別工作平等法之規定辦理育嬰留職停薪，始得請領前開津貼。另本會97年4月11日勞動3字第0970130233號函略以「性別工作平等法第16條第1項規定為同條第2項規定之必要條件，故受僱者若於不符合第16條第1項規定之情形下，事業單位同意其申請育嬰留職停薪，該受僱者及其雇主仍無該法第16條第2項規定之適用。受僱者留職停薪期間之社會保險事宜仍應依各該保險規定辦理。」復查就業保險法並無自願加保之規定，爰於事業單位任職未滿1年（103.12.13修正為6個月）之受僱勞工，於育嬰留職停薪期間不得繼續參加就業保險，故如其於育嬰留職停薪期間再生育，並以該名子女繼續辦理育嬰留職停薪，因非屬保險有效期間發生之事故，不得請領育嬰留職停薪津貼。

★為保障勞工申請育嬰留職停薪之權利，及雇主僱用替代人力之可行性衡平考量，受僱者育嬰留職停薪期間，每次以不少於6個月為原則

（勞委會民國94年10月13日勞動3字第0940056112號函）

　　……「育嬰留職停薪實施辦法」第2條第2項規定，育嬰留職停薪期間，每次以不少於6個月為原則。前開規定，係就保障勞工申請育嬰留職停薪之權利，以及雇主僱用替代人力之可行性為衡平考量。惟如勞工所得請求之期間不足6個月，或勞資雙方協商合致，可不受前開「每次以不少於6個月為原則」之限制。

★雇主如欲規定受僱者再次申請育嬰留職停薪應與前次復職生效日相隔半年以上之限制，應與受僱者協商

（勞委會民國93年10月6日勞動3字第0930048700號函）

　　……依育嬰留職停薪實施辦法第2條第2項規定，育嬰留職停薪期間，每次以不少於6個月為原則。上開規定並無受僱者再次申請育嬰留職停薪，應與前次復職生效日相隔半年以上之限制。故依性別工作平等法第21條第1項規定，受僱者依上規定為育嬰留職停薪之請求時，雇主應不得拒絕。雇主如欲規定受僱者再次申請育嬰留職停薪，應與前次申請復職生效日相隔半年以上者，應與受僱者協商。

★兩性工作平等法（現已更名為性別工作平等法）第16條，所有受僱者及求職者均有適用，定期契約人員得申請育嬰留職停薪之期間，除勞雇雙方另有約定外，應至定期契約期限屆滿時止

（勞委會民國91年4月26日勞動3字第0910020358號函）

　　查兩性工作平等法（現已更名為性別工作平等法）對於所有受僱者及求職者均適用，軍公教人員亦適用。因此，依聘用人員聘用條例所聘用之定期契約人員，申請育嬰留職停薪，有合於該法第16條規定者，仍有該法之適用。惟該等人員得申請育嬰留職停薪之期間，除勞雇雙方另有約定外，應至定期契約期限屆滿時止。另，育嬰留職停薪實施辦法第6條規定，育嬰留職停薪期間，雇主得僱用替代人力，執行受僱者之原有工作。

★勞工於申請育嬰留職停薪期間，雇主得僱用職務代理之替代人力，並與其簽訂定期契約

（勞委會民國91年4月12日勞動二字第0910017954號函）

　　適用勞動基準法之勞工，依兩性工作平等法（現已更名為性別工作平等法）申請育嬰留職停薪期間，雇主僱用替代人力執行其原有之工作時，該替代人力之工作因係育嬰留職停薪期間勞工職務代理之性質，依勞動基準法第9條及其施行細則第6條規定，雇主得與其簽訂定期契約。

【相關判決】

★受僱者育嬰留職停薪期間之社會保險費固得遞延繳納，惟雇主無主動為受僱者辦理遞延繳納保費之義務

（高雄地方法院103年度勞簡上字第34號民事判決）

◎事實

甲自 89 年 5 月 22 日起任職於乙公司擔任生產單位作業員，甲於 99 年 3 月向乙公司申請育嬰留職停薪經核准，於留職停薪期間又懷有第 2 胎，再次以書面向乙公司申請育嬰留職停薪並經核准，留職停薪期間至 102 年 9 月 30 日期滿。然乙公司於甲留職停薪期間，並未替甲辦理全民健保之留職停薪，致甲須於留職停薪期間繼續繳納全民健保費，而無法享受遞延 3 年繳納之期限利益。

乙公司主張雇主並無替甲辦理全民健保之留職停薪、遞延繳納保費之法定義務，且甲留職停薪期間應繳納之健保費實際上已由乙公司代墊，而遞延 3 年繳納並非不用繳納，甲並未因此受有重大損害，況甲於 102 年 10 月 23 日即知悉乙公司未替甲辦理健保費之遞延繳納，惟甲遲至 103 年 4 月 17 日起訴時都未主張此情，顯已逾 30 日之除斥期間。

◎爭點

雇主乙公司未替受僱者甲申請健保費遞延繳納，是否違反性別工作平等法第 16 條第 2 項之規定？

◎判決要旨

性別工作平等法第 16 條第 2 項規定：「受僱者於育嬰留職停薪期間，得繼續參加原有之社會保險，原由雇主負擔之保險費，免予繳納；原由受僱者負擔之保險費，得遞延 3 年繳納」，亦即勞工留職停薪期間之社會保險保費雖『得』遞延繳納，然亦可如期繳納，遞延繳納與否端視勞工之意願而定。若勞工未提出聲請，雇主應無主動為勞工辦理遞延繳納保費之義務。本件甲留職停薪期間，乙公司未代為申請遞延健保費，為兩造所不爭執，然乙公司

否認甲曾申請遞延繳交保費,甲亦未舉證以實其說,自難以乙公司未主動幫甲辦理遞延繳交健保費,違反性別工作平等法第 16 條之規定。況甲於留職停薪期間並未曾繳納健保費,皆是由乙公司代墊,甲實際上已享有遞延繳納健保費之利益。故而,甲主張乙公司違反性別工作平等法第 16 條第 2 項之規定即無足採。

★雇主與受僱者約定若於育嬰留職停薪期間至他公司任職,視為自申請留職停薪之日起自請離職,該約定應屬有效

(士林地方法院102年度勞訴字第21號民事判決)

◎事實

甲於 85 年 12 月 30 日與乙公司簽立受訓承諾書,約定甲正式擔任副機師之日起,須在乙公司服機師職務至少 20 年。甲至美國 UND 航空班進行飛航訓練返台後,於 87 年 8 月 1 日與乙公司簽訂聘僱契約書,約定於 20 年保證服務期間內絕不自請離職,若違反承諾,同意依賠償辦法賠償訓練等費用外,並自願賠償相當於離職前正常工作 6 個月薪資總額之違約金。甲之後於 100 年 5 月 1 日向乙公司以育嬰事由申請留職停薪 1 年,期滿後復申請展延至 102 年 4 月 30 日,並簽立「飛航組員留職停薪確認書」,同意若於留職停薪後未依約復職,願償還訓練費及違約金。然甲自 100 年 3 月 22 日起即改往丙航空公司任職,復以存證信函向乙公司為自 101 年 7 月 31 日起終止勞動契約之意思表示。惟依乙公司所定員工申請留職停薪規定,甲於留職停薪期間至他公司就職上班即應視自申請留職停薪之日起自動離職,並應賠償訓練費用及違約金。

◎爭點

乙公司與甲約定若於申請育嬰留職停薪期間,至他公司任職,應視為自甲申請留職停薪之日起自動離職,是否有效?

◎判決要旨

按性別工作平等法第 16 條第 1 項受僱者申請育嬰留職停薪之規定,係

考量父母親自負擔養育幼兒之責任，爲同時保障其工作權益，使其得以兼顧工作與家庭之責任，爰加以制定。又於育嬰留職停薪期間，雇主係基於照顧勞工家庭福祉之目的，犧牲雇主對本身人力之有效利用，使勞工得暫時免除提供勞務給付之義務，是勞工如向他人提供勞務，顯然有悖於雇主之信賴，違反勞動契約應遵守之忠誠義務。是主管機關依性別工作平等法第 16 條第 4 項規定訂定之育嬰留職停薪實施辦法第 7 條規定，受僱者於育嬰留職停薪期間，不得與他人另訂勞動契約。性別工作平等法第 16 條第 1 項規定係爲符合父母全力撫育幼兒之立法原意，受僱者於育嬰留職停薪期間，其所免除原勞動契約之約定應提供勞務之時段，受僱者應不得與他人另訂新勞動契約。若受僱者有獲取報酬維持生活之需要，即應申請復職，停止留職停薪之狀態，而不得另覓新職，致違背對雇主之忠誠義務。

　　按甲向乙公司申請育嬰留職停薪時，曾約定：「留職停薪期間申請人員如有逕赴其他公司就職上班或並未從事與原申請留職停薪類別（目的）相符之活動，即視爲自動離職，其離職並應自依本作業辦法申請留職停薪生效日起算，申請人員不得有任何異議。」該留職停薪約定即以勞工於留職停薪期間，有未經原告核准而擅就他職之事實時，擬制發生勞工自請離職之效力。而勞工留職停薪期間，違背對雇主之忠誠義務，另向他處提供勞務以獲取報酬，客觀上已難期待雇主繼續僱傭關係，其違反勞動契約之情節應屬重大，雇主本得依勞動基準法第 12 條規定不經預告終止勞動契約。

第 17 條（育嬰留職停薪期滿之申請復職）

【條文內容】

I　前條受僱者於育嬰留職停薪期滿後，申請復職時，除有下列情形之一，並經主管機關同意者外，雇主不得拒絕：

一、歇業、虧損或業務緊縮者。

二、雇主依法變更組織、解散或轉讓者。

三、不可抗力暫停工作在一個月以上者。

四、業務性質變更，有減少受僱者之必要，又無適當工作可供安置者。

II　雇主因前項各款原因未能使受僱者復職時，應於三十日前通知之，並應依法定標準發給資遣費或退休金。

【立法理由】

一、為確保受僱者於育嬰留職停薪期滿復職時，得順利回到工作崗位，特明定雇主非有第 1 項所列各款之正當理由時，不得拒絕受僱者復職之申請。

二、為保障受僱者權益，當雇主因第 1 項所列理由，無法使受僱者復職時，應依法發給資遣費或退休金。

【條文說明】

　　性別工作平等法對於「復職」係指「回復原有之工作」或是「回復相當於原有之工作」，立法之初並無明確規定。之後由於某些雇主以申請復職受僱者之原有工作已被其他受僱者取代，無法使其回復原有工作，造成有些受僱者因育嬰留停而失去原有之工作。立法者為杜絕此項爭議，並確保受僱者不會因為育嬰留停而失去原有工作，遂於 103 年修法時在性別工作平等法第 3 條第 9 款中明定「復職」係指「回復受僱者申請育嬰留職停薪時之原有工作」。

　　前述修法雖杜絕了「復職」係指「回復原有之工作」或是「回復相當於原有之工作」之爭議，但不可否認某些職務具有相當之專業性，或者涉及特別之人事任用規定，當受僱者申請育嬰假，雇主須尋找符合特定條件的替代者，受僱者申請復職時，回復原有之工作職務可能會造成事業經營上之困難[61]。因此，現行法對於「復職」只有原則沒有例外之規定，對於某些性質特殊之工作，確實會對雇主之人事安排造成不合理之負擔。

　　在性別工作平等法第 3 條第 9 款之規定下，縱申請育嬰留職停薪之勞工簽屬「接受不保證回復留職停薪之相同職務與所任職部門」之約定，雇主亦不得依該約定拒絕受僱者回復其原有工作。

　　育嬰留職停薪實施辦法第 6 條規定，於育嬰留職停薪期間，雇主得僱用替代人力執行勞工原有之工作，是故於勞工申請育嬰留職停薪期間，事業單位內如於無人得分擔原勞工職務之情形下，雇主應優先僱用替代人力，待勞工育嬰留職停薪期滿後使其回復其原有工作。

【相關文獻】

1. 鄭津津，育嬰留職停薪後復職問題之探討──臺灣高等法院 98 年度勞上易字第 107 號判決，性別工作平等法精選判決評釋，元照，頁 112-121，2014 年 9 月。
2. 鄭津津，育嬰假與復職，月旦法學教室，第 86 期，頁 24-25，2009 年 12 月。

---

[61] 鄭津津，育嬰假與復職，月旦法學教室，第 86 期，頁 24-25，2009 年 12 月。

【相關函釋】

★受僱者育嬰留職停薪期滿後，雇主符合性別工作平等法第17條情事未能使其復職時，尚須應經主管機關同意後，始得於30日前通知受僱者

（勞委會民國102年8月8日勞動三字1020131658號函）

　　性別工作平等法第 17 條規定略以：「前條受僱者於育嬰留職停薪期滿後，申請復職時，除有下列情形之一，並『經主管機關同意』者外，雇主不得拒絕……雇主因前項各款原因未能使受僱者復職時，應於 30 日前通知之……」前開所稱「30 日前通知」規定，為「預告」性質，雇主倘未依法於 30 日前通知者，於適用勞動基準法之事業單位，仍應依法發給預告期間工資，前經本會 98 年 2 月 11 日勞動 3 字第 0980130099 號函釋在案。

　　雇主倘符合性別工作平等法第 17 條第 1 項所定各款情形未能使受僱者復職時，仍應經主管機關同意後，始得進行預告，縱雇主與受僱者雙方合意終止勞動契約時亦同。如未事先經主管機關同意，仍屬違法，應依法裁處。

　　另雇主縱符合性別工作平等法第 17 條第 1 項所定各款情形拒絕受僱者復職，並經主管機關同意，惟倘未依同條第 2 項所定於終止契約日之 30 日前通知受僱者，亦屬違法，主管機關仍應依法裁處。

★事業單位因企業併購而解散，如未經主管機關同意逕自資遣育嬰留職停薪員工，仍違反性別工作平等法

（勞委會民國102年8月7日勞動三字第1020131659號函）

　　行政罰法第 15 條規定略以，私法人之董事或其他有代表權之人，因執行其職務或為私法人之利益為行為，致使私法人違反行政法上義務應受處罰者，該行為人如有故意或重大過失時，除法律或自治條例另有規定外，應並受同一規定罰鍰之處罰。

　　事業單位縱因企業併購而解散，符合性別工作平等法第 17 條第 1 項各款情事之一，惟如未經主管機關同意前即逕自資遣育嬰留職停薪員工，仍應

認已違反性別工作平等法第 21 條第 1 項之規定。又該事業單位雖因企業併購而解散致法人格消滅，惟對於該事業單位之董事或其他有代表權之人，仍得依行政罰法第 15 條規定予以處罰。

★受僱者育嬰留職停薪期滿復職時，經雇主發現其於育嬰留職停薪前之工作有疏失，而給予取消兼任主管職務與主管加給之懲戒，仍應遵循權利濫用禁止原則

（勞委會民國102年6月26日勞動三字第1020131114號書函）

性別工作平等法第 17 條規定，受僱者於育嬰留職停薪期滿後，申請復職時，除有該條所列情形之一，並經主管機關同意者外，雇主不得拒絕……。來函所敘受僱者倘屬勞動基準法之適用對象，依據勞動基準法第 70 條及勞動基準法施行細則第 7 條規定，有關勞工應遵守之紀律及獎懲有關事項，應明定於工作規則或勞動契約，且雇主對勞工之處罰，如記過、降級...等方式，必須事先明示且公告，使勞工了解其權利義務事項。雇主懲戒勞工之事由及手段應遵循權利濫用禁止原則及合理性，若有權利濫用之情事應屬無效。

★受僱者於育嬰留職停薪期間分娩，並於留職停薪期滿前申請復職，即遭雇主以業務緊縮為由資遣，主管機關應查明是否符合性別工作平等法第17條第1項各款所定要件

（勞委會民國102年4月26日勞動三字第1020130788號函）

性別工作平等法第 11 條規定，雇主對受僱者之退休、資遣、離職及解僱，不得因性別或性傾向而有差別待遇。工作規則、勞動契約或團體協約，不得規定或事先約定受僱者有結婚、懷孕、分娩或育兒之情事時，應行離職或留職停薪；亦不得以其為解僱之理由。違反前 2 項規定者，其規定或約定無效；勞動契約之終止不生效力。同法第 17 條第 1 項規定，受僱者於育嬰留職停薪期滿後，申請復職時，除有該條所列情形之一，並經主管機關同意者外，雇主不得拒絕。同條第 2 項規定，雇主因前項各款原因未能使受僱者復職時，應於 30 日前通知之，並應依法定標準發給資遣費或退休金。

本案勞工於育嬰留職停薪期間分娩，並於育嬰留職停薪期滿前申請復職，遭雇主以業務緊縮為由資遣，貴府應本權責查明是否符合性別工作平等法第 17 條第 1 項各款所定要件。另雇主於資遣該名勞工時，如知悉其分娩未久，貴府應再審視是否違反同法第 11 條規定，本權責核處。

★受僱者育嬰留職停薪期滿後申請復職，雇主自應以回復原職為原則，若得受僱者同意，可調動受僱者，但應參照調動五原則相關規定辦理

（勞委會民國99年7月14日勞動3字第0990130965號函）

性別工作平等法第 17 條規定，受僱者於育嬰留職停薪滿後，申請復職時，除有該條所列情形之一，並經主管機關同意者外，雇主不得拒絕。受僱者育嬰留職停薪期滿後申請復職，雇主自應以回復原職為原則。另雇主如經徵得受僱者同意，亦可調動受僱者，惟仍應參照調動五原則相關規定辦理，以保障受僱者之工作權。雇主如有違反勞動契約或勞工法令致有損害勞工權益之虞之事由時，受僱者可依勞動基準法第 14 條第 1 項第 6 款規定不經預告與雇主終止勞動契約，雇主應依勞工工作年資適用不同退休法令規定分別依勞動基準法第 17 條及第 84 條之 2 或勞工退休金條例第 12 條規定計給資遣費。

另受僱者育嬰留職停薪期滿，如有可歸責於受僱者之事由，而自請離職時，查依勞動基準法第 18 條規定略以，……依第 15 條規定終止勞動契約者，勞工不得向雇主請求加發預告期間工資及資遣費。惟勞動基準法係規範最低勞動條件之法律，勞雇雙方如有較優之約定，從其約定。

★申請育嬰留職停薪之勞工，雇主如欲終止勞動契約，仍應依性別工作平等法第17條規定辦理

（勞委會民國98年10月28日勞保1字第0980140524號函）

本會 98 年 10 月 8 日勞動 3 字第 0980130753 號函略以，雇主固得依勞動基準法第 11 條規定，預告勞工終止勞動契約，惟申請育嬰留職停薪之勞

工，雇主如欲終止勞動契約，仍應依性別工作平等法第 17 條規定辦理。

至勞工於育嬰留職停薪期間如發生非自願離職情事，得否繼續發給育嬰留職停薪津貼部分，按雇主如依前開規定解僱勞工，則勞雇雙方已終止勞動契約，自無育嬰留職停薪之事實，不得繼續發給育嬰留職停薪津貼。

★ **依據性別工作平等法第17條，前提為有減少受僱者之必要，又無適當工作可供安置，業務性質變更範圍，非侷限於公司登記所營事業項目，須依個案事實認定**

（勞委會民國98年2月11日勞動3字第0980130099號函）

有關性別工作平等法第 17 條第 1 項第 1 款所稱「虧損」，是指雇主之營業收益不敷企業經營成本，致雇主未能因營業而獲利；虧損與否認定，應就長時期觀察，例如提出近年來經營狀況、資產負債或財務報告，說明虧損情形及終止部分勞動之計畫。至於同款所稱「業務緊縮」，係指企業之經營，客觀上確有縮小事業實際營業狀況之業務規模或範圍；業務緊縮與否，應視實際業務狀況而定，非僅指營業項目或生產品有無變動。如雇主僅因一時營業額減少，但部門仍正常運作而需要勞工，難認係業務緊縮。

另有關性別工作平等法第 17 條第 1 項第 4 款所稱「業務性質變更，有減少受僱者之必要，又無適當工作可供安置者」，須以「有減少受僱者之必要，又無適當工作可供安置」為前提，至於業務性質變更範圍，並非侷限於公司登記所營事業項目，應綜合考量市場條件，如產品變更、技術變更、法令適用、機關監督、經營決策方式及預算編列等之變更，依個案事實認定。

有關性別工作平等法第 17 條第 2 項規定，「雇主因前項各款原因未能使受僱者復職時，應於 30 日前通知之」，係指雇主如有第 17 條第 1 項各款所定情形未能使受僱者復職而終止勞動契約時，雇主應於終止契約日之 30 日前通知受僱者，該「30 日前通知」，為預告性質。

復查性別工作平等法第 17 條第 2 項規定係以「未能使受僱者復職」為前提，故如雇主未依法於 30 日前通知者，於適用勞動基準法之事業單位，仍應依法發給預告期間工資；於不適用勞動基準法之事業單位，該期間工資

之發給，則依民法相關規定處理。

【相關判決】

★受僱者育嬰留職停薪期滿申請復職，雇主除有性別工作平等法第17條第1項各款所訂之情形，並經主管機關同意者外，不得拒絕受僱者之復職，亦不得以合意終止勞動契約之方式，規避性別工作平等法之規定

（士林地方法院104年度勞訴字第34號民事判決）

◎事實

甲受僱於乙公司擔任會計職，產後為照顧子女，於 103 年 4 月 25 日經乙公司准予申請育嬰留職停薪 6 個月至同年 10 月 24 日；嗣甲於育嬰留職停薪屆滿前之 103 年 9 月 30 日以電話向乙公司聯繫復職事宜，再於同年 10 月 2 日親至乙公司填寫復職申請書，經乙公司受理後，乙公司經理於同年月 9 日致電通知甲於同年月 13 日至乙公司洽談，卻於該日依勞基法第 11 條第 1 項第 4 款規定，終止雙方勞動契約。

乙公司主張甲未於申請復職期限 1 個月即 103 年 9 月 25 日前向乙公司申請復職，依乙公司育嬰留職停薪申請書說明第 7 點規定，已視同甲自行離職。嗣甲於 103 年 9 月 30 日致電乙公司人事主管丙表示欲申請復職，丙基於同事情誼告知甲可於同年 10 月 2 日先至公司填寫育嬰留職停薪復職申請書，並待公司決定如何處理，經考量乙公司認已無依性別工作平等法規定之職務供甲復職，乃於同年月 9 日決定以協議資遣方式處理，同時通知甲於同年月 13 日至公司洽談，是日依勞基法相關規定詳細說明告知甲資遣之原因、資遣費、預告工資、資遣通報及非自願離職書等事項後，經甲同意於合意終止勞動契約書上簽名。此外，實際上甲於申請育嬰假前，工作表現及出勤均屬不佳，且乙公司業績虧損、緊縮，亦得依性別工作平等法第 17 條第 1 款規定予以資遣。

◎爭點

受僱者育嬰留職停薪期滿申請復職，雇主可否以合意終止勞動契約之方式，拒絕受僱者復職？

◎判決要旨

乙公司之育嬰留職停薪申請書第 7 點雖要求屆滿 30 日前要申請復職，是育嬰留職期滿「未復職」者視為離職，而非未提前 1 個月申請即視為自動離職。況甲提出復職申請時，雖未提前 1 個月為之，惟乙公司既未以甲逾期提出為由拒絕受領，自不得更行主張應視同自行離職。

乙公司雖稱有業務性質變更、減少受僱者之必要，又無適當工作可供安置，但乙公司陳稱：公司會計有 3 名，應付會計、出納、主辦會計兼應收，甲擔任應付會計，於甲育嬰留職停薪期間公司有聘請 1 人接替甲之工作，由於公司規模不大、營業額不多，會計部不缺人力，且甲先前表現、出勤不佳，故乙公司選擇資遣甲。然甲擔任應付會計工作，期滿恢復原職應為會計部門之工作，縱使乙公司確有業務緊縮營收不佳，仍需應付會計、出納會計、主辦及應收會計，業務性質並未因此變更而有減少勞工必要之情形。

至乙公司所稱無適當工作可供安置之理由為：目前擔任應付會計之勞工，其工作表現、出缺勤狀況均優於甲，自無將前者解僱之理由。然甲既然申請留職育嬰停薪，乙公司自應理解其期滿後原則上回任，甲留職停薪期間，乙公司為求順利運作，依留職停薪實施辦法第 6 條規定，得僱替代人力，即暫時性人力支援，而非選擇繼續性勞動契約，乙公司得依法僱傭替代性人力，竟捨此不為，另聘僱勞工取代甲職位，導致甲無適當位置。

倘若乙公司抗辯有理，將造成勞工一旦申請育嬰留職停薪，其職位即為他人取代，育嬰假期滿後，公司再以無適當工作可以安置將之解僱，完全違反性別工作平等法保障勞工可以申請留職停薪後復職之理，乙公司抗辯要無可採。乙公司又辯稱會計等職務性質，難以聘僱臨時性勞動力，為事實上應克服之問題，勞工申請育嬰留職停薪對小型企業人力調配上確有難處，惟不能執為曲解法令之正當理由。是依性別工作平等法第 17 條等規定，乙公司

並無正當理由拒絕甲之復職申請。

此外，雇主若欲依性別工作平等法第 17 條拒絕受僱者復職，亦應於 30 日前通知，然乙公司未事先通知甲拒絕復職，於 103 年 10 月 13 日當日告知甲資遣，造成突襲，甲根本不知乙公司要資遣，自無機會尋求法律諮商或充分時間考慮。再觀諸原甲簽署系爭契約書當日之前後對話內容，乙公司不斷告知甲，乙公司一切手段合法，有事先詢問過勞工局以及人事老師。姑不論乙公司動機，但於甲詢問是否沒有其他可能時，乙公司人事主管告稱勞工局說只要該給的錢有給就 OK 等語，讓甲誤信乙公司不准復職甚至資遣，均合乎勞基法等相關規定，致甲在法律上毫無救濟機會。

系爭契約書之終止過程，乙公司未告知甲正確之資訊，且突襲甲未給予尋求諮詢之機會，結果對甲有嚴重不利益，使甲簽署同意系爭契約書時未處於完全自由，影響其決定及選擇之可能性，乙公司以合意終止契約之手段規避性別工作平等法之規定，重大違反誠信原則，系爭契約書應為無效。

★受僱者育嬰留職停薪期間屆滿申請復職，雇主不得拒絕，並應使其回復原職，縱無法完全回復原職，調動後工作亦應與原職相當

（花蓮地方法院103年度勞簡上字第1號民事判決）

◎事實

受僱者甲主張其自 91 年 10 月 7 日起任職於乙公司花蓮分公司，擔任總機室話務副組長，並申請自 100 年 1 月 19 日起至 102 年 1 月 18 日止為期 2 年之育嬰留職停薪，於留職停薪期滿 2 個月前，通知乙公司辦理復職。乙公司表示僅餘房務員、餐飲服務員可供安排，實已拒絕甲復職之申請，且房務員或餐飲服務員均屬重度勞動工作，非甲體能所能負荷，乙公司顯已違反相關勞工法令。為負擔家庭開銷及幼兒照顧，在乙公司承諾盡快恢復職務前提下，甲同意暫時嘗試餐飲服務員工作，然從事數日便引發雙手腕肌腱滑膜炎與下背疼痛，甲請求乙提供與原職務性質相當之工作，仍為乙所拒絕，甲乃依勞動基準法第 14 條第 1 項規定，以存證信函通知終止兩造勞動契約關係，並請求乙給付資遣費。

乙公司主張甲申請復職時，該公司安排房務員及餐飲部「領檯」工作，甲希望回復原職總機工作，然乙公司之總機人員無職缺無法安排。況甲自99年3月27日起，曾請病假30天、年假23天、產假56天、安胎假184天、育嬰假2年，留職停薪達3年之久，且甲簽名同意之育嬰留職申請表記載有「不保證就任原職位、職級及原工作內容」約定，對兩造有拘束力。又甲於102年1月16日申請調解，嗣兩造以「暫時安排勞方擔任餐飲服務員，其薪資與福利不得低於原工作職缺條件」內容成立調解，詎料甲於102年2月1日復職後僅工作4日，旋於同年2月5日以身體不適為由請假，且於同年2月7日以存證信函片面終止勞動契約。兩造成立之調解為另一新勞動契約，非乙公司單方調動甲工作，乙已依約履行，甲反而違約，甲之主張於法不合。

◎爭點

甲簽署之育嬰留職申請表所記載「不保證就任原職位、職級及原工作內容」之約定，是否具有拘束力？乙公司復職安排是否合法？

◎判決要旨

乙公司雖答辯甲簽名同意之育嬰留職申請表上記載「不保證就任原職位、職級及原工作內容」之約定有效，得拘束甲，然雇主應回復勞工原有職務，縱有調動工作必要，亦應符合勞工調動原則，尤其對勞動條件不得作不利之變更，且調動工作與原有工作性質應為勞工體能及技術所可勝任。乙公司僱用員工達250人左右，人數及職務種類眾多，應能夠安排體能、技術、勞動條件等工作性質均相當於甲原職之工作，且非事前所不得預見及控管。惟甲申請復職後，乙公司安排之工作為房務員或餐飲服務員之工作，相較於甲原本之總機室話務副組長職務，不僅體能、技術等方面差異甚大，且有主管職與非主管職之條件相異處，兩者之工作性質顯不相當，縱乙答辯育嬰留職申請表之約定有效可採，然乙公司為甲所安排之工作，仍違反勞工調動原則，從而乙公司此部分主張，應不可採。

又乙公司雖答辯兩造於102年1月16日成立之調解，其性質為另一新勞動契約，非乙公司片面安排之職務，甲應受拘束。然查兩造調解成立之內

容，係協議甲暫時擔任餐飲服務員，乙公司仍應回復甲原有職務，如無法執行，則應安排工作性質相當之工作，乙公司原本所負法律規定之義務，並不因此解消，且應「積極」履行之。然而，乙公司迄103年4月15日本件言詞辯論終結時，仍自承無法履行該義務，距兩造調解成立之102年1月16日，已相隔1年3月，復斟酌乙公司之員工、職務數目眾多，能力、資源豐厚，實難認乙有「積極」履行該義務之情形。反之，甲雖於復職後請假，然此係因其擔任餐飲服務員後，罹患雙手腕肌腱滑膜炎與下背疼痛，經醫生囑咐不宜持重或持久之工作，可知甲並無可歸責於己之事由而違反調解條件之情事，反而應認乙公司未積極履行調解條件，從而乙公司此部分答辯，亦不可採。

綜上所述，甲主張其於育嬰留職停薪後申請復職，乙公司竟未回復其原職務，亦未安排工作性質相當之職務，違反上開有關育嬰留職停薪之勞工法令，致有損害甲權益之虞，依法甲得不經預告終止契約，並請求乙公司給付資遣費，洵屬有據。

★受僱者知悉雇主所訂育嬰留職停薪復職規定者，即受該規定拘束，未依勞僱間約定方式為復職申請者，雇主可視為受僱者已自請離職
（宜蘭地方法院102年度勞訴字第6號民事判決）

◎事實

受僱者甲主張原任職乙公司門市營業員，自102年1月5日至同年3月1日止請產假，並於產假結束翌日即3月2日續請育嬰留職停薪迄102年9月1日止。甲並於102年8月27日以電話向乙公司會計主任表示要復職，且告知乙公司尚有部分產假工資及延長工時之工資未為給付，但為乙公司否認，甲於102年8月30日申請調解，乙公司卻於102年9月2日將甲勞保退保，顯已違反性別工作平等法第17條第1項不得拒絕甲復職之規定及違法解僱甲。

乙公司主張甲申請留職停薪6個月算至102年9月1日即期滿，依乙公司任用離職辦法第9點規定，甲應於育嬰留職停薪期滿前1週填寫復職申請

單以辦理復職程序。然乙公司除遲未接獲甲書面復職之申請，且經乙公司人事單位員工丙電話通知，並於同年 8 月 26 日、8 月 29 日 2 次以電子郵件寄送復職申請單至乙公司之門市，然甲均未至門市領取復職申請單，丙乃再致電詢問，甲表示無意願復職，嗣後乙公司亦未再接獲甲復職之申請，故乙公司乃依上揭規定於甲育嬰留職停薪期間屆滿之翌日，視同甲離職。甲雖辯稱曾以口頭表示欲復職，然並不符合上開規定之辦理程序，自屬無效。此外，甲雖主張其已向縣政府申請勞資爭議調解，但不表示即可免除甲應依照相關規定提出復職申請，並於復職後續服勞務之義務，是甲既已於 102 年 9 月 2 日視同離職，則請求 102 年 9 月 2 日至同年 11 月 16 日之工資及資遣費當無理由。

◎爭點

　　受僱者甲知悉雇主乙公司所訂育嬰留職停薪復職規定，未依勞雇間約定方式申請復職，可否被視為自請離職？

◎判決要旨

　　乙公司公告之任用離職辦法規定育嬰留職停薪人員須於期滿前 1 週至公司人事單位領取「復職/延期復職申請單」，辦理復職程序或申請延長期限，延期次數以 1 次為限。經查，甲於 102 年 1 月 5 日起請產假至同年 3 月 1 日，於產假期間之 102 年 2 月 26 日填具留職停薪申請單向乙公司請求自同年 3 月 2 日至同年 9 月 1 日育嬰留職停薪，經乙公司核准，顯然甲當時對於上開任用離職辦法中關於育嬰留職停薪申請條件、呈核規定、留職停薪期間人事安排、復職手續等規定已為知悉，是上開任用離職辦法自對甲發生拘束力。

　　再者，負責辦理甲產假與育嬰留職停薪之承辦人員丙，於甲育嬰留職停薪屆滿前，即以電話通知甲應辦理復職手續，並以電子郵件傳送復職申請單至甲指定之門市，顯見甲對於育嬰留職停薪期滿前若欲復職即應依上開任用離職辦法填具復職/延期復職申請單為復職申請等情甚為知悉，然甲未於 102 年 9 月 1 日育嬰留職停薪期滿前，以上開復職/延期復職申請單之書面向乙公司為復職申請，而有上開任用離職辦法第 7 條第 9 項規定之情節，依兩造之

合意，即擬制發生甲自請離職之效果，甲雖主張有於 102 年 9 月 1 日前以口頭向乙公司表示要返回上班，除顯與上開規定不符難認有效外，亦難謂乙公司違反性別工作平等法有關雇主不得拒絕受僱者申請復職之相關規定，是甲之主張自無理由。依此，兩造間之僱傭契約即於 102 年 9 月 1 日甲育嬰留職停薪屆滿時已告終止。

★雇主以業務緊縮、業務性質變更為由，拒絕育嬰留職停薪期間屆滿之受僱者復職申請，卻招募與受僱者工作內容相同之職缺，顯已違反性別工作平等法第17條規定

（臺灣高等法院95年度重勞上字第35號民事判決）

◎事實

　　受僱者甲主張自 84 年 9 月 1 日起受僱於乙公司，擔任業務行政專員，提出育嬰留職停薪申請經乙公司同意後，即完成交接工作，並按計畫自 91 年 6 月 8 日起正式留職停薪 2 年（至 93 年 6 月 7 日止）。惟乙公司於 93 年 4 月 12 日甲育嬰留職停薪期間將屆滿前，內部公告徵選「業務分析專員」一名，主要業務內容與甲原職幾乎重疊，顯有意阻撓甲復職，惟因內部無人應徵，乙公司乃對外招募，新進人員於 93 年 6 月 1 日到職。甲雖曾於 93 年 5 月 10 日向乙公司之人力資源部申請復職，惟該部經理與其直屬主管卻於 93 年 5 月 31 日約談甲，表示將予以資遣，倘有其他職缺，甲需另行申請，且視同新進人員之任用，但依乙公司近來要求新進人員具有碩士學歷之政策，縱甲提出申請，亦難獲得同意。嗣乙公司於 93 年 6 月 1 日發函，以甲育嬰留職停薪期間發生業務性質變更，已無適當工作可供安置為由拒絕甲申請復職，並予資遣，已違反性別工作平等法第 17 條規定。

　　乙公司主張其有業務緊縮、業務性質變更情勢，對復職之甲無適當工作可供安置，經與甲協商溝通後，甲同意資遣離職，嗣後並接獲甲郵寄之離職通知書及離職員工薪資清單，經確認金額無誤後即用印簽回，則兩造間之僱傭關係已於 93 年 6 月 10 日合意終止，乙公司已發給甲離職金，甲係自願離職，乙公司並無違法資遣之情事。

◎爭點

　　乙公司以業務緊縮、業務性質變更為由，拒絕受僱者甲育嬰留職停薪期間屆滿之復職申請，卻招募與甲工作內容相同之職缺，是否違反性別工作平等法第17條之規定？

◎判決要旨

　　乙公司於93年6月1日通知甲，以乙公司在甲育嬰留職停薪期間，發生業務性質變更，而有減少受僱者之必要，又無適當工作可供安置，具性別工作平等法第17條第1項之原因，致無法使甲復職，經依法定標準給付資遣費，顯見乙公司係以其合於性別工作平等法第17條第1項第4款規定，拒絕甲復職。

　　然甲於申請育嬰留職停薪前，係擔任「業務行政專員」，而乙公司在甲育嬰留職停薪期間即將屆滿前，對內公告徵選「業務分析專員」1名，主要業務內容核與甲原任職位內容幾乎重疊，已有可議。經內部無人應徵，甲提出復職申請，乙公司自可評估將無人力欠缺問題，應無再對外招募之必要，詎乙公司竟仍對外招募新進員工，該員於93年6月1日到職，乙公司再稱無適當工作可供安置甲，實屬可議。乙公司既無性別工作平等法第17條第1項第4款或同條項所列其他各款情形，即不得拒絕甲申請復職。

第 18 條 (哺(集)乳時間)

【條文內容】

I 子女未滿二歲須受僱者親自哺（集）乳者，除規定之休息時間外，雇主應每日另給哺（集）乳時間六十分鐘。

II 受僱者於每日正常工作時間以外之延長工作時間達一小時以上者，雇主應給予哺（集）乳時間三十分鐘。

III 前二項哺（集）乳時間，視為工作時間。

【立法理由】

一、本法立法理由為：

（一）為使受僱者能兼顧工作與親職，爰參酌勞動基準法第 52 條規定，於第 1 項規定子女未滿一歲須受僱者親自哺乳者，雇主應每日給予哺乳期間，且不以女性為限。

（二）參酌國際勞工組織（ILO）「母性保護公約」第 5 條規定，於第 2 項規定受僱者因哺育嬰兒致中斷工作之時間，視為工作時間，雇主應支給報酬。

（三）哺育嬰兒，不限於親自餵母奶，即使餵母奶，亦可事先擠壓、儲存，故男、女兩性均可哺育嬰兒，基於男女平權的精神，乃將「女性」二字刪除，而範圍擴大為受僱者均可申請。

二、105 年為強化友善育兒職場環境，特別放寬哺（集）乳部分相關規定，修正理由為：

（一）原第 1 項受僱者親自哺（集）乳之子女年齡，由未滿 1 歲，修正為未滿 2 歲；並將每日另給哺（集）乳時間，由每日 2 次，每次以 30 分鐘為度，修正為每日 60 分鐘。

（二）增列第 2 項，將延長工作時間之哺（集）乳時間，予以明定。

（三）原第 2 項改列為第 3 項，並配合酌作文字修正。

【相關文獻】

1. 郭玲惠，兩性工作平等法面面觀——性別歧視之禁止與促進就業措施，律師雜誌，第 271 期，頁 28-39，2002 年 4 月。

2. 郭玲惠，女性勞動政策與法規範，月旦法學雜誌，第 59 期，頁 51-61，2000 年 4 月。

3. 劉梅君，「兩性工作平等法」與「母性保護」——立法之意義、釋義及理論淺談，律師雜誌，第 271 期，頁 13-27，2002 年 4 月。

【相關函釋】

★適用勞動基準法部分時間工作勞工，依性別工作平等法規定提出……哺（集）乳時間等相關假別及權益請求時之辦理原則，不適用勞動基準法之勞工亦應參照該原則辦理

（勞動部民國105年6月27日勞動條4字第1050131141號函）

性別工作平等法「促進工作平等措施」之規範包括……哺乳時間……等，依該法第 21 條規定，受僱者為上開規定之請求時，雇主不得拒絕，並不得視為缺勤而影響其全勤獎金、考績或為其他不利之處分。

……有關部分工時勞工依性別工作平等法規定提出相關假別及權益之請求時，依下列原則辦理：……

4.哺（集）乳時間基於部分工時勞工每日工作時段及時數有不固定之情形，哺（集）乳時間若按其平均每週工作時數除以 40 小時之比例計給，於實務執行上恐有無法完整運用哺（集）乳時間之疑慮，爰部分工時勞工若有哺（集）乳之需求，雇主應依性別工作平等法第 18 條規定給予哺（集）乳時間。

不適用勞動基準法之勞工，應參照上開原則辦理。

★依性別工作平等法第18條規定，受僱者親自哺乳之場所如事業單位內有哺集乳設施，受僱者宜盡量使用，若受僱者離開工作場所進行哺乳行為，尚無不可

（勞委會民國101年9月21日勞動3字第1010132489號）

　　性別工作平等法第 18 條規定之哺乳時間……上開規定並未規範受僱者親自哺乳之場所，故受僱者如離開工作場所進行哺乳行為，尚無不可，惟事業單位內如設有哺集乳設施，受僱者宜儘量使用之。

　　原前勞工行政主管機關內政部 73 年 10 月 19 日(73)台內勞字第 264965 號函與本函規定不合之部分停止適用。（停止適用：本法第 52 條規定哺乳時間，係指在事業單位內之哺育設施為之，與女工住所無關。）

★性別工作平等法第18條所稱雇主每日另給哺乳時間之「每日」係以曆日計，至受僱者工作日有部分時間請假，其哺乳時間之給予，應視個別受僱者哺乳之實際需要而定

（勞委會民國101年7月25日勞動三字第1010132017號函）

　　性別工作平等法第 18 條規定……前開規定所稱之「每日」係以曆日計。有關性別工作平等法第 18 條之哺乳時間旨在使受僱者得以兼顧工作與育兒，如受僱者確有親自哺乳之需要而提出申請，雇主應依法給予。至受僱者工作日有部分時間請假之情事時，哺乳時間如何給予乙節，仍應視個別受僱者依其親自哺乳之實際需要而定。

★哺乳時間應依受僱者之需要申請，非以延後上班或延後下班為目的

（勞委會民國100年3月17日勞動三字第1000006474）

　　……哺乳時間旨在使受僱者得以兼顧工作與育兒，故受僱者應依其親自哺乳需要提出申請，非以延後上班或提前下班為目的。惟依同法第 2 條規定，雇主與受僱者之約定優於本法者，從其約定。

第 19 條 (工作時間之減少及調整)

【條文內容】

I　受僱於僱用三十人以上雇主之受僱者，為撫育未滿三歲子女，得向雇主請求為下列二款事項之一：

一、每天減少工作時間一小時；減少之工作時間，不得請求報酬。

二、調整工作時間。

【立法理由】

一、為方便受僱者照顧其幼兒，特給予育嬰減少工作時間，調整工作時間等之選擇，使其兼顧工作與家庭。

二、為考量雇主之負擔及公平性，受僱者選擇育嬰減少工作時間之方式時，減少之工作時間，不得請求報酬。

【條文說明】

　　為協助受僱者撫育未滿 3 歲子女，例如為配合娘姆之時間，無法準時上班或下班，受僱者得向雇主申請每天減少工作時間 1 小時或是調整工作時間，以兼顧工作與撫育幼兒。另，為避免對雇主造成不合理之負擔，本條僅限於僱用人數 30 人以上之事業單位，且受僱者減少之工作時間亦不得請求報酬。

【相關文獻】

郭玲惠，兩性工作平等法面面觀──性別歧視之禁止與促進就業措施，律師雜誌，第 271 期，頁 28-39，2002 年 4 月。

【相關函釋】

★受僱於採輪班制工作之事業單位勞工，在不影響業務之正常運作下，應於勞雇雙方勞動契約所約定之原有勞動條件及工作時間範圍予以調整

（勞委會民國98年5月15日勞動3字第0980130250號函）

勞動基準法施行細則第 7 條規定，勞雇雙方應就工作開始及終止之時間、休息時間、休假、例假、請假及輪班制之換班有關事項於勞動契約中加以約定。惟性別工作平等法 19 條規定：「受僱於僱用三十人以上雇主之受僱者，為撫育未滿三歲子女，得向雇主請求為下列二款事項之一：一、每天減少工作時間一小時；減少之工作時間，不得請求報酬。二、調整工作時間。」以利方便受僱者照顧其幼兒，並給予受僱者育嬰減少工作時間，調整工作時間等之選擇，使其得以兼顧工作與家庭。

基上，受僱於採輪班制工作之事業單位勞工，如擬依性別工作平等法第19 條規定「調整工作時間」，在不影響業務之正常運作下，應於勞雇雙方勞動契約所約定之原有勞動條件及工作時間範圍予以調整。

另勞動基準法第 49 條第 3 項規定，女工因健康或其它正當理由，不能於午後 10 時至翌晨 6 時之時間內工作者，雇主不得強制其工作，併予指明。

★公務人員依性別工作平等法第19條第1款規定，每日得申請減少之工作時間仍以1小時為限，至須申請每日減少工作時間2小時以上者，宜依公務人員留職停薪辦法第4條第2項第1款規定申請留職停薪

（銓敘部民國95年6月14日部法一字第0952643849號書函）

性別工作平等法第 19 條規定……第 21 條第 1 項規定：「受僱者依前 7 條之規定為請求時，雇主不得拒絕。但第 19 條雇主有正當理由者，不在此限。」復查本部 93 年 4 月 21 日部法一字第 0932328352 號書函略以：「……公務人員於其子女未滿 3 歲前，依性別工作平等法第 19 條規定，申請每日提早 1 小時下班並經機關核准後，其減少之 1 小時工作時間，尚不得請求報

酬。至是類人員之俸給應如何扣除一節，參酌……公務人員俸給法第 3 條及第 22 條有關服務未滿整月及曠職日數扣薪之規定，應以其當月全月俸給總額除以該月全月之日數計算出當月『日薪』，再以其當月日薪除以上班時數 8 小時，計算出當月『時薪』後，乘以當月所減少之工作總時數而扣除之……」又本案經函准勞委會本年 5 月 1 日勞動 3 字第 0950020413 號函復略以：「……查依性別工作平等法第 19 條規定……同法第 21 條第 1 項但書之規定，受僱者依第 19 條之規定為請求時，雇主有正當理由者，非不得拒絕……第 2 條第 1 項明定，雇主與受僱者之約定優於該法者，從其規定，故如經勞資協商同意育有 3 歲以下子女之勞工，每日得減少工作時間 2 小時，亦無不可。惟公務人員之於其子女未滿 3 歲前，依性別工作平等法第 19 條規定申請減少工作時間上限及其報酬給予方式，仍宜由貴部統一規範。」

綜上，鑑於性別工作平等法第 19 條第 1 款既已明定公務人員為撫育未滿 3 歲子女之需要，每日得申請減少之工作時間為 1 小時；且考量政府各機關公務人員工作條件之一致性及兼顧機關業務之遂行，公務人員依性別工作平等法第 19 條第 1 款規定，每日得申請減少之工作時間仍以 1 小時為限。至於公務人員如確有撫育未滿 3 歲子女之需要，而須申請每日減少工作時間 2 小時以上者，則宜依公務人員留職停薪辦法第 4 條第 2 項第 1 款規定申請留職停薪。

★公務人員於其子女未滿3歲前，依性別工作平等法第19條規定，申請每日提早1小時下班並經機關核准，其減少之1小時工作時間不得請求報酬

（銓敘部民國93年4月21日部法一字第0932328352號書函）

性別工作平等法第 19 條規定……復查公務人員俸給法第 3 條規定：「（第 1 項）公務人員之俸給，分本俸（年功俸）及加給，均以月計之。（第 2 項）服務未滿整月者，按實際在職日數覈實計支；其每日計發金額，以當月全月俸給總額除以該月全月之日數計算。」第 22 條規定：「公務人員曠職者，應按第 3 條第 2 項計算方式，扣除其曠職日數之俸給。」又本案經分別函准勞

委會及人事局函復意見如下：

　　1.勞委會本年 3 月 5 日勞動 3 字第 0930010732 號函復略以，「……二、查性別工作平等法第 19 條第 1 項規定……復依同法第 2 條第 1 項及第 2 項前段規定，雇主與受僱者之約定優於本法者，從其約定。本法於公務人員、教育人員及軍職人員，亦適用之。……」。

　　2.人事局本年 2 月 12 日局給字第 0930001969 號書函復略以，「查公務人員俸給法第 3 條規定：『（第 1 項）公務人員之俸給，分本俸（年功俸）及加給，均以月計之。（第 2 項）服務未滿整月者，按實際在職日數覈實計支；其每日計發金額，以當月全月俸給總額除以該月全月之日數計算。』目前公務人員俸給法相關法令僅針對請事假已逾規定期限或曠職之期間，規定按『日』扣除俸（薪）給，又如係依規定日期給假期間，俸給係照常支給，是以，本案宜先就減少工作 1 小時之差勤如何認定，再依相關公務人員俸給法令規定辦理。」。

　　綜上，公務人員於其子女未滿 3 歲前，依性別工作平等法第 19 條規定，申請每日提早 1 小時下班並經機關核准後，其減少之 1 小時工作時間，尚不得請求報酬。至是類人員之俸給應如何扣除一節，參酌前開公務人員俸給法第 3 條及第 22 條有關服務未滿整月及曠職日數扣薪之規定，應以其當月全月俸給總額除以該月全月之日數計算出當月「日薪」，再以當月日薪除以上班時數 8 小時，計算出當月「時薪」後，乘以當月所減少之工作總時數而扣除之。又是類人員每日依法所減少之 1 小時工作時間既已扣除報酬，即不生請假與否之問題，併予敘明。

第 20 條 (家庭照顧假)

【條文內容】

I 受僱者於其家庭成員預防接種、發生嚴重之疾病或其他重大事故須親自照顧時,得請家庭照顧假;其請假日數併入事假計算,全年以七日為限。

II 家庭照顧假薪資之計算,依各該事假規定辦理。

【立法理由】

一、為使受僱者得同時兼顧家庭照顧責任與職場工作,特明定 7 天無給之家庭照顧休假,為不使假日增加,造成企業負擔,乃規定其日數併入事假計算,其薪資亦依各該事假規定辦理。

二、後為擴張本條適用範圍,並兼顧小型事業單位負荷量,民國 96 年本條修正,原規定受僱於員工規模 30 人以上的公司才得以適用該條文,但依據 90 年行政院主計處工商及服務業普查統計,員工規模未滿 30 人的企業佔全部企業數約 97.05%,且約有 47.23%的受僱者受僱於未滿 30 人員工規模之企業,原條文之規定使近半數受僱者無法適用,惟考慮若將人數限制全部刪除,恐將造成小型事業單位無法負荷,爰將人數修正降低為 5 人以上,使適用範圍擴大至 80%,讓該項規定得以廣為適用。

三、民國 99 年,本條將適用範圍擴張修正為全體勞工,將原條文第 1 項首句中「受僱於僱用五人以上雇主之受僱者,於其家庭」等字修正為「受僱者於其家庭」,餘未作修正。

【條文說明】

　　農業社會大家庭之型態在現今已屬罕見,在現代社會中當家庭成員有照顧需求時,在職者往往陷入難以兼顧工作與家庭需要之困境。國際勞工組織第 165 號建議書指出:「負擔家庭責任之勞工,不分男女,當其小孩或家庭

成員生病時，有權請假予以照護[62]。」本條之規定即是爲了因應受僱者兼顧照顧家庭成員與工作之需要，立法之初因考慮到事業單位若無一定之規模，提供家庭照顧假恐對其造成不合理之負擔，因此，定有僱用 30 人以上之適用門檻[63]。然由於我國企業規模以中小企業居多，依原定條文之規定，近半數員工將被排除適用家庭照顧假，立法院因此於 2008 年修法使僱用人數 5 人以上之事業單位即可適用家庭照顧假，適用範圍因而擴及至全國 80%之勞工。之後又於 2011 年修法，將本條第 1 項「受僱於僱用五人以上雇主之受僱者，於其家庭……」修正爲「受僱者於其家庭……」，使所有受僱者皆得享有家庭照顧假之申請。

此外，考量企業之經營成本負擔，受僱者之配偶若未就業者，原則上不得申請家庭照顧假。畢竟受僱者之配偶若未就業者，可由其來負責照顧家庭成員，除非該未就業的配偶亦因生病、受傷或其他原因無法親自照顧家庭成員，受僱者方得例外地申請家庭照顧假。

【相關文獻】

1. 郭玲惠，兩性工作平等法面面觀──性別歧視之禁止與促進就業措施，律師雜誌，第 271 期，頁 28-39，2002 年 4 月。
2. 焦興鎧，對我國實施家庭照顧休假制度之檢討與評析，台灣勞工季刊，第 24 期，頁 54-60，2010 年 12 月。
3. 焦興鎧，歐洲聯盟家庭照顧休假制度之研究，月旦法學雜誌，第 84 期，頁 102-116，2002 年 5 月。
4. 黃秀真，促進工作平等措施法規範之研究～以性別工作平等法為中心，國立中正大學法律研究所碩士論文，2007 年 6 月。

---

[62] 黃琬玲，ILO 負擔家庭責任勞工公約與建議書對我國相關政策之啟示，台灣勞工季刊，第 16 期，頁 31，2008 年 11 月。
[63] 劉梅君，「兩性工作平等法」與「母性保護」──立法之意義、釋疑及理論淺談，律師雜誌，第 271 期，頁 19，2002 年 4 月。

5. 黃琬玲，ILO 負擔家庭責任勞工公約與建議書對我國相關政策之啟示，台灣勞工季刊，第 16 期，頁 28-41，2008 年 11 月。

6. 劉梅君，「兩性工作平等法」與「母性保護」──立法之意義、釋疑及理論淺談，律師雜誌，第 271 期，頁 13-27，2002 年 4 月。

7. 劉梅君，「兩性工作平等法」與「母性保護」之關聯淺談「育嬰假」、「家庭照顧假」等「促進工作平等」措施的立法理由與沿革，律師雜誌，第 242 期，頁 34-41，1999 年 11 月。

【相關函釋】

★教師子女就讀之幼兒園於國定假日停課，教師確有親自照顧子女之需求，經敘明親自照顧之必要性，得依性別工作平等法及教師請假規則之相關規定，申請核給家庭照顧假

（教育部民國105年9月12日臺教人(三)字第1050127386號函）

依勞動基準法及其施行細則規定，9 月 28 日教師節為勞工應放假日之一，因此，幼兒園依勞基法進用之人員，教師節應依法放假 1 天。惟查依紀念日及節日實施辦法第 2 條、第 3 條及第 5 條規定，部分國定假日教師並未放假（如：9 月 28 日教師節、5 月 1 日勞動節等）。

依性別工作平等法第 2 條規定，教育人員亦有性別工作平等法之適用；同法第 20 條規定，受僱者於其家庭成員預防接種、發生嚴重的疾病或其他重大事故須親自照顧時，得請家庭照顧假，其請假日數併入事假計算；另依同法施行細則第 13 條規定，必要時雇主得要求其提出相關證明文件。另查勞動部 105 年 9 月 6 日勞動條 4 字第 1050079026 號函略以，幼兒園於 9 月 28 日停課，部分幼兒園家長（教師）因未放假，倘受僱者確有親自照顧之需求，經敘明親自照顧之必要性，可依性別工作平等法第 20 條規定請假。

另查教師請假規則第 3 條第 1 項規定：「教師之請假，依下列規定：一、因事得請事假，每學年准給 7 日。其家庭成員預防接種、發生嚴重之疾病或其他重大事故須親自照顧時，得請家庭照顧假，每學年准給 7 日，其請假日

數併入事假計算……」。

綜上，如教師子女就讀之幼兒園於國定假日停課，教師確有親自照顧子女之需求，經敘明親自照顧之必要性，得依性別工作平等法及教師請假規則之相關規定申請核給家庭照顧假。

★同性伴侶依民法第1123條第3項規定取得「家屬」身分後，自屬性別工作平等法第20條規定「家庭成員」範疇，得適用該條有關家庭照顧假之規定，至所需證明文件以證明受僱者有須親自照顧其家屬事實即已足

（勞動部民國105年8月23日勞動條4字第1050131862號函）

性別工作平等法第20條規定……查本部104年11月26日勞動條4字第1040132317號函釋略以：「前開規定所稱之『家庭成員』，為免過度限縮立法意旨，其屬民法第1123條規定之家屬或視為家屬者，亦屬之。又性別工作平等法施行細則第13條規定略以，雇主對受僱者申請家庭照顧假，必要時得請受僱者提供相關證明文件。至證明文件之形式，法無明文，足茲證明受僱者有須親自照顧家屬之事實，即為已足。」

又依法務部105年6月29日法律字第10503510300號函釋略以：

1.民法第1122條規定：「稱家者，謂以永久共同生活為目的而同居之親屬團體。」第1123條規定：「家置家長。（第1項）同家之人，除家長外，均為家屬。（第2項）雖非親屬，而以永久共同生活為目的同居一家者，視為家屬。（第3項）」所謂家，民法上採實質要件主義，以永久共同生活之目的而共居一家為認定標準，構成員間是否具家長家屬關係，應取決於其有無共同生活之客觀事實，而非以是否登記同一戶籍為唯一認定標準。

2.所謂「以永久共同生活為目的而同居」，係指以永久同居之意思，持續的經營實質共同生活，而具有永久共居之事實而言；倘暫時異居，而仍有歸回以營實質共同生活意思者，亦屬之。

3.故依民法第1122條之規定，家之基本成員為親屬，須有親屬團體始為家，惟家成立後，家屬無須均為親屬，依民法第1123條第3項之規定，非親

屬得因「入家」而取得家屬之身分，亦即雖非親屬但以永久共同生活為目的而同居一家者，視為家屬。

　　4.爰同性伴侶雖非親屬，尚得依民法第 1123 條第 3 項規定取得家屬之身分。又戶籍登記及戶政機關辦理之同性伴侶註記，雖與民法家長家屬之認定未必一致，仍得作為證明方法之一種，並由權責機關依職權審酌認定。

　　綜上所述，同性伴侶依民法第 1123 條第 3 項規定取得「家屬」之身分，自屬前開「家庭成員」之範疇。至是否具備永久共同居住之意思及客觀事實，不以登記同一戶籍為唯一認定標準。另證明文件之形式，法無明文，得資證明受僱者有須親自照顧其家屬之事實已足。

★適用勞動基準法部分時間工作勞工，依性別工作平等法規定提出……家庭照顧假……等相關假別及權益請求時之辦理原則，不適用勞動基準法之勞工亦應參照該原則辦理

（勞動部民國105年6月27日勞動條4字第1050131141號函）

　　……有關部分工時勞工依性別工作平等法規定提出相關假別及權益之請求時，依下列原則辦理：……

　　2.……家庭照顧假部分工時勞工相較全時勞工，於工作與家庭生活之時間運用較富彈性，且部分工時勞工之每日工作時數型態多元，爰部分工時勞工於請求……家庭照顧假時，依均等待遇原則，按勞工平均每週工作時數依比例計給（平均每週工作時數除以 40 小時，再乘以應給予請假日數並乘以 8 小時）。……

　　不適用勞動基準法之勞工，應參照上開原則辦理。

★家庭照顧假期間之工資及日數均不列入勞動基準法平均工資之計算

（勞動部民國104年12月9日第1040132503號令）

　　勞基法第 2 條第 4 款所定平均工資之計算，於受僱者依性別工作平等法第 20 條規定請家庭照顧假期間之工資及日數均不列入計算，並自即日生效。

★性別工作平等法第20條立法意旨在使受僱者得同時兼顧家庭照顧與職場工作，該規定所稱家庭成員，為免過度限縮其立法意旨，民法第1123條規定之家屬或視為家屬者亦屬該規定之家庭成員

（勞動部104年11月26日勞動條4字第1040132317號函）

性別工作平等法第 20 條規定……究其立法意旨係為使受僱者得同時兼顧家庭照顧責任與職場工作。

另查民法第 1123 條規定：「家置家長。同家之人，除家長外，均為家屬。雖非親屬，而以永久共同生活為目的同居一家者，視為家屬。」爰有關前開規定所稱之「家庭成員」，為免過度限縮立法意旨，其屬民法第 1123 條規定之家屬或視為家屬者，亦屬之。

又本法施行細則第 13 條規定略以，雇主對受僱者申請家庭照顧假，必要時得請其提供相關證明文件。至證明文件之形式，法無明文，足茲證明受僱者有須親自照顧家屬之事實已足。

★受僱者若以「其他重大事故」申請家庭照顧假，應敘明親自照顧之必要性

（勞動部民國104年11月2日勞動條4字第1040132205號函）

性別工作平等法第 20 條規定，受僱者家庭成員預防接種、發生嚴重之疾病或其他重大事故須親自照顧時，得請家庭照顧假，故「其他重大事故」應與前兩項事由具等同概念，而非任何事由皆可申請，於法律解釋上始有共同性之解釋原則。

又本法第 20 條家庭照顧假立法意旨係為使受僱者同時兼顧家庭照顧責任與職場工作，雖允雇主得要求提出相關證明文件，惟併課雇主不得拒絕之法律效果，所定「其他重大事故」尚不宜過分擴充解釋，受僱者若以其他重大事故申請家庭照顧假，應敘明親自照顧之必要性。爰本案民眾陪同子女出國比賽是否符合規定，請依前開說明，本權責個案認定核處。

★受僱者因其子女感染傳染性流感需在家隔離，致其須親自照顧，得依性別工作平等法第20條規定請假

（勞委會民國101年2月22日勞動三字第1010053629號函）

性別工作平等法第 20 條第 1 項規定……上開規定旨為使受僱者得同時兼顧家庭照顧責任與職場工作，故該規定所稱「家庭成員」、「嚴重之疾病」及「其他重大事故」之定義，為免限縮立法意旨，不另加以定義。來函所詢若係受僱者因其子女感染傳染性流感需在家隔離，致其須親自照顧，得依上開規定請假。

另依性別工作平等法施行細則第 13 條規定略以，受僱者依本法第 20 條規定為請求者，必要時雇主得要求其提出相關證明文件，併此敘明。

★家庭照顧假期間之薪資依事假規定辦理，則勞工事假期間不給工資

（勞委會民國101年8月6日勞動三字第1010020510號函）

勞動基準法第 2 條第 3 款規定：「工資：謂勞工因工作而獲得之報酬；包括工資、薪金及按計時、計日、計月、計件以現金或實物等方式給付之獎金、津貼及其他任何名義之經常性給與均屬之。」依該條款就工資之定義觀之，於認定何項給付內容屬於工資，係以是否具有「勞務之對價」及「是否為勞工因工作而獲得之報酬」之性質而定，至於其給付名稱如何，在非所問。倘雇主為改善勞工之生活而給付之非經常性之給與；或縱為經常性給付，惟其給付係為雇主單方之目的，具有勉勵、恩惠性質之給與，仍非屬勞工工作之對價，允不認屬工資。又，事業單位發給勞工之各項給與是否屬勞動基準法之工資，地方勞工行政主管機關可就各該給與發放之目的、性質，得自為裁量判明並為行政處分之範圍，自為核處。

另依性別工作平等法第 20 條第 2 項規定，家庭照顧假薪資之計算，依各該事假規定辦理。受僱者如為勞動基準法之適用對象，依勞工請假規則第 7 條規定，事假期間不給工資。

又依性別工作平等法第 21 條第 2 項規定，受僱者提出家庭照顧假之請

求時，雇主不得視爲缺勤而影響其全勤獎金、考績或爲其他不利之處分。此項規定旨在保障勞工於行使法定請求時，其原有權益不因而受減損。案內所詢有關事業單位發放之產銷盈餘獎金，如非屬工資，雇主尚不得因勞工請求家庭照顧假據以減少。

★**夫妻均爲公務人員，無論是否服務於同一機關，如雙方同時具家庭照顧假之事由，得各自向服務機關提出申請，由服務機關依事實本於權責核處，不宜限定僅能有一方申請**

（銓敘部民國99年2月1日部法二字第0993160793號）

性別工作平等法第 2 條第 2 項規定：「本法於公務人員、教育人員及軍職人員，亦適用之。……」第 20 條第 1 項規定：「受僱於僱用五人以上雇主之受僱者，於其家庭成員預防接種、發生嚴重之疾病或其他重大事故須親自照顧時，得請家庭照顧假；其請假日數併入事假計算，全年以七日爲限。」第 22 條規定：「受僱者之配偶未就業者，不適用……第二十條之規定。但有正當理由者，不在此限。」次查公務人員請假規則第 3 條第 1 項第 1 款規定：「因事得請事假，每年准給五日。其家庭成員預防接種、發生嚴重之疾病或其他重大事故須親自照顧時，得請家庭照顧假，每年准給七日，其請假日數併入事假計算。……」準此，公務人員遇有家庭成員預防接種、發生嚴重之疾病或其他重大事故須親自照顧時，如其配偶未就業，除有正當理由外，該員無法申請家庭照顧假，先予敘明。

有關夫妻同爲公務人員，因家庭成員發生嚴重之疾病或重大事故須親自照料時，可否同時申請家庭照顧假疑義一節；經函准行政院勞工委員會 98 年 12 月 18 日勞動 3 字第 0980091223 號函略以：「……二、依性別工作平等法第 20 條第 1 項規定……旨在使受僱者得同時兼顧家庭照顧責任與職場工作。三、依性別工作平等法第 22 條規定，受僱者之配偶未就業者，不適用第 16 條及第 20 條之規定。但有正當理由者，不在此限。該規定係因受僱者之配偶如未就業，應可照顧其家屬，受僱者自無須請假。……夫妻同爲公務人員若皆爲就業狀態，並無性別工作平等法第 22 條規定之適用。該夫妻可

否同時依該法請家庭照顧假，仍應視個別受僱者於申請時，是否符合家庭照顧假之法定要件而定。」復經函准人事局本（99）年 1 月 21 日局考字第 0990000780 號書函略以，依該法第 20 條第 1 項規定及上開勞委會 98 年 12 月 18 日函意旨，夫妻為公務人員，其家庭照顧假每年分別准給 7 日，如雙方同時具家庭照顧假之事由，得各自向服務機關提出申請，由服務機關依事實本於權責核處，似不宜限定僅能有一方申請。爰本節所詢疑義，無論夫妻是否服務於同一機關，經其分別向服務機關提出該假別之申請時，得由服務機關視其是否符合家庭照顧假之法定要件，由該機關長官本於核假權責決定准假與否。

另詢請假規則第 3 條第 1 項第 1 款所稱嚴重之疾病是否須達住院程度疑義一節，查勞委會 91 年 11 月 15 日勞動二字第 0910057316 號函略以：「有關兩性工作平等法（現已更名為性別工作平等法）第 20 條家庭照顧假規定所稱之『家庭成員』、『發生嚴重之疾病』及『其他重大事故』，應依個案事實認定。另依該法施行細則第 13 條規定，請家庭照顧假者，必要時雇主得要求其提出相關證明文件。公務人員如遇申請家庭照顧假爭議時，可循公務人員之救濟及申訴程序處理。」本節所詢疑義，請依上開規定辦理。

★為使受僱者得同時兼顧家庭照顧責任與職場工作，有關「家庭成員」、「嚴重之疾病」及「其他重大事故」之定義依個案事實認定

（勞委會民國96年1月10日勞動3字第0950074373號函）

兩性工作平等法（現已更名為性別工作平等法）第 20 條第 1 項規定……上開規定旨使受僱者得同時兼顧家庭照顧責任與職場工作。故有關「家庭成員」、「嚴重之疾病」及「其他重大事故」之定義，為免限縮立法意旨，不另加以定義。至勞工請假事由是否符合兩性工作平等法第 20 條之規定，應依個案事實認定。

第21條（雇主不得拒絕之情形）

【條文內容】

Ⅰ 受僱者依前七條之規定爲請求時，雇主不得拒絕。

Ⅱ 受僱者爲前項之請求時，雇主不得視爲缺勤而影響其全勤獎金、考績或爲其他不利之處分。

【立法理由】

一、明定雇主不得因受僱者有請求生理假、產假、陪產假、育嬰假、哺乳假、減少工作時間、調整工作時間或家庭照顧假等，而有不利待遇。

二、民國96年，爲本法第38條增列雇主拒絕受僱者依規定申請產假、育嬰留職停薪假、育嬰留職停薪期滿復職之罰則，故配合調整分列本條文之項次。

【條文說明】

不論受僱者是請求生理假、產假、產檢假、安胎休養、陪產假、育嬰假、哺乳時間、減少工作時間、調整工作時間或是家庭照顧假等，對雇主而言，多少會增加其經營上之負擔，尤其是對人力較爲吃緊的中小企業而言。然而，性別工作平等法第14至20條所定之促進工作平等措施，皆是爲使受僱者得以兼顧工作與家庭之措施，若允許雇主得因其經營需要而拒絕受僱者之請求，則前述規定即形同具文。

另外，許多雇主將受僱者之出勤狀況視爲重要之考評依據，此種雇主會依受僱者之出勤狀況來認定其對雇主的貢獻度。因此，不論受僱者是請求生理假、產假、產檢假、安胎休養、陪產假、育嬰假、哺乳時間、減少工作時間、調整工作時間或是家庭照顧假等，對此種雇主而言都是受僱者因其個人私事而「缺勤」的狀態，因此可能會不發給請假受僱者全勤獎金、給予較差之考績或給予其他不利對待。雇主若如此行，必會影響受僱者行使性別工作平等法第14至第20條所定權利之意願，法律若不禁止雇主此種行爲，促進

工作平等措施相關規定即難以落實。

【相關文獻】

1. 吳姿慧，我國育嬰留職停薪制度申請要件及程序之檢討——兼論育嬰之本質及責任，臺北大學法學論叢，第 98 期，頁 85-135，2016 年 6 月。

2. 郭玲惠，性別工作平等法制之現在與展望，台灣勞工季刊，第 17 期，頁 14-25，2009 年 3 月。

3. 劉梅君，「兩性工作平等法」與「母性保護」——立法之意義、釋義及理論淺談，律師雜誌，第 271 期，頁 13-27，2002 年 4 月。

4. 鄭津津，育嬰留職停薪後復職問題之探討——臺灣高等法院 98 年度勞上易字第 107 號判決，性別工作平等法精選判決評釋，元照，頁 112-121，2014 年 9 月。

5. 鄭津津，雇主得否因終止勞動契約而拒絕受僱者育嬰留職停薪之申請？，月旦法學教室，第 134 期，頁 30-32，2012 年 12 月。

【相關函釋】

★事業單位倘依民俗發給勞工年節獎金，不得以「申請育嬰留職停薪與否」為是否發放之依據

（勞動部民國104年12月11日勞動條4字第1040132583號函）

性別工作平等法第 21 條第 2 項規定，受僱者為育嬰留職停薪之請求時，雇主不得視為缺勤而影響其全勤獎金、考績或為其他不利之處分。該規定旨在保障勞工於行使法定請求時，其原有權益不因而受減損。

復查事業單位倘依民俗發給勞工之年節獎金，屬事業單位之勞工福利事項，有關其發放之要件、標準及方式等事宜，勞動基準法並無規定，可由勞雇雙方於勞動契約中約定或雇主於工作規則中訂定，報請當地勞工行政主管機關核備後並公開揭示之，惟不得以「申請育嬰留職停薪與否」為是否發放

之依據，亦不得對申請育嬰留職停薪之受僱者另為不利之處分，以落實性別工作平等法之立法精神。

旨揭三節獎金如因民俗節慶於特定期日發給，以「在職與否」做為核發獎金之依據，尚無違反性別工作平等法第 21 條規定「其他不利之處分」之虞。至各該事業單位之三節獎金是否屬節金性質，仍應依個案事實認定。

★育嬰留職停薪前後非足月提供勞務期間，雇主仍應就受僱者出勤提供勞務情形，依比例給付全勤獎金

（勞動部民國104年5月27日勞動條4字第1040130878號令）

性別工作平等法第 21 條第 2 項規定，受僱者為育嬰留職停薪之請求時，雇主不得視為缺勤而影響其全勤獎金、考績或為其他不利之處分。育嬰留職停薪係勞動契約暫時中止履行之狀態，受僱者依法免除該期間之出勤義務，雇主不須給付工資。倘勞雇雙方約定之工資項目有全勤獎金者，其育嬰留職停薪全月未出勤期間，不須給付全勤獎金。但其留職停薪前後非足月提供勞務之期間，雇主仍應就受僱者出勤提供勞務之情形，依比例給付全勤獎金。

★受僱者於育嬰留職停薪期間雖無出勤義務，事業單位仍可按受僱者出勤狀況依比例發給年終獎金

（勞動部民國103年6月12日勞動條4字第1030014945號函）

受僱者依性別工作平等法第 16 條規定提出育嬰留職停薪之申請時，依同法第 21 條第 2 項規定，雇主不得視為缺勤而影響其全勤獎金、考績或為其他不利之處分。此項規定旨在保障受僱者於行使法定請求時，其原有權益不因而受減損。復查育嬰留職停薪實施辦法第 4 條規定，育嬰留職停薪期間，除勞雇雙方另有約定外，不計入工作年資計算。

事業單位依民俗發給之年終獎金，屬事業單位之勞工福利事項，其發放要件、標率及方式等事宜，勞動基準法並無規定，可由勞雇雙方於勞動契約中約定或雇主於工作規則中訂定，報請當地勞工行政主管機關核備後並公開揭示之，惟不得對申請育嬰留職停薪之受僱者另為不利處分。

綜上，受僱者於育嬰留職停薪期間雖無出勤義務，惟事業單位仍可按受僱者出勤狀況依比例發給年終獎金，以落實性別工作平等法之立法精神。

★雇主未予全年未出勤之育嬰留職停薪者該年考績，難認屬不利處分
（勞動部民國103年6月4日勞動條4字第1030130979-1號函）

性別工作平等法第21條第2項規定，受僱者為育嬰留職停薪之請求時，雇主不得視為缺勤而影響其全勤獎金、考績或其他不利之處分。該規定旨在保障受僱者於行使法定請求時，其原有權益不因而減損。

有關事業單位給予勞工考績（核）時之處理方式及標準等事宜，勞動法規並無明文規範，可由勞雇雙方於勞動契約中約定或於工作規則中訂定，報請當地勞工行政主管機關核備後，並公開揭示之。

基於「勞務提供程度之差異」，於工作規則或勞動契約中訂定或約定是否給予考績以及考核之標準及方式，尚非不可，惟不得以「是否申請育嬰留職停薪之事實」為判斷依據，並應就受僱者於服務年度內提供勞務之部分進行考核。至雇主未予全年未出勤之育嬰留職停薪者是年考績，尚難認屬不利之處分。

★教師因辭職、退休、資遣、死亡或留職停薪，致學年度間任職連續未達6個月，依規定均「不予考核」，非僅限因「育嬰留職停薪」而「不予考核」，尚無違反性別工作平等法第21條第2項規定
（教育部民國100年12月27日臺人（二）字第1000227518號函）

性別工作平等法第21條第2項規定：「受僱者為前項之請求時，雇主不得視為缺勤而影響其全勤獎金、考績或為其他不利之處分。」查公立高級中等以下學校教師成績考核辦法（以下簡稱考核辦法）第3條規定：「（第1項）教師任職至學年度終了屆滿1學年者，應予年終成績考核，不滿1學年而連續任職已達6個月者，另予成績考核。……（第4項）教師另予成績考核，應於學年度終了辦理之。但辭職、退休、資遣、死亡或留職停薪者得隨時辦理之。……」。

本部前就教師因申請育嬰留職停薪，致考核年度內連續任職未滿 6 個月，依考核辦法規定「不予考核」，前開「不予考核」與性別工作平等法第 21 條第 2 項所稱「不得視為缺勤而影響其考績」是否相悖疑義，函詢行政院勞工委員會，並經該會 100 年 12 月 13 日勞動 3 字第 1000133325 號函復略以，性別工作平等法第 21 條第 2 項規定，旨在保障受僱者於行使法定請求時，其原有權益不因而受減損。至教師因育嬰留職停薪致連續任職未達 6 個月，成績考核辦理疑義，查教師若係受僱於學校，其於育嬰留職停薪期間因無出勤義務，故學校若依相關法令規定，按教師之出勤狀況辦理考績事宜自無不可，惟申請育嬰留職停薪係受僱者之法定權益，尚不得為其他不利之待遇，以落實性別工作平等法之立法精神。

綜上，考核辦法第 3 條原已明定教師年終成績考核或另予成績考核需符合「任職至學年度終了屆滿 1 學年」或「不滿 1 學年而連續任職已達 6 個月」之要件始得辦理，未符合上開規定者，即「不予考核」。亦即舉凡教師因辭職、退休、資遣、死亡或留職停薪，致學年度間任職連續未達 6 個月，依規定均「不予考核」，非僅限因「育嬰留職停薪」而「不予考核」，尚無違反性別工作平等法第 21 條第 2 項規定。

【相關判決】

★受僱者若未事先以書面申請育嬰留職停薪，嗣後亦未以書面補正申請，雇主因此拒絕申請，並不違反性別工作平等法第21條第1項規定（臺中地方法院105年度勞訴字第38號民事判決）

◎事實

受僱者甲主張其受僱於乙公司擔任會計，於 104 年 3 月 9 日請產假至同年 5 月 3 日止，產假結束後申請育嬰假至同年 11 月 3 日止，於育嬰假即將屆滿之同年 10 月 28 日，以電話詢問申請復職相關事宜及可否再申請育嬰留職停薪，乙公司法定代理人表示公司人員已穩定並無職缺，拒絕甲之申請復職，亦不同意甲再申請育嬰留職停薪。甲遂向勞工局申請勞資爭議調解，因

乙公司拒絕甲之請求而調解不成立，甲遂向乙公司爲終止勞動契約之表示。甲並提出申訴，案經審議結果認定乙公司拒絕甲申請第二次育嬰留職停薪，顯有違反性別工作平等法第 21 條第 1 項規定。因乙公司違背法令，故甲終止與乙公司勞動契約合法。

　　乙公司則主張甲於 104 年 5 月 1 日向該公司申請育嬰留職停薪，自 104 年 5 月 4 日起至同年 11 月 3 日共計 6 個月，該假單載明「本人保證留職停薪期滿後回公司上班，若未依規定辦理復職，本人同意受公司免職處分」，並由甲親自簽名承諾遵照辦理。嗣甲於 104 年 10 月 28 日上午育嬰假期滿前，電話表示要求乙公司給付特休未休之工資及開立在職證明書，同日下午乙公司再度接獲電話，甲改口表示要求復職或給付資遣費，同日內之態度說詞反覆。因甲所請育嬰假即將屆滿，乙公司遂分別於 104 年 10 月 30 日、同年 11 月 2 日、3 日以 Line 發送訊息予甲，提醒其務必於 104 年 11 月 4 日復職。詎甲屆期並未復職，不僅違背其於申請育嬰留職停薪時於申請書所保證之上述承諾，亦違反乙公司之工作管理規則，故乙公司得依勞基法第 12 條第 1 項第 6 款暨乙公司之工作管理規則，以甲無正當理由連續曠職 3 日予以終止勞動契約。

◎爭點

　　受僱者若未事先以書面申請育嬰留職停薪，嗣後亦未以書面補正申請，雇主得否拒絕其申請？

◎判決要旨

　　按受僱者任職滿 1 年後，於每一子女滿 3 歲前，得申請育嬰留職停薪，性別工作平等法第 16 條第 1 項固有明定，然就育嬰留職停薪應如何實施，勞雇雙方應遵守何種程序規範，同條第 5 項則授權主管機關訂定育嬰留職停薪實施辦法，該辦法第 2 條第 1 項規定：「受僱者申請育嬰留職停薪，應事先以書面向雇主提出。」第 2 項更詳細規定書面申請應記載之事項，其立法意旨係認爲育嬰留職停薪，期間漫長，若未以正式書面並詳載留職停薪期間之起迄日、聯絡方式等事項，將嚴重影響資方人力安排調度。是以，雖雇主

不得任意拒絕受僱者育嬰假之申請，然受僱者仍應循正式程序向雇主申請育嬰留職停薪，非謂受僱者有權恣意主張留職停薪之權利。故受僱者如未以書面向雇主提出申請，雇主予以拒絕者，自難謂係違反性別工作平等法第 21 條第 1 項之規定。固然參諸最高行政法院 101 年度判字第 313 號判決意旨：「按法令規定法律行為應遵守一定之程序或方式者，若無特別規定不能事後補正，本於法律行為有效性之原則，應准許當事人提出補正。本件依性別工作平等法第 16 條第 4 項所授權訂定之育嬰留職停薪實施辦法第 2 條固規定，受僱者申請育嬰留職停薪應事先以書面向雇主提出，惟並無明文規定不得事後補正。」準此，受僱者雖得於事後補正，惟所謂「事後補正」，仍須於事後補提書面申請，否則仍不得認係合法補正。

查甲主張其於前開育嬰假即將屆滿之 104 年 10 月 28 日，曾以電話詢問乙公司申請復職之職務狀況或可否再申請育嬰留職停薪之相關事宜，遭乙公司拒絕。甲係以電話向乙公司申請第二次育嬰留職停薪，而未以書面向乙公司提出申請，且甲亦未舉證證明其有以書面事先向乙公司提出或事後補提書面申請，則甲申請第二次育嬰留職停薪係不合法，乙公司予以拒絕，自難謂違反性別工作平等法第 21 條第 1 項之規定。另按受僱者於申請育嬰留職停薪期間，得與雇主協商提前或延後復職，育嬰留職停薪實施辦法第 3 條定有明文，則縱認甲當時係依前開辦法第 3 條請求延後復職，然依前開規定，尚須與雇主協商始得延後復職，乙公司既未同意，甲亦不得延後復職。

甲申請第二次育嬰留職停薪不合法，已如前述，故仍須於育嬰假屆滿翌日即 104 年 11 月 4 日復職，且乙公司並於 104 年 10 月 30 日、同年 11 月 2 日、3 日以 Line 通訊軟體發送訊息予甲，請其於 104 年 11 月 4 日回公司復職，然甲屆期並未復職，此為甲所自認。又按勞工有無正當理由繼續曠工 3 日者，雇主得不經預告終止契約，勞基法第 12 條第 1 項第 6 款定有明文；未有正常程序請假者，視為曠職，1 個月連續曠職日數達到 3 日時，未告假，一併開除不錄用，為乙公司之工作管理規則所明定。則乙公司認甲於 104 年 11 月 4 日應復職之日起，無正當理由繼續曠工 3 日，依勞基法第 12 條第 1

項第 6 款規定，不經預告終止兩造間之勞動契約，自屬合法。

★**性別工作平等法第21條第2項所謂「不得視為缺勤」並非可一律解為「視為在勤」**

（南投地方法院104年度簡上字第50號民事判決）

◎**事實**

　　甲在乙國小擔任教師，於 100 年 8 月 30 日辦理育嬰留職停薪並於 101 年 1 月 18 日復職，乙國小將甲育嬰留職停薪之 4 個月期間視為缺勤，致甲於 100 學年度任職未滿一學年而無法辦理 100 學年度年終成績考核，僅能辦理另予成績考核，丙縣政府作成另予考核通知書予甲，並僅核發 8 個月在勤獎金而非 12 個月在勤獎金予甲。

◎**爭點**

　　丙縣政府僅發給請育嬰假之教師甲 8 個月在勤獎金，是否違反性別工作平等法第 21 條第 2 項之規定？

◎**判決要旨**

　　教育人員留職停薪辦法、教師成績考核辦法乃行政機關基於法律授權所訂定，本於國家權力分立之架構，行政行為除依法行政外，亦受司法權監督，行政機關所制定之法規命令，在未經司法機關以逾越授權範圍或牴觸憲法或法律而宣告無效前仍屬有效。本件甲於 100 學年度之任職期係連續任職達 6 個月以上（即自 101 年 1 月至 101 年 7 月）而未滿 1 年，乙縣政府依教師成績考核辦法第 3 條第 1 項規定另予成績考核，並依同法第 4 條第 2 項規定，列前項第 1 款者，給與 1 個月薪給總額之 1 次獎金，合於上開考核辦法之規定，尚難逕論本件有何適用或解釋上開命令時，有何顯然錯誤或其他不法行為而違反性別工作平等法之不法行為可言。

　　至甲主張育嬰留職停薪期間不得視為缺勤而應視為在勤，惟性別工作平等法第 21 條第 2 項固規定：「受僱者為前項之請求時，雇主『不得視為缺勤』而影響其『全勤』獎金、考績或『為其他不利之處分』」，然參性別工作平等

法第 18 條：「子女未滿一歲須受僱者親自哺乳者，除規定之休息時間外，雇主應每日另給哺乳時間二次，每次以三十分鐘爲度；前項哺乳時間，視爲工作時間」，特別明文規定「前項哺乳時間，視爲工作時間」，而依性別工作平等法第 14 條至第 20 條其他假別之規定，其請假期間之薪資應否全額發給、減半發給、不予發給或依相關法令規定辦理，不僅各有不同之規定，且第 16 條育嬰留職停薪並未有如第 18 條「視爲工作時間」之規定，依體系解釋及「明示其一，排除其他」之法理，顯見育嬰留職停薪之請假期間即非當然得視爲工作時間或在勤。是以，性別工作法第 21 條第 2 項所謂「不得視爲缺勤」並非可一律解爲「視爲在勤」。況育嬰留職停薪期間爲請假期間且不計入工作年資計算，並無出缺勤可言，與在勤狀態中有所謂出缺勤概念尙屬不同。是甲主張其育嬰留職停薪期間不得視爲缺勤而應視爲在勤等語，尙難認可採。

★雇主在受僱者申請育嬰留職停薪前已爲資遣決定，而拒絕受僱者育嬰留職停薪申請，並不違反性別工作平等法

（臺北高等行政法院104年度訴字第337號判決）

◎事實

甲受僱於乙公司擔任模具師，於 101 年 6 月 20 日被告知自該月起予以減薪，甲於同年 7 月 3 日及 8 月 29 日寄發存證信函向乙公司表達拒絕減薪，乙公司嗣於 9 月 6 日電話通知甲至經理辦公室商談資遣事宜，甲以處理機台失火緊急事件表示無法前往，於當日下午 5 時許下班，隔日寄發存證信函向乙公司申請育嬰留職停薪，並於下午 4 時向會計申請育嬰留職停薪，乙公司通知甲至經理辦公室商談資遣事宜，告知甲已決定予以資遣，故無法再准予育嬰留職停薪申請。

◎爭點

乙公司在甲申請育嬰留職停薪前已爲資遣決定，得否拒絕甲之育嬰留職停薪申請？

◎判決要旨

按性別工作平等法第 21 條第 2 項所謂「受僱者爲前項（本件爲育嬰留職停薪）之請求時，雇主不得爲其他不利之處分（本件爲資遣）。」乃指不利處分（資遣）原因與育嬰留職停薪之請求有關，但本件係乙公司經理於 100 年 12 月間，告知甲若工作能力一段時間後仍未提升，將予以減薪。嗣乙公司於 101 年 6 月 20 日以薪資單通知甲自該月份起減薪，因甲不同意減薪，曾二次寄發予乙公司存證信函載略：「本人甲於 100 年 6 月 20 日接獲 A 經理通知減薪，理由爲 A 經理覺得原本給的薪資太高要減薪，本人特以書面表示不同意此次減薪，本人並無他意，僅希望以書面維護個人的權益，實屬無奈請予以資遣甲本人。」、「本人甲於 100 年 6 月 20 日接獲 A 經理通知減薪，理由爲 A 經理覺得原本給的薪資太高要減薪，本人並無他意，僅希望以書面維護個人的權益，實屬無奈請予以資遣本人。」乙公司遂另外面試錄取模具師丙。可知乙公司資遣甲原因，係甲工作表現不佳且不接受減薪，自行要求資遣，乙公司才會資遣甲，而與甲申請育嬰留職停薪無關，難謂乙公司有違反性別工作平等法第 11 條及性別工作平等措施。

徵諸甲確有工作效率不佳、無團隊精神、推卸責任等情，經乙公司對甲減薪在前，甲自行申請資遣在後，乙公司已於 101 年 9 月 6 日面試丙後予以僱用約定 101 年 9 月 10 日上班，並於 101 年 9 月 10 日爲丙加保勞工保險，均足認定乙公司係因甲工作表現不佳，於 101 年 9 月 6 日即已爲資遣之決定，而甲於 101 年 9 月 7 日下午才寄出育嬰留職停薪之存證信函及口頭申請等情，足認乙公司之資遣甲顯與甲申請育嬰留職停薪無關，反可認定是甲利用申請育嬰留職停薪來規避資遣，難認乙公司資遣甲違反性別工作平等法第 21 條第 2 項。

★受僱者未以書面提出育嬰留職停薪申請，事後亦未以書面補正者，雇主拒絕其申請並不違反性別工作平等法

（臺北高等行政法院103年度簡上字第104號判決）

◎事實

甲為乙幼兒園托嬰中心保母，其於 102 年 4 月 24 日以「LINE」向園長申請育嬰留職停薪，園長告知只要確定育嬰留職停薪起迄日期並與替代人力完成交接，且提出書面文件申請即可。嗣甲就讀於該園之長子因班導師管教不慎受傷，甲攜子前往醫院驗傷，園長得知此事後，即要求甲自行離職或辦理長子轉學手續，甲遂向勞工局申請勞資爭議調解，惟園長於 102 年 5 月 27 日收到調解開會通知單後與甲進行面談，面談中甲再次口頭提出育嬰留職停薪申請，遭園長拒絕，並要求其辦理交接。甲向勞工局提出申訴，案經評議審定結果，認乙幼兒園違反性別工作平等法成立，乙幼兒園不服提起訴願遭駁回，提起行政訴訟亦敗訴，遂提起本件上訴。

◎爭點

甲未以書面提出育嬰留職停薪申請，事後亦未以書面補正者，乙幼兒園拒絕甲之育嬰留職停薪申請是否合法？

◎判決要旨

性別工作平等法第 16 條第 1 項固規定「受僱者任職滿 1 年後，於每一子女滿 3 歲前，得申請育嬰留職停薪」，然就育嬰留職停薪應如何實施，勞僱雙方應遵守何種程序規範，同條第 4 項則授權主管機關訂定育嬰留職停薪實施辦法，該辦法第 2 條第 1 項規定：「受僱者申請育嬰留職停薪，應事先以書面向雇主提出。」第 2 項更詳細規定書面申請應記載之事項，其立法意旨係認為育嬰留職停薪，期間漫長，若未以正式書面並詳載留職停薪期間之起迄日、聯絡方式等事項，將嚴重影響資方人力安排調度。是以，雖雇主不得任意拒絕受僱者育嬰假之申請，然受僱者仍應循正式程序向雇主申請育嬰留職停薪，非謂受僱者有權恣意主張留職停薪之權利。故受僱者如未以書面

向雇主提出申請，雇主予以拒絕者，自不得予以論罰。

固然，參諸最高行政法院 101 年度判字第 313 號判決意旨：「按法令規定法律行為應遵守一定之程序或方式者，若無特別規定不能事後補正，本於法律行為有效性之原則，應准許當事人提出補正。本件依性別工作平等法第 16 條第 4 項所授權訂定之育嬰留職停薪實施辦法第 2 條固規定，受僱者申請育嬰留職停薪應事先以書面向雇主提出，惟並無明文規定不得事後補正。」準此，受僱者雖得於事後補正，惟「事後補正」仍須補提書面申請，否則仍不得認係合法補正。

本件甲第一次申請育嬰留職停薪係以「LINE」之非正式方式告知乙幼兒園園長，第二次表示其欲申請育嬰留職停薪，係以口頭方式為之，甲顯未事先以書面向雇主提出申請。而主管機關以乙幼兒園園長拒絕甲育嬰留職停薪之申請，違反性別工作平等法第 21 條第 1 項規定，裁處乙幼兒園罰鍰。在主管機關為處分前，甲亦未事後補提書面申請，難認完成「事後補正」程序。依前開說明，乙幼兒園予以拒絕，自難謂違反性別工作平等法第 21 條第 1 項之規定。

第 22 條 (配偶未就業規定)

【條文內容】

受僱者之配偶未就業者，不適用第十六條及第二十條之規定。但有正當理由者，不在此限。

【立法理由】

受僱者之配偶如未就業，應可照顧其家屬，受僱者無須請假。但有正當理由，雇主仍得准其申請，爰爲但書規定。

【條文說明】

不論是育嬰留職停薪或是家庭照顧假，其制定之目的皆是爲使受僱者得以兼顧家庭與工作。然而，如果受僱者之配偶並未就業，該未就業之配偶即可承擔育嬰與照顧家庭成員之責任，而不該再由雇主負擔因受僱者育嬰留職停薪或請家庭照顧假所產生之經營成本。然而，受僱者之配偶有可能因身心障礙、生病或其他正當理由，無法承擔育嬰與照顧家庭成員之責任，故本條但書規定在此種例外情形下，受僱者仍得請求育嬰留職停薪或家庭照顧假，雇主不得拒絕。

【相關文獻】

劉梅君，「兩性工作平等法」與「母性保護」——立法之意義、釋義及理論淺談，律師雜誌，第 271 期，頁 13-27，2002 年 4 月。

【相關函釋】

★受僱者配偶屬就學階段，除有性別工作平等法第22條但書情形外，不得申請育嬰留職停薪

（勞委會民國102年12月13日勞動三字第1020086476號函）

本法第 16 條申請育嬰留職停薪之規定，係考量多數父母仍親自養育幼

兒，為保障父母之工作權益，使其得以同時兼顧工作與照顧家庭。同法第22條規定，受僱者之配偶未就業者，不適用第16條及第20條之規定。但有正當理由者，不在此限。該規定係因受僱者之配偶如未就業，應可照顧其家屬，受僱者自無須請假。但有正當理由者，不在此限。

基上，受僱者之配偶若屬就學階段，不適用本法第 16 條之規定，惟受僱者申請育嬰留職停薪之理由如與前開規定之立法意旨相符，且有同法第22條但書規定之情形，受僱者可檢具申請育嬰留職停薪之正當理由等資料，依育嬰留職停薪實施辦法第2條規定，事先以書面向雇主提出。另上開規定所稱「正當理由」，應視受僱者所提理由，依個案事實認定。

★夫妻均為公務人員，無論是否服務於同一機關，如雙方同時具家庭照顧假之事由，得各自向服務機關提出申請，由服務機關依事實本於權責核處，不宜限定僅能有一方申請

（銓敘部民國99年2月1日部法二字第0993160793號）

性別工作平等法第 2 條第 2 項規定：「本法於公務人員、教育人員及軍職人員，亦適用之。……」第20條第1項規定：「……受僱者於其家庭成員預防接種、發生嚴重之疾病或其他重大事故須親自照顧時，得請家庭照顧假……」第22條規定：「受僱者之配偶未就業者，不適用……第二十條之規定。但有正當理由者，不在此限。」公務人員請假規則第3條第1項第1款規定：「因事得請事假，每年准給五日。其家庭成員預防接種、發生嚴重之疾病或其他重大事故須親自照顧時，得請家庭照顧假，每年准給七日，其請假日數併入事假計算。……」準此，公務人員遇有家庭成員預防接種、發生嚴重之疾病或其他重大事故須親自照顧時，如其配偶未就業，除有正當理由外，該員無法申請家庭照顧假，先予敘明。

有關夫妻同為公務人員，因家庭成員發生嚴重之疾病或重大事故須親自照料時，可否同時申請家庭照顧假疑義一節；經函准行政院勞工委員會 98年12月18日勞動3字第0980091223號函略以：「……二、依性別工作平等法第20條第 1 項規定……旨在使受僱者得同時兼顧家庭照顧責任與職場工

作。三、依性別工作平等法第 22 條規定，受僱者之配偶未就業者，不適用第 16 條及第 20 條之規定。但有正當理由者，不在此限。該規定係因受僱者之配偶如未就業，應可照顧其家屬，受僱者自無須請假。……夫妻同為公務人員若皆為就業狀態，並無性別工作平等法第 22 條規定之適用。該夫妻可否同時依該法請家庭照顧假，仍應視個別受僱者於申請時，是否符合家庭照顧假之法定要件而定。」復經函准人事局（99）年 1 月 21 日局考字第0990000780 號書函略以，依性平法第 20 條第 1 項規定及上開勞委會 98 年12 月 18 日函意旨，夫妻為公務人員，其家庭照顧假每年分別准給 7 日，如雙方同時具家庭照顧假之事由，得各自向服務機關提出申請，由服務機關依事實本於權責核處，似不宜限定僅能有一方申請。爰本節所詢疑義，無論夫妻是否服務於同一機關，經其分別向服務機關提出該假別之申請時，得由服務機關視其是否符合家庭照顧假之法定要件，由該機關長官本於核假權責決定准假與否。

另詢請假規則第 3 條第 1 項第 1 款所稱嚴重之疾病是否須達住院程度疑義一節，查勞委會 91 年 11 月 15 日勞動二字第 0910057316 號函略以：「有關兩性工作平等法（現已更名為性別工作平等法）第 20 條家庭照顧假規定所稱之『家庭成員』、『發生嚴重之疾病』及『其他重大事故』，應依個案事實認定。另依該法施行細則第 13 條規定，請家庭照顧假者，必要時僱主得要求其提出相關證明文件。公務人員如遇申請家庭照顧假爭議時，可循公務人員之救濟及申訴程序處理。」本節所詢疑義，請依上開規定辦理。

第23條 (哺(集)乳室、托兒設施或措施之提供)

【條文內容】

I　僱用受僱者一百人以上之雇主，應提供下列設施、措施：

一、哺（集）乳室。

二、托兒設施或適當之托兒措施。

II　主管機關對於雇主設置哺（集）乳室、托兒設施或提供托兒措施，應給予經費補助。

III　有關哺（集）乳室、托兒設施、措施之設置標準及經費補助辦法，由中央主管機關會商有關機關定之。

【立法理由】

一、本條立法理由與沿革為：

(一)國內中小企業居多，實無能力設立托兒設施，故初期先課以僱用250人以上之雇主應設立托兒設施或提供適當托兒措施之義務，協助受僱者解決托兒問題。

(二)為促進雇主設置托兒設施或提供托兒措施，特明定主管機關應給予經費補助。

(三)明定應訂定托兒設施、措施之設置標準及經費補助辦法。

二、為強化企業社會責任，協助受僱者解決托兒需求，於105年乃擴大法律適用範圍，凡僱用受僱者100人以上之雇主，均應提供托兒設施或適當之托兒措施，俾嘉惠更多育兒勞工，營造更友善的勞動職場，爰修正第1項第1句為：「僱用受僱者一百人以上之雇主」，餘均維持原條文。

【條文說明】

　　為鼓勵生育、滿足受僱者之育兒需求，同時兼顧雇主之提供能力，立法之初，本條規定僱用人數250人以上之雇主應設立托兒設施或提供適當托兒

措施。雇主可以在事業單位內部設置托兒設施，也可以與托兒機構合作，提供受僱者托兒服務。然而，我國僱用人數250以上之事業單位畢竟是少數，可以享有此項促進工作平等措施之受僱者也因此僅為少數。為擴大受惠受僱者之人數，本條在105年修法時，已改為僱用人數100人以上之雇主即應設立托兒設施或提供適當托兒措施，且除了托兒設施/托兒措施外，還必須設置哺（集）乳室。

目前雇主違反本條規定並無罰則，可見設置托兒設施/哺（集）乳室、提供托兒措施之雇主責任，目前仍在「推廣階段」。雇主未遵守本條規定不會受罰，若欲遵守本條規定，還可以依「托兒設施措施設置標準及經費補助辦法」向主管機關申請經費補助。

【相關文獻】

1. 劉梅君，「兩性工作平等法」與「母性保護」——立法之意義、釋義及理論淺談，律師雜誌，第271期，頁13-27，2002年4月。
2. 林美齡，企業托育是經濟發展與幼兒教育的平衡台，台灣勞工季刊，第8期，頁47-53，2007年7月。
3. 謝棋楠，我國女工托育空間之法規探討，台南應用科技大學通識教育學刊，第10期，頁155-169，2011年1月。
4. 許瀞方，兩性工作平等法中「促進工作平等措施」對企業人力資源管理之影響——以銀行業為例，國立中正大學勞工研究所碩士論文，2003年10月。

【相關函釋】

★雇主未依性別工作平等法第23條設置托兒設施或提供適當措施，主
管勞動局若公布名單，恐有違反行政罰法疑慮

（臺北市政府法規委員會民國96年11月27日北市法一字第09632593000
號函）

依行政罰法第 1 條規定：「違反行政法上義務而受罰鍰、沒入或其他種
類行政罰之處罰時，適用本法。但其他法律有特別規定者，從其規定。」故
本法係界定為行政罰有關規範之「普通法」，且所規制之行政罰種類，除「罰
鍰」及「沒入」外，參照同法第2條規定，尚包括「限制或禁止行為之處分」、
「剝奪或消滅資格、權利之處分」、「影響名譽之處分」以及「警告性處分」；
又前開本法第1條所稱之行政罰，係指行政秩序罰而言，不包括「行政刑罰」
及「執行罰」在內，合先敘明。

另本法第 4 條規定：「違反行政法上義務之處罰，以行為時之法律或自
治條例有明文規定者為限。」為「處罰法定原則」之明文規範，蓋依法始得
處罰，為民主法治國家基本原則之一，對於違反社會性程序較為輕微之行
為，處以罰鍰、沒入或其他種類之行政罰，雖較諸對侵害國家、社會等法益
等科以刑罰之行為情節輕微，惟本質上仍屬對於人民自由或權利之不利處
分，其應適用處罰法定原則，仍無不同，故本法對於違反行政法上義務之處
罰，須以行為時法律或自治條例定有明文，始得為之。

有關貴局函詢如有雇主未依性別工作平等法第 23 條第 1 項規定設置托
兒設施或提供適當之托兒措施，如行為人於行為時之法律或自治條例並未對
於違反行政秩序之行為定有處罰之規定，可認為立法者於立法原意中，並未
對於是項違反行政義務之行為，授予行政機關處罰之權限，如逕為行政秩序
罰，恐與本法規制目的即有違背。

★為鼓勵雇主提供托兒設施或提供托兒措施，不論雇主僱用員工人數多寡，均可依「托兒設施措施設置標準及經費補助辦法」提出申請（勞委會民國民國91年6月5日勞福2字第0910028129號函）

「兩性工作平等法」（現已更名為性別工作平等法）第23條雖規定僱用受僱員工250人（現已改為100人）以上之雇主，應設置托兒設施或提供托兒措施。但基於公平之原則，只要雇主有心推動該項政策，不論僱用員工人數多寡，政府均應予以鼓勵，準此，凡僱用受僱員工未達250人之雇主，均可比照依「托兒設施措施設置標準及經費補助辦法」提出申請。

第24條 (離職者之再就業)

【條文內容】

主管機關為協助因結婚、懷孕、分娩、育兒或照顧家庭而離職之受僱者獲得再就業之機會,應採取就業服務、職業訓練及其他必要之措施。

【立法理由】

為促進因結婚、懷孕、分娩、育兒或照顧家庭而離職之受僱者再進入就業市場,故為本條規定。

【條文說明】

　　國際勞工組織第 156 號公約第 7 條規定:「各會員國應採取所有符合其國情之措施,包括職業指導與訓練之措施,藉以使有家庭責任之勞工成為勞動力之一份子,並與其整合,及因此等責任而離開勞動力一段時間後,能再度進入該勞動力[64]。」國際勞工組織第 165 號建議書亦指出應提供此類勞工職業訓練之機會與相關設備,使此類勞工可獲得進入或再進入職場之相關服務,包括職業指導、諮詢、資訊提供及就業媒合服務[65]。

　　不可否認,有相當比例之受僱者(尤其是女性受僱者)因結婚、懷孕、分娩、育兒或照顧家庭而退出職場,在其完成家庭照護的任務之後,若想再度回到職場,往往會遭遇很多困難,例如就業資訊不足、職能退步等問題。為協助此種勞動者獲得再就業之機會,本條規定主管機關應採取相關就業服務、職業訓練及其他必要之措施。

---

[64] 參見國際勞工組織第 156 號公約第 7 條。

[65] 黃琬玲,ILO 負擔家庭責任勞工公約與建議書對我國相關政策之啟示,台灣勞工季刊,第 16 期,頁 30,2008 年 11 月。

【相關文獻】

1. 黃琬玲，ILO 負擔家庭責任勞工公約與建議書對我國相關政策之啟示，台灣勞工季刊，第 16 期，頁 28-41，2008 年 11 月。
2. 劉梅君，「兩性工作平等法」與「母性保護」——立法之意義、釋義及理論淺談，律師雜誌，第 271 期，頁 13-27，2002 年 4 月。

第25條（雇主之獎勵）

【條文內容】

雇主僱用因結婚、懷孕、分娩、育兒或照顧家庭而離職之受僱者成效卓著者，主管機關得給予適當之獎勵。

【立法理由】

為鼓勵雇主僱用因結婚、懷孕、分娩、育兒或照顧家庭而離職之受僱者，特明定雇主僱用此類受僱者而成效卓著者，主管機關得予適當獎勵。

【條文說明】

如前所述，我國有相當比例之受僱者（尤其是女性受僱者）因結婚、懷孕、分娩、育兒或照顧家庭而退出職場，再度回到職場往往面臨許多就業障礙。為協助此種勞動者獲得再就業之機會，性別工作平等法第 24 條規定主管機關應採取相關就業服務、職業訓練及其他必要之措施。然而，即便此種勞動者得到其所需之就業服務與職業訓練，仍需要有雇主願意僱用，方能真正解決此種勞動者之就業問題。因此，本條延續同法第 24 條之精神，雇主若僱用因結婚、懷孕、分娩、育兒或照顧家庭而離職之受僱者且成效卓著者，主管機關得給予適當之獎勵。透過獎勵的方式，提供雇主僱用因結婚、懷孕、分娩、育兒或照顧家庭而離職者的誘因，應有助於此種勞動者再度進入職場。外國立法例中也有類似之獎勵規定，例如日本政府為鼓勵事業單位僱用曾因育兒離職之勞工，依不同企業規模給予不等金額之獎勵金[66]。

---

[66] 劉梅君，「兩性工作平等法」與「母性保護」——立法之意義、釋義及理論淺談，律師雜誌，第 271 期，頁 21，2002 年 4 月。

【相關文獻】

1. 陳貞蘭，兩性工作平等法中社會給付規定之研究，國立政治大學法律學系研究所碩士論文，2004 年 1 月。

2. 劉梅君，「兩性工作平等法」與「母性保護」——立法之意義、釋義及理論淺談，律師雜誌，第 271 期，頁 13-27，2002 年 4 月。

第五章　救濟及申訴程序

第 26 條（雇主違法之損害賠償責任）

【條文內容】

受僱者或求職者因第七條至第十一條或第二十一條之情事，受有損害者，雇主應負賠償責任。

【立法理由】

一、參考我國民法第 184 條、第 195 條及德國民法第 611 條之 1 規定，明定雇主違反第 7 條至第 11 條或第 21 條第 2 項時之賠償責任，而制定本條。

二、民國 96 年為予以勞工更妥善之保護，修訂理由如下：

(一)增列雇主拒絕受僱者依規定提出產假、育嬰留職停薪假、育嬰留職停薪期滿復職之請求而受有損害者，雇主應負賠償責任。

(二)原條文未規定因上開行為而受有損害者之損害賠償請求權，導致規定成效有限。據勞委會出版 94 年婦女勞動統計顯示：將近 5%事業單位沒有提供產假；員工規模 30 人以上事業單位有 45.80%未提供「育嬰留職停薪假」；93 年申請育嬰留職停薪者約 24.4%未復職。爰增訂雇主拒絕受僱者上述請求者，亦應負賠償責任。

【條文說明】

有關本條之歸責原則，有論者認為應採「無過失責任」，因工作場所之安全保障包括生命、身體與健康，而健康又包含生理與心理健康，故損害賠償不應以雇主有過失為要件[67]。

---

[67] 郭玲惠，勞動基準法釋義——施行二十年之回顧與展望，新學林，頁 457，2009 年 9 月。

　　實務上，大多數判決僅是判斷雇主是否有性別歧視行為或是違反促進工作平等措施情事，並援引性別工作平等法第 31 條之規定，若雇主未能舉證其無基於性別、性傾向因素而為差別待遇，即認定雇主應負賠償責任。然而，第 31 條所定舉證責任之轉換，與雇主違反相關規定是否與有過失，應無必然之關連；亦即雇主違反差別待遇禁止之規定，不等同於雇主與有過失，許多判決恐皆忽略歸責原則之討論[68]。

　　最高法院 100 年度台上字第 1062 號判決，首度對本條之歸責原則做出明確見解。該判決認為性別工作平等法第 26 條雖規定受僱者或求職者因第 7 條之情事，受有損害者，雇主應負賠償責任，但未如民法第 184 條第 2 項但書設有舉證責任轉換之明文。且觀諸性別工作平等法第 26 條規定之立法過程，其將原草案「故意或過失」文字予以刪除，且其立法理由與沿革提及參考德國民法第 611 條之 1（該條文捨德國一般侵權行為之舉證責任原則，將雇主違反兩性平等原則致勞工受損害者，改採舉證責任轉換為雇主）規定，明定雇主違反第 7 條規定時之賠償責任，並參照性別工作平等法第 31 條規定揭櫫舉證責任轉換為雇主之趣旨，認雇主如有違反該法第 7 條因性別或性傾向而差別待遇之情事，依同法第 26 條規定負賠償責任時，雇主當受過失責任之推定，亦即舉證責任轉換為雇主，僅於證明其行為為無過失時，始得免其責任。

　　有論者認為本條之歸責原則如採過失推定，判斷有無過失之標的應是「雇主就規定、義務之違反有無過失」，例如雇主拒絕受僱者之生理假申請有無過失，而非依民法第 188 條第 1 項判斷雇主「選任受僱者」或「監督其職務之執行」有無盡注意義務[69]。

---

[68]　劉素吟，性平法第 26 條損害賠償責任與過失推定——最高法院 100 年度台上字第 1062 號民事判決，性別工作平等法精選判決評釋，元照，頁 199-200，2014 年 9 月。

[69]　劉素吟，性平法第 26 條損害賠償責任與過失推定——最高法院 100 年度台上字第 1062 號民事判決，性別工作平等法精選判決評釋，元照，頁 203-205，2014 年 9 月。

【相關文獻】

1. 侯岳宏，性別工作平等法判決之回顧與展望，月旦法學雜誌，第 232 期，頁 114-132，2014 年 9 月。

2. 郭玲惠，勞動基準法釋義——施行二十年之回顧與展望，新學林，頁 456-460，2009 年 9 月。

3. 郭玲惠，性別工作平等法制之現在與展望，台灣勞工季刊，第 17 期，頁 14-25，2009 年 3 月。

4. 郭玲惠，兩性工作平等法初探——救濟，月旦法學雜誌，第 71 期，頁 54-61，2001 年 4 月。

5. 焦興鎧，美國兩性工作平等救濟制度之研究，臺北大學法學論叢，第 47 期，頁 95-150，2000 年 12 月。

6. 劉素吟，性平法第 26 條損害賠償責任與過失推定——最高法院 100 年度台上字第 1062 號民事判決，性別工作平等法精選判決評釋，元照，頁 196-205，2014 年 9 月。

7. 劉志鵬，兩性工作平等法之申訴及救濟體系，律師雜誌，第 271 期，頁 57-69，2002 年 4 月。

【相關判決】

★雇主於受僱者育嬰留職停薪屆滿復職時，違法調動受僱者職務，應賠償受僱者因此所受之損害

（臺灣高等法院102年度勞上字第59號民事判決）

◎事實

　　甲自 96 年起受僱於乙基金會擔任研究員，月薪 6 萬元，同年 4 月 1 日月薪調整為 6 萬 5 千元，後升任國際合作組主任，按月領有主管加給 1 萬元，其後薪資每年均有調升，並於 96 年至 98 年間連續 3 年績效獲乙基金會評定為特優。嗣因甲育嬰需求，申請育嬰留職停薪獲准，惟復職當日，乙基金會以職務調整、免兼主任為由，將甲之職位由國際合作組主任調降為國際合作

組組員，並要求甲簽立研究員職級聘用契約書，甲除當場表示不同意並於契約書註明外，另向主管勞工局申請調解，惟調解不成立。乙基金會降調之行為經評議違反性別工作平等法第 21 條成立，乙基金會不服提起訴願，遭駁回。甲認為乙基金會之行為違背性別工作平等法第 21 條之規定，且違反調職五原則、誠實信用原則及權力濫用禁止原則，主張乙基金會應回復甲職位，並給付甲因其非法降調所生之薪資差額及回復應有之勞動條件。

◎爭點

乙基金會於甲育嬰留職停薪屆滿復職時，調動其職務，是否應賠償甲因此所受之損害？

◎判決要旨

甲自 96 年 1 月 1 日起受僱於乙基金會擔任國際合作組研究員，於同年 4 月 1 日甲擔任國際合作組主任一職後，依乙基金會薪資結構表之「主任職稱」每月領取本薪新臺幣 65,000 元及主管加給 1 萬元，96 年至 99 年間均依主任職稱調薪級距，每年調薪 1,500 元，99 年本薪為 69,500 元，超逾當時研究員職稱之最高本薪 69,000 元，足見甲主張育嬰留職停薪前係受僱乙基金會擔任國際合作組主任一職，並非國際合作組研究員兼任主任可採。

再依社會通念，主任一職是否為兼任或專任，非自是否領有主管加給觀之，且若依乙基金會所稱領取主管加給者即可推論該人係兼任主管職而非專任主管職，豈非謂乙基金會副執行長、執行長亦屬兼任性質？則乙基金會抗辯甲主任一職僅為兼任非為專任，自不足採。

又甲育嬰留職停薪期滿後復職時，乙基金會提供予甲之職位為國際組研究員，依當時有效之修正前薪資結構表，國際組研究員並無主管加給，且因甲本薪已超逾研究員本薪上限，已無往上調整之可能，乙基金會調整甲職務之行為，自屬對甲之不利處分。甲依性別工作平等法第 26 條規定主張乙基金會應給付甲自 100 年 1 月至 101 年 4 月間主管加給並應自 101 年 5 月起至回復甲職位之日止按月給付主管加給 1 萬元，即為有理由。

★性別工作平等法第26條之雇主責任係「過失推定」

（最高法院100年度台上字第1062號民事判決）

◎事實

甲為國立臺灣科技大學教授，前受國立宜蘭大學推薦為校長候選人，且為三位候選人之唯一女性。被告乙為教育部，為聘任該校校長組成遴選委員會。候選人面試過程中，遴選委員詢問甲：「你先生在哪裡？」，甲覆以：「先生在臺大，我們住臺北。」遴選委員又詢問「那你到宜蘭來，你的家庭怎麼辦？」並以「女性候選人在募款方面比較吃虧」等語，質疑甲之能力。甲認為因該名遴選委員之性別歧視言語，影響其他遴選委員對其之評價，使其無法獲選，請求乙應負性別工作平等法第 26 條之無過失責任，予以賠償。

◎爭點

性別工作平等法第 26 條是否為無過失責任？或應以雇主有故意、過失為前提？

◎判決要旨

按性別工作平等法第 26 條雖規定受僱者或求職者因第 7 條之情事，受有損害者，雇主應負賠償責任，而未如民法第 184 條第 2 項但書設有舉證責任轉換之明文。惟性別工作平等法係為保障性別工作權之平等，貫徹憲法消除性別歧視、促進性別地位實質平等之精神而制定，性質上應同屬保護他人之法律，且尋繹性別工作平等法第 26 條規定之立法過程，將原草案「故意或過失」文字予以刪除，及其立法理由與沿革提及參考德國民法第 611 條之1（該條文捨德國一般侵權行為之舉證責任原則，將雇主違反兩性平等原則致勞工受損害者，改採舉證責任轉換為雇主）規定，明定雇主違反第 7 條規定時之賠償責任，並參照性別工作平等法第 31 條規定揭櫫舉證責任轉換為雇主之趣旨，應認雇主如有違反該法第 7 條因性別或性傾向而差別待遇之情事，依同法第 26 條規定負賠償責任時，雇主當受過失責任之推定，亦即舉證責任轉換為雇主，僅於證明其行為為無過失時，始得免其責任。

　　本案中甲主張性別工作平等法係採雇主「無過失責任」,指原判決逕認係過失責任為違法一節,顯與上揭雇主「過失推定責任」之意旨,不盡相同,自有未洽。又原審依據上開事證,綜合判斷,並本於取捨證據、認定事實之職權行使,認為系爭提問並未貶損甲之社會評價,且遴選委員亦未侵害甲之名譽權,無違反性別工作平等法第 7 條規定致損害甲性別平等之人格法益,經核於法並無違背。縱原審另就同法第 26 條規定,認該侵權行為成立要件應以過失責任為限,而未論述上揭舉證責任轉換之趣旨,容有未周,但依原審上述認定乙未違反性別工作平等法第 7 條規定之情事以觀,仍於判決結果不生影響,亦應予維持。

★雇主基於性別因素對受僱者薪資給付有差別待遇,受僱者自得依據性別工作平等法第26條,向雇主請求賠償

（宜蘭地方法院98年度勞訴字第2號民事判決）

◎事實

　　甲為乙公司唯一派駐宜蘭記者,負責宜蘭地區採訪工作及所有新聞製作流程,包括到現場拍攝、錄製、剪輯、後製、連線、上傳及地區相關事務聯繫與設備管理等工作。甲主張身為乙公司全台第一位有線電視台女駐地記者,不論工作之年資、內容、效率均未遜於其他駐地之男記者,有製作新聞數量多寡可稽,然甲耳聞基隆、花蓮、台東等地之男性駐地記者,年資均相同或低於甲,領取之薪資竟均高於甲,例如同為東部駐地記者之男性同事月薪均達 55,000 元以上,與甲 45,000 元差距為 1 萬元,衡諸工作內容相同、地域相同等等條件,乙公司僅因性別不同而為不同薪資之給付,實已有違勞基法第 25 條及性別工作平等法第 10 條等規定,甲得依據性別工作平等法第 26 條規定向乙公司請求 5 年內之損害賠償 60 萬元。

◎爭點

　　乙公司是否因甲之性別在薪資上給予差別待遇而應負擔損害賠償責任?

◎判決要旨

　　按受僱者或求職者因第 7 條至第 11 條或第 21 條之情事，受有損害者，雇主應負賠償責任，性別工作平等法第 26 條定有明文。本件乙公司無法舉證證明非基於性別因素而對於甲之薪資給付有差別待遇，則甲自得依據本條之規定請求乙公司賠償。查甲之薪資目前雖與乙公司派駐花蓮、台東之記者有每月 10,000 元之差距，但本院考量甲自 92 年 3 月起改為單機作業之薪資為每月 41,000 元，而第三人丙自 91 年 11 月起正式任用薪資為每月 43,000 元，且兩人於 95 年 10 月調整薪資之前，考績每年均屬甲等，甲與丙受僱時間及考績情形相仿，可作為損害賠償金額之計算參考，丙調整薪資之幅度約為 28%（12,000 元/43,000 元），在相同條件下，甲之薪資調整幅度以 28%計算，可增加 11,480 元而為每月 52,480 元。甲嗣後僅獲得每月 45,000 元之報酬，損害額為每月 7,480 元。甲依據民法第 126 條規定得請求 5 年之損害額應為 448,800 元，逾此部分之請求，則屬無理由。

第 27 條 (性騷擾之損害賠償責任)

【條文內容】

I 受僱者或求職者因第十二條之情事，受有損害者，由雇主及行為人連帶負損害賠償責任。但雇主證明其已遵行本法所定之各種防治性騷擾之規定，且對該事情之發生已盡力防止仍不免發生者，雇主不負賠償責任。

II 如被害人依前項但書之規定不能受損害賠償時，法院因其聲請，得斟酌雇主與被害人之經濟狀況，令雇主為全部或一部之損害賠償。

III 雇主賠償損害時，對於為性騷擾之行為人，有求償權。

IV 被害人因第十二條之情事致生法律訴訟，於受司法機關通知到庭期間，雇主應給予公假。

【立法理由】

一、本條立法理由與沿革為：

　(一)參考我國民法 188 條之規定，明定雇主違反工作場所性騷擾之規範時，應與性騷擾之行為人連帶負賠償責任，但為避免雇主責任過重，特增列雇主之免責規定。

　(二)為避免受害人無法得到賠償，明定雇主應負衡平責任。

　(三)明定雇主賠償損害時，對於性騷擾之行為人有求償權。

二、訴訟是爭取自身權益的最後手段，尤其是因工作關係衍生之法律訴訟，勞工的權益更不容漠視。勞動部雖函釋「勞工因事業單位違反勞動基準法或勞工安全衛生法等法令，經司法機關傳喚出庭作證，應給予公假。」但因未及於性別工作平等法，致有公司對因性騷擾案件請假出庭之員工，拒絕給予公假，未臻公允，民國 105 年爰增訂第 4 項：「被害人因第十二條之情事致生法律訴訟，於受司法機關通知到庭期間，雇主應給予公假。」

【條文說明】

本條係參考我國民法第 188 條僱用人與受僱者連帶責任之規定，將職場性騷擾當作是特殊侵權行為之類型處理[70]。若受僱者或求職者遭受敵意環境性騷擾或交換型性騷擾而受有損害，依本條之規定，應由雇主及行為人連帶負損害賠償責任。

為避免造成雇主不合理之負擔，雇主得提出免責抗辯，透過證明其已遵行本法所定之各種防治規定，且對事情之發生已盡力防止仍不免發生者，雇主即不必負損害賠償責任。換言之，雇主應證明其已依性別工作平等法之規定訂定性騷擾防治措施、申訴、懲戒辦法，並在知悉性騷擾情事後，採取立即有效之糾正與補救措施，方可主張免責。

萬一雇主主張免責，行為人沒有能力賠償受害人時，對受害人之保障又顯得不足。基於雇主之經濟能力通常較受僱者或求職者為佳，且雇主應有責任維持職場之安全，使求職者或受僱者免於受到性騷擾，因此本條明定當雇主主張免責，被害人因而不能受到損害賠償時，法院得因被害人之聲請，斟酌雇主與被害人之經濟狀況，令雇主為全部或一部之損害賠償。雇主在賠償損害之後，即獲得對行為人之求償權，以兼顧雇主之權益與對受害人之保障。

【相關文獻】

1. 侯岳宏，性別工作平等法上職場性騷擾雇主之民事責任，月旦法學雜誌，第 196 期，頁 214-220，2011 年 9 月。
2. 徐婉寧，民法第四八三條之一之研究──以我國實務見解及日本法為素材，政大法學評論，第 138 期，頁 237-304，2014 年 9 月。
3. 郭玲惠，兩性工作平等法初探──救濟，月旦法學雜誌，第 71 期，頁 54-61，2001 年 4 月。

---

[70] 劉志鵬，兩性工作平等法之申訴及救濟體系，律師雜誌，第 271 期，頁 68，2002 年 4 月。

4. 焦興鎧，雇主在性騷擾事件法律責任範圍之界定——試評臺北高等行政法院九十二年度簡字第四六六號判決，全國律師，第 10 卷第 3 期，頁 4-18，2006 年 3 月。

5. 焦興鎧，兩性工作平等法中性騷擾相關條款之解析，律師雜誌，第 271 期，頁 40-56，2002 年 4 月。

6. 焦興鎧，美國兩性工作平等法救濟制度之研究，臺北大學法學論叢，第 47 期，頁 95-150，2000 年 12 月。

7. 劉志鵬，職場性騷擾之法律救濟——板橋地院 96 年度訴字第 774 號判決評釋，台灣勞動法學會學報，第 8 期，頁 109-145，2009 年 12 月。

8. 劉志鵬，兩性工作平等法之申訴及救濟體系，律師雜誌，第 271 期，頁 57-69，2002 年 4 月。

9. 蔡宗珍，性騷擾事件之法律適用與救濟途徑之分析——以公務人員間之性騷擾事件為中心，臺北大學法學論叢，第 77 期，頁 39-80，2011 年 3 月。

【相關判決】

★受僱者雖遭受職場性騷擾，惟與行為人約定和解並獲損害賠償者，雇主即可免除性別工作平等法第27條連帶損害賠償之責

（臺北地方法院103年度訴字第3809號民事判決）

◎事實

甲受僱於乙公司，於 101 年 4 至 5 月間遭丙性騷擾，甲於 6 月口頭向乙公司副總兼人力資源部主管申訴，乙公司無任何作為，甲只好於 11 月再以書面向乙公司申訴，乙公司仍未有立即有效糾正及補救行為，案經性別工作平等會審定「雇主未盡工作場所性騷擾防治義務」成立，甲據此向乙公司請求連帶損害賠償。

◎爭點

甲得否以丙對其有性騷擾行為，請求乙公司依性別工作平等法第 27 條第 1 項負連帶損害賠償責任？

◎判決要旨

丙確有於上班時間，多次從甲身後以手掐捏甲頸部，及在 A 百貨公司內以手觸碰或搭甲之肩頸部位，經甲移動身體躲閃，丙便自甲身後雙手施力扣住甲肩膀等行為，均屬違反甲意願，以與性有關之身體碰觸行為，致損害甲之人格尊嚴，對甲造成冒犯性情境而構成性騷擾。丙在 A 百貨內性騷擾甲之行為地點非在乙公司內，依客觀情形判斷，難認乙公司對丙在公司以外之不當行為，有何防範可能性，此部分難認定乙公司未盡工作場所防治性騷擾之義務。惟乙公司於本件性騷擾發生前，並未遵守雇主應在工作場所公開揭示性騷擾防治措施、申訴及懲戒辦法，及實施防治性騷擾教育訓練，且丙有部分性騷擾行為係於上班時間在乙公司辦公室內發生，乙公司復未舉證證明對此部分性騷擾行為之發生已盡力防止仍不免發生，甲主張乙公司應與丙連帶負損害賠償責任為有理由。

惟查甲與丙已於 104 年 7 月 28 日成立訴訟外和解，丙願賠償給付甲 15 萬元，而乙公司就丙在公司內之性騷擾行為，應與丙連帶負擔非財產上損害賠償 10 萬元之責任，雖經法院認定，惟連帶債務人丙既已清償甲 15 萬元，則依民法第 274 條規定「因連帶債務人中之一人為清償、代物清償、提存、抵銷或混同而債務消滅者，他債務人亦同免其責任」，乙公司於此範圍內亦同免其責任。甲雖主張依和解契約第 4 條，乙公司不得援用該契約而免責或減輕賠償責任，然乙公司非上開和解契約當事人，本不受該契約之拘束，是甲此節所指，洵不足採。

★受僱者於職場遭受性騷擾，雇主未能舉證已盡防治義務，對受僱者因性騷擾行為所受損害，須負連帶賠償之責

（板橋地方法院96年度訴字第774號民事判決）

◎事實

甲、乙均受僱於丙公司，甲於工作場所穿著防塵衣時，乙趁甲不及抗拒，違背甲意願，徒手正面撫摸甲胸部後離去。乙之性騷擾行為業經刑事簡易判決處拘役 30 日確定，乙有侵害甲身體、名譽及人格權，且丙公司未能提供員工安全的工作環境以致甲受害，應負連帶賠償責任。為此，甲依侵權行為損害賠償及僱傭契約之法律關係，請求丙公司連帶賠償非財產上損害。丙公司則以其未提供不安全之工作環境，乙行為與丙公司工作環境無關，純屬其個人行為等語資為抗辯。

◎爭點

丙公司與性騷擾行為人乙是否應連帶負性別工作平等法第 27 條所定之損害賠償責任？

◎判決要旨

按「受僱者因執行職務，不法侵害他人之權利者，由僱用人與行為人連帶負損害賠償責任。但選任受僱者及監督其職務之執行，已盡相當之注意或縱加以相當之注意而仍不免發生損害者，僱用人不負賠償責任。」民法第 188 條第 1 項定有明文。該條所謂受僱者因執行職務不法侵害他人之權利，須受僱者之行為在客觀上可認為與執行職務有關，而不法侵害他人之權利者始足當之。是民法第 188 條所定僱用人之連帶賠償責任，以受僱者因執行職務不法侵害他人之權利者為限，始有其適用。乙意圖性騷擾，乘甲不及抗拒而觸摸其胸部之行為，係由於乙之私德敗壞所致，本與其執行職務無關。惟按受僱者服勞務，其生命、身體、健康有受危害之虞者，僱用人應按其情形為必要之預防。受僱者服勞務，因非可歸責於自己之事由，致受損害者，得向僱用人請求賠償，民法第 483 條之、第 487 條之 1 分別定有明文。是受僱者服

勞務，其生命、身體、健康有受危害之虞者，雇主應按其情形為必要之預防。

另參諸性別工作平等法第 12 條第 1 款規定：「本法所稱性騷擾，謂下列二款情形之一：一、受僱者於執行職務時，任何人以性要求、具有性意味或性別歧視之言詞或行為，對其造成敵意性、脅迫性或冒犯性之工作環境，致侵犯或干擾其人格尊嚴、人身自由或影響其工作表現。...」第 13 條第 1 項規定：「雇主應防治性騷擾行為之發生。其僱用受僱者三十人以上者，應訂定性騷擾防治措施、申訴及懲戒辦法，並在工作場所公開揭示。」第 27 條規定：「受僱者或求職者因第十二條之情事，受有損害者，由雇主及行為人連帶負損害賠償責任。但雇主證明其已遵行本法所定之各種防治性騷擾之規定，且對該事情之發生已盡力防止仍不免發生者，雇主不負賠償責任。」足見性騷擾若來自於具有管理權之上司、同仁或第三人（顧客等）時，對勞工而言，此等人員係構成勞工工作環境之一環，勞工在此環境中提供勞務時，雇主應採取必要之預防措施，使得勞工得以免受生命、身體、健康危害之性騷擾。雇主若未為必要之預防措施，致使勞工遭受生命、身體、健康之損害時，雇主即構成債務不履行責任。

查甲、乙均係受僱於丙公司，乙基於性騷擾之意圖，適甲在公司穿著防塵衣，趁甲不及抗拒，而違背甲意願，徒手正面撫摸甲胸部，已如上述，是乙係在工作場所，乘甲不及抗拒對之以觸摸其胸部之方法，進行性騷擾之行為，丙公司復未舉證證明其已採取必要之預防措施。是以，丙公司對於乙之性騷擾行為致甲所受損害，應負連帶賠償責任。甲請求乙、丙公司連帶賠償非財產上之損害，於法有據。丙公司辯稱未提供不安全之工作環境予甲，乙之行為與丙公司之工作環境無關，純屬其個人行為等語，要無足取。

按「因故意或過失不法侵害他人之權利者，負損害賠償責任；又不法侵害他人之身體、健康者，被害人雖非財產上之損害，亦得請求賠償相當之金額。」民法第 184 條第 1 項前段、第 195 條第 1 項分別定有明文。次按性騷擾防治法第 9 條亦規定：「對他人為性騷擾者，負損害賠償責任。前項情形，雖非財產上之損害，亦得請求賠償相當之金額，其名譽被侵害者，並得請求

回復名譽之適當處分。」甲遭乙乘其不及抗拒而觸摸其胸部，準此，乙此項不法行為，同時侵害甲之身體及名譽，甲謂其因此而受有非財產上之損害，訴請給付慰撫金，殊無不合（參照最高法院 66 年台上字第 3484 號判例）。是以甲請求乙賠償非財產上之損害，於法自屬有據。丙公司對性騷擾情事之發生並未採取防治措施，使乙得利用工作場所，對甲性騷擾，致甲精神痛苦非輕，並斟酌甲與乙之教育程度、職業、身分及經濟狀況等情形，甲得向丙公司請求連帶賠償慰撫金 10 萬元，逾此範圍內之請求，於法無據。

第 28 條 (雇主未盡性騷擾防治義務賠償責任)

【條文內容】

受僱者或求職者因雇主違反第十三條第二項之義務，受有損害者，雇主應負賠償責任。

【立法理由】

雇主知悉受僱者或求職者在職場中受到性騷擾之情事，而未採取立即有效之糾正及補救措施，致受僱者或求職者受有損害時，雇主應負賠償責任，以確保受僱者或求職者相關權益之保障。

【條文說明】

當雇主已履行性別工作平等法第 13 條第 2 項之責任時，亦即雇主在知悉受僱者或求職者受到職場性騷擾之情事後，有採取立即有效之糾正及補救措施，即無本條之適用。

職場性騷擾之「直接受害人」(被性騷擾之人)得依性別工作平等法第 27 條，向雇主與行為人請求連帶損害賠償。至於「間接被害人」，例如在交換式性騷擾個案中，行為人透過利誘的方式，給予「直接受害人」升遷作為與其發生曖昧關係之交換條件，其他有可能得到升遷機會之受僱者即因此成為該性騷擾事件之「間接被害人」。有論者認為「直接被害人」得依性別工作平等法第 27 條向雇主與行為人請求損害賠償，「間接被害人」則應得依性別工作平等法第 28 條向雇主請求損害賠償[71]。

【相關文獻】

1. 邱琦，工作場所性騷擾民事責任之研究，臺大法學論叢，第 34 卷，

---

[71] 邱琦，工作場所性騷擾民事責任之研究，臺大法學論叢，第 34 卷，第 2 期，頁 201-202，2005 年 3 月。

第 2 期，頁 181-213，2005 年 3 月。

2. 侯岳宏，性別工作平等法上職場性騷擾雇主之民事責任，月旦法學雜誌，第 196 期，頁 214-220，2011 年 9 月。

3. 郭玲惠，兩性工作平等法初探——救濟，月旦法學雜誌，第 71 期，頁 54-61，2001 年 4 月。

4. 焦興鎧，雇主在性騷擾事件法律責任範圍之界定——試評臺北高等行政法院九十二年度簡字第四六六號判決，全國律師，第 10 卷第 3 期，頁 4-18，2006 年 3 月。

5. 焦興鎧，兩性工作平等法中性騷擾相關條款之解析，律師雜誌，第 271 期，頁 40-56，2002 年 4 月。

6. 焦興鎧，美國兩性工作平等法救濟制度之研究，臺北大學法學論叢，第 47 期，頁 95-150，2000 年 12 月。

7. 劉志鵬，職場性騷擾之法律救濟——板橋地院 96 年度訴字第 774 號判決評釋，台灣勞動法學會學報，第 8 期，頁 109-145，2009 年 12 月。

8. 劉志鵬，兩性工作平等法之申訴及救濟體系，律師雜誌，第 271 期，頁 57-69，2002 年 4 月。

【相關判決】

★雇主於受僱者申訴遭受性騷擾後，已盡其調查處理及宣導禁止性騷擾之責，但受僱者仍選擇自行離職者，雇主不須負性別工作平等法第28條所定之損害賠償責任

（臺北地方法院96年度訴字第6336號判決）

◎事實

甲原受僱於乙公司，丙為其部門主管。甲指稱丙經常於上班時間以充滿性意味言語騷擾甲、講黃色笑話要求甲背起來轉述給其他女同事、逢公司依民間習俗祭祀時，經常以祭祀貢品之水果排列成女性胸部、下體或男性生殖

器形狀並要求包括甲在內之女性員工觀看，甚或公開拿起水果擺弄各種不雅動作、在辦公座位瀏覽色情圖片，要求部門女同事輪流觀看，並要求甲爲其列印二張裸女圖等性騷擾行爲。由於乙公司當時並無其他申訴管道，且丙以績效獎金爲脅，甲難以反抗及拒絕其要求。嗣甲不堪其擾，乃以友人之電子信箱向乙公司負責人提出辭呈，並於電子郵件及存證信函將丙性騷擾等情事告知乙公司，惟未見乙公司就上述性騷擾情事有立即有效之糾正或補救措施，且乙公司進行內部調查時亦多方維護丙，使甲遭受二次傷害。乙公司則否認甲所指訴性騷擾情節，並稱於接獲甲申訴主管性騷擾之訊息時，即展開調查，嗣後並已採取相當之糾正補救措施等語，資爲抗辯。

◎爭點

乙公司是否已採取相當之糾正補救措施，故而不須負性別工作平等法第28條所定之雇主賠償責任？

◎判決要旨

甲主張遭受丙性騷擾，但未向乙公司提出申訴，而係以友人之電子信箱向乙公司負責人提出辭呈後，方於該電子郵件及存證信函將丙所爲之性騷擾情事告知乙公司。乙公司負責人丁於收受甲前開電子郵件信箱時發現甲寄發之辭呈，因當時人在國外，無法親自回國處理，電話指示公司員工戊協助調查。戊先行聯繫甲，又因行爲人丙當時亦在國外無從查證，戊先對同部門員工進行訪談，惟員工均未正面回應，戊只好依負責人指示寄發存證信函給甲，表示公司正視此事，已展開調查中，請甲配合至乙公司說明。戊亦曾多次打電話給甲，並促請甲回來上班，足見乙公司實欲秉公處理，絕無袒護丙之意。

甲於離職後立即向勞工局提出申訴，顯係其無意願配合乙公司調查。乙公司負責人丁返台後，乃立即與甲連繫，並依甲指定之時間、地點赴約，與其進行會面協商而協調無結果。乙公司因前無處理類此事件之經驗，彼時在當事人甲、丙二人各執己詞，對公司員工多人調查結果，僅有一、二位員工陳述相關情節，且許多均屬避重就輕，乙公司依該資料難予認定甲所指稱性

騷擾之情事確實存在。惟乙公司為端正公司風氣，尊重兩性平等，除發布禁止公告外，並遵從勞工局之建議，報名參加主管機關所舉辦性別工作平等宣導團課程及培訓防制就業歧視種子人員法令研習會，最後並對丙正式提出告誡。然甲仍選擇自行辭職，結束與乙公司之勞雇關係。

甲選擇以辭職方式離開乙公司，而乙公司既於接獲甲申訴後，立即指示員工進行調查，並採取前述相關糾正補救措施，堪認已遵行相關規定，依法第 27 條第 1 項但書之規定，應得免除賠償責任。

性別工作平等法之立法意旨，在保障性別工作權之平等，貫徹憲法消除性別歧視，促進性別地位實質平等，非在解決勞工與雇主間之勞資糾紛。本件事發時乙公司負責人在國外，雖無法親自處理，惟已即刻指示公司人員調查，並寄發存證信函予甲請其配合調查，嗣後並發布公告、參加主管機關所舉辦之性別平等宣導課程、研習會，並對被申訴人丙提出告誡，足徵乙公司實已竭盡所能踐行性別工作平等法之規範。甲拒絕回應及回復其職，難期乙公司為更妥適之處理，不得因此責令乙公司再負擔性別工作平等法第 28 條之損害賠償責任。

第 29 條 (賠償金額及回復名譽)

【條文內容】

前三條情形，受僱者或求職者雖非財產上之損害，亦得請求賠償相當之金額。其名譽被侵害者，並得請求回復名譽之適當處分。

【立法理由】

參考我國民法第第 195 條第 1 項及德國民法第 611 條之 1 規定，明定雇主違反第 7 條至第 12 條、第 13 條第 2 項或第 21 條第 2 項時，受僱者或求職者得請求非財產上之損害。

【相關文獻】

1. 侯岳宏，性別工作平等法上職場性騷擾雇主之民事責任，月旦法學雜誌，第 196 期，頁 214-220，2011 年 9 月。

2. 郭玲惠，兩性工作平等法初探——救濟，月旦法學雜誌，第 71 期，頁 54-61，2001 年 4 月。

3. 焦興鎧，雇主在性騷擾事件法律責任範圍之界定——試評臺北高等行政法院九十二年度簡字第四六六號判決，全國律師，第 10 卷第 3 期，頁 4-18，2006 年 3 月。

4. 焦興鎧，兩性工作平等法中性騷擾相關條款之解析，律師雜誌，第 271 期，頁 40-56，2002 年 4 月。

5. 焦興鎧，美國兩性工作平等法救濟制度之研究，臺北大學法學論叢，第 47 期，頁 95-150，2000 年 12 月。

6. 劉志鵬，職場性騷擾之法律救濟——板橋地院 96 年度訴字第 774 號判決評釋，台灣勞動法學會學報，第 8 期，頁 109-145，2009 年 12 月。

7. 劉志鵬，兩性工作平等法之申訴及救濟體系，律師雜誌，第 271 期，頁 57-69，2002 年 4 月。

8. 鄭津津，勞動派遣關係中之雇主性騷擾防治責任——臺北地方法院
   一○一年勞訴字第一二六號民事判決評釋，月旦裁判時報，第 30
   期，頁 5-15，2014 年 12 月。

【相關判決】

★雇主因受僱者懷孕而予以違法解僱，自應負擔賠償受僱者非財產上之損害

（臺北地方法院104年度勞訴字第75號民事判決）

◎事實

　　甲原受僱於乙公司，從事網頁設計工作，每月薪資 38,000 元，後甲除處理既有工作外，尚須負責乙公司實習學生媒合招募業務及教育訓練工作。嗣甲懷孕經乙公司負責人及設計部門主管獲悉後，開始對甲之設計內容諸多挑剔，甚至在實習學生面前以甲懷孕藉故羞辱甲，並調整甲之工作內容，僅讓甲負責原本網頁設計工作。乙公司法定代理人丙更建議甲留職停薪回家休養，並要求甲自行負擔留職停薪期間勞健保費用為甲所拒，乙公司便指稱甲有諸多疏失不能勝任工作資遣甲。甲向勞動局提起申訴，經評議懷孕歧視成立，甲依性別工作平等法第 29 條請求乙公司賠償其非財產上損害。

◎爭點

　　雇主乙公司若因受僱者甲懷孕而予以解僱，是否應賠償甲非財產上之損害？

◎判決要旨

　　經查，甲原受僱於乙公司達 9 個月並已通過試用期，詎乙公司於知悉甲懷孕後，在工作上予以刁難，且於甲懷孕初期違法終止兩造間之僱傭關係，違反性別工作平等法第 11 條第 2 項之規定，案經性別工作平等會評議乙公司懷孕歧視成立。甲因懷孕而遭乙公司多次任意調整職務並違法終止契約，致甲身心蒙受巨大壓力，受有精神上之痛苦，依法乙公司自應賠償甲因此所受

非財產上之損害。審酌甲於遭乙公司違法資遣前之薪資為每月 3 萬 8,000 元，因乙公司懷孕歧視違法終止與甲之契約，使甲失去工作頓失經濟來源，另受有精神上痛苦，甲請求非財產上之損害賠償 21 萬 8,000 元尚稱允當，應予准許。

★派遣勞工遭要派公司受僱者性騷擾，派遣公司未採取立即有效之糾正及補救措施，應賠償受僱者之損害

（臺北地方法院101年度勞訴字第126號民事判決）

◎事實

甲受僱於乙公司，因乙公司與丙公司間有委託技術人力支援服務工作契約，被派遣至丙公司擔任工程師。嗣甲於丙公司任職期間，經常遭丙公司之員工 A 性騷擾，甲不堪其擾，向丙公司長官申訴遭 A 性騷擾一事，該長官竟要求甲勿對外張揚，A 之後變本加厲對甲為性騷擾及散佈不實謠言，甲乃寄發存證信函請求丙公司依法調查，丙公司方進行調查及訪談，作成無性騷擾情事之結論。甲不服，向勞工局提出申訴，案經調查認定性騷擾事件屬實及丙公司未依法處理。乙公司在此性騷擾事件中，亦無維護受僱者甲之積極措施，於甲向主管機關申訴期間，未實質調查逕依丙公司指示，以因甲提出申訴造成工作場所氣氛不佳，且不能勝任工作為由，要求甲接受調動，倘不接受即予資遣，並於甲拒絕調職後，即以甲不能勝任工作為由強迫甲離職。甲因而向乙公司請求非財產上之損害賠償。

◎爭點

派遣勞工甲遭要派公司丙公司受僱者 A 之性騷擾，派遣公司乙公司未採取立即有效之糾正及補救措施，是否應賠償甲之損害？

◎判決要旨

按雇主於知悉前條性騷擾之情形時，應採取立即有效之糾正及補救措施，性別工作平等法第 13 條第 2 項定有明文。前開規定之目的乃係因雇主有能力及責任防止此類事件發生，或在發生後可迅速處理將傷害減至最低，

故該規定之精神在於雇主知悉職場性騷擾之情事時,即應啓動相關機制,此一機制並非要求雇主擔任審判者之角色,究其性騷擾事件真偽與否,而是透過公平公正之處理機制,有效處理職場性騷擾之問題。啓動機制本身負有高度教育意義,更是雇主積極保護勞工並提供友善職場環境之表現。次按,受僱者或求職者因雇主違反第 13 條第 2 項之義務,受有損害者,雇主應負賠償責任;前三條情形,受僱者或求職者雖非財產上之損害,亦得請求賠償相當之金額。性別工作平等法第 28 條、第 29 條亦有明文。再按,因故意或過失,不法侵害他人之權利者,負損害賠償責任;違反保護他人之法律,致生損害於他人者,負賠償責任。但能證明其行為無過失者,不在此限;不法侵害他人之身體、健康、名譽、自由、信用、隱私、貞操,或不法侵害其他人格法益而情節重大者,被害人雖非財產上之損害,亦得請求賠償相當之金額,民法第 184 條、第 195 條第 1 項前段分別定有明文。所謂相當,應以實際加害情形與其人格權受影響是否重大,及被害者之身分地位與加害人經濟狀況等關係定之;又慰藉金之賠償須以人格權遭遇侵害,使精神上受有痛苦為必要,其核給之標準固與財產上損害之計算不同,然非不可斟酌雙方身分資力與加害程度,及其他各種情形核定相當之數額(最高法院 47 年臺上字第 1221 號、51 年臺上字第 223 號判例意旨參照)。

受僱者服勞務,其生命、身體、健康有受危害之虞者,僱用人應按其情形為必要之預防;因可歸責於債務人之事由,致為不完全給付者,債權人得依關於給付遲延或給付不能之規定行使其權利。因不完全給付而生前項以外之損害者,債權人並得請求賠償;債務人因債務不履行,致債權人之人格權受侵害者,準用第 192 條至第 195 條及第 197 條之規定,負損害賠償責任。民法第 483 條之 1、第 227 條、第 227 條之 1 亦有明文。

經查,乙公司為甲之雇主,經丙公司通知甲向丙公司為性騷擾申訴後,乙公司並未採取任何立即有效之糾正或補救措施,亦未依該公司所定之「工作場所性騷擾防治、申訴及懲戒辦法」第 5 條申訴及調查規定,由乙公司性騷擾委員會進行調查,僅由乙公司人員陪同甲參與丙公司之調查,顯有未盡

雇主性騷擾防治之調查處理責任。並於明知甲確受有性騷擾，且甲因申訴性騷擾而遭差別待遇之情形下，仍未盡保護員工之責任，屈從丙公司之決議，對甲作出接受調職或離職之要求，顯係助長丙公司之違法行為，更使甲陷於敵意性環境，違反性別工作平等法第 13 條第 2 項、民法第 483 條之 1 僱用人之保護義務，並構成民法第 184 條第 2 項之侵權行為，此亦經性別工作平等會審定性別歧視（雇主未盡性騷擾防治義務）成立。

又依乙公司提出之丙公司員工書面陳述所示，甲之工作態度及人際關係表現不佳情形，均係發生於甲向丙公司申訴性騷擾後，顯見甲因性騷擾申訴未受積極、公平之處理，致甲身心蒙受巨大壓力，受有精神上之痛苦，甲並因此有情緒不穩定、工作態度及工作表現不佳之情形，依前述法律規定，乙公司自應賠償甲因此所受非財產上之損害。審酌甲為大學畢業，於遭乙公司違法資遣前之薪資為每月 38,000 元，而乙公司為專業工程顧問公司，聘用員工人數及派遣至丙公司之員工人數眾多，其未盡雇主保護義務，且於申訴事件發生後之消極作為亦為甲受有精神上痛苦之原因等情，認甲得請求之非財產上損害賠償應以 10 萬元為允當。

★雇主苛刻要求懷孕受僱者之工作表現，並造成受僱者懼怕失去工作的精神痛苦，嗣後又違法解僱受僱者，自應賠償受僱者非財產上之損害

（士林地方法院96年度勞訴字第32號判決）

◎事實

甲原受僱於乙公司擔任技術業務專員，甲告知乙公司其懷孕一事後，乙公司未考慮調整甲職務內容，反而要求甲留職停薪 1 個月，甲拒絕。此後乙公司總經理丙即不斷地用口語、手機及開會等方式要求甲迅速解決懷孕期間如何工作之問題騷擾甲，使甲產生可能喪失工作的巨大壓力，更無預警傳真資遣單給甲表示解僱之意，甲表達不願離職，之後乙公司要求甲至丙辦公室開會，並於會後將解聘書放置於於甲桌面，並以甲簽名同意解聘始發放薪資的方式相脅，甲不得不簽署解聘書。

◎爭點

　　乙公司因甲懷孕對其造成諸多壓力，是否應賠償甲非財產上之損害？

◎判決要旨

　　婦女懷孕後，為適應懷孕本會產生諸多不適現象，故請假日數較多，疏懈未能接聽電話、工作進度稍有遲緩等，均屬懷孕生理反應所可能產生對工作上的影響。乙公司以甲有上開情況就認為未能達於一般員工的工作表現，顯過於忽略懷孕生理上應有的影響。特別是乙公司從未將甲懷孕期間的工作表現與男性員工的工作表現分離看待，顯然是要求懷孕之甲甚至須達於一般男性員工的平時表現，無法達到相同表現即在不到 15 日內的期間要求甲留職停薪。男女因生理結構不同，女性投入職場的先天障礙原較男性為多，乙公司對甲之評比顯為過苛，屬性別歧視觀點下所為之解僱決定。再參諸甲因恐懼失去工作所致可能流產的症狀，其精神受有相當痛苦，應堪認定，則甲之非財產上損害自得向乙公司請求。

★受僱者在懷孕且並無過失情況下遭違法解僱，受有精神打擊，人格尊嚴及心理健康受到損害，雇主自應賠償受僱者非財產上之損害
（臺南地方法院96年度勞簡上字第7號判決）

◎事實

　　甲原任乙公司總機人員，發現懷孕 2 個月後開始著孕婦裝上班。乙公司知悉其懷孕後，在毫無預警狀況下通知資遣甲，甲乃向性別工作平等會提出申訴，申訴期間，乙公司稱係因公司要取消總機人員職務，始將甲資遣，惟甲曾向乙公司表示希望另調任其他適任之工作，例如業務助理一職，乙公司仍予以推拖拒絕。且甲遭資遣後，乙公司非但繼續保留原有電話總機服務人員一職，甚至於人力網站上發佈應徵總機及大廳接待人員之廣告，對外應徵新進人員擔任總機工作，案經性別工作平等會評議乙公司懷孕歧視成立，甲向乙公司請求精神慰撫金。

◎爭點

受僱者甲在懷孕且並無過失情況下遭乙公司違法解僱，受有精神打擊，人格尊嚴及心理健康受到損害，乙公司是否應賠償甲非財產上之損害？

◎判決要旨

乙公司陳稱因公司業務減縮，且總機職務改為外包才要資遣甲，但乙公司口頭通知資遣甲之當日隨即在人力銀行網站刊登總機職務之徵才廣告，足見乙公司並無減少勞工之必要，且甲被解僱至今已逾2年餘，乙公司總機仍由正式員工兼任，而非外包之方式，益足證明乙公司確無業務性質有所變更及有減少勞工之必要之情事，乙公司之辯解並不足採。

按「受僱者或求職者因第七條至第十一條或第二十一條第二項之情事，受有損害者，雇主應負賠償責任；前三條情形，受僱者或求職者雖非財產上之損害，亦得請求賠償相當之金額。」性別工作平等法第26條、第29條前段分別定有明文。本件甲主張因懷孕而遭受違法解僱，精神上遭受嚴重打擊，應由乙公司給付精神慰撫金50,000元，查甲終止勞動契約係因乙公司對甲有性別上之差別待遇已如前述，甲在懷孕之際，並無任何過失之情形下遭乙公司解僱，且乙公司竟在告知甲終止勞動契約當日即在人力銀行網站刊登應徵與甲相同性質之徵才廣告，致甲之人格尊嚴及心理健康受到損害，精神亦受有痛苦。因此，甲依性別工作平等法第26條、第29條之規定，請求乙公司賠償非財產上之損害，自屬正當，應予准許。

第 30 條 (損害賠償請求權時效)

【條文內容】

第二十六條至第二十八條之損害賠償請求權，自請求權人知有損害及賠償義務人時起，二年間不行使而消滅。自有性騷擾行為或違反各該規定之行為時起，逾十年者，亦同。

【立法理由】

明定損害賠償之請求權時效。

【條文說明】

　　法律上之消滅時效，係指請求權因繼續不行使一段時間而減損其請求效果之制度，為促進權利安定而設計。本條規定自請求權人知有性騷擾行為或違反各該規定之行為起，10 年間不行使而消滅。有論者認為此消滅時效期間長達 10 年，與國外立法所慣行者差異甚大，考量法律關係安定性，未來修法宜作適度之調整[72]。

【相關文獻】

焦興鎧，兩性工作平等法中性騷擾相關條款之解析，律師雜誌，第 271 期，頁 40-56，2002 年 4 月。

---

[72] 焦興鎧，兩性工作平等法中性騷擾相關條款之解析，律師雜誌，第 271 期，頁 47，2002 年 4 月。

【相關判決】

★雇主有基於性別歧視之違法解僱行為，但受僱者未能證明具體之損害，且請求罹於2年時效者，無法請求賠償

（臺北地方法院100年度勞簡上字第47號判決）

◎事實

　　甲原受僱於乙公司擔任電腦繪圖員，嗣因懷孕遭乙公司以業務緊縮為由解僱。該解僱行為經性別工作平等會裁定性別就業歧視成立，並經高等行政法院認定乙公司未能舉證其確有業務緊縮，且非基於性別因素而為解僱行為，違反性別工作平等法第11條第1項規定，判決駁回乙公司不服之訴，並因乙公司未提起上訴而告確定。甲爰依修正前性別工作平等法第11條、第26條、第29條、民法第184條第1項前段等規定，請求乙公司給付因人格權受損所生失業1年之工作損失30萬元及精神賠償20萬元，共50萬元。

◎爭點

　　雇主乙公司基於性別歧視違法解僱甲，但甲未能證明具體之損害，且請求罹於2年時效者，乙公司是否仍須賠償甲失業1年之工作損失及精神損失？

◎判決要旨

　　乙公司系爭解僱行為雖經性別工作平等會審定、訴願、行政訴訟判決確定違反性別工作平等法之規定，可認定乙公司解僱甲之行為應屬不法。惟按侵權行為損害賠償責任，除行為人之行為具不法性、被害人受有損害外，尚須以行為人之不法行為與被害人所受損害間具有相當因果關係為其成立要件。因此，甲仍應就乙公司之解僱行為如何侵害其「心理健康」之人格權、受有如何之損害、損害與解僱行為間具有因果關係等要件，負其舉證責任。

　　就侵害權利部分，甲僅泛稱飽受生活壓力衝擊、感到不愉快、不公平；損害部分，甲於起訴時係主張精神慰撫金50萬元，嗣變更主張為工作損失30萬元及精神賠償20萬元。又乙公司曾於勞資爭議調解委員會上以口頭請

求甲復職,當場經甲之代理人拒絕,嗣又發函請求甲復職,甲仍置之不理,則甲此後縱受損害,該等損害與解僱行為間之因果關係,是否因甲拒絕回乙公司任職而難以認定?亦非無疑。綜上,乙公司解僱甲之行為如何侵害權利、造成何種損害結果、其間之因果關係,均未見甲為充足相當之舉證,實難肯認甲之損害賠償請求。

此外,違反性別工作平等法之損害賠償請求權,自請求權人知有損害及賠償義務人時起,2年間不行使而消滅,性別工作平等法第30條前段定有明文;又因侵權行為所生損害賠償請求權,自請求權人知有損害及賠償義務人時起,2年間不行使而消滅,民法第197條第1項前段亦有明文。本件既經乙公司答辯狀據以為時效之抗辯,本院自應調查此請求障礙事由是否存在。

按所謂知有損害,謂知悉受有何項損害而言,至對於損害額則無認識之必要,且此時效應以請求權人實際知悉損害及賠償義務人時起算,非以知悉賠償義務人因侵權行為所構成之犯罪行為經檢察官起訴,或法院判決有罪為準。基此,甲因懷孕而遭乙公司藉「業務緊縮」解僱之際,即應知乙公司系爭解僱行為係屬不法。佐以甲於92年8月12日向性別工作平等會提出懷孕歧視之申訴,同年11月27日審定歧視成立,益徵甲遭解僱當時即已知乙公司係基於性別歧視而為系爭解僱,無待訴願或行政訴訟判決確定。從而,依照本院收文戳顯示,甲遲至100年1月21日始提起本訴請求乙公司性別歧視侵害人格權之損害賠償,顯已逾2年時效,其請求權應已消滅。乙公司所為時效抗辯,應屬有據。

第 31 條 (差別待遇之舉證責任)

【條文內容】

受僱者或求職者於釋明差別待遇之事實後，雇主應就差別待遇之非性別、性傾向因素，或該受僱者或求職者所從事工作之特定性別因素，負舉證責任。

【立法理由】

一、礙於受僱者或求職者舉證困難之實務困境，特明定雇主對於差別待遇所應負之舉證責任。

二、民國 96 年修訂時，爲因應多元性傾向時代的來臨，並配合國際人權推動趨勢，本條進行修正，理由如下：

　(一)爲保障多元性傾向者之工作權益，且就業服務法第 5 條亦於日前在立法院通過修法協商，增列性傾向歧視之禁止。而本法是作爲保障性別工作權益的主要法規，爰增列多元性傾向者就業反歧視條款。

　(二)目前歐盟、澳洲、南非、美國等國都已有法律、判例保障多元性傾向者之工作權，顯見將多元性傾向者之工作權保障入法，是國際人權推動的趨勢。

　(三)本條文所稱「性別」，除了指性別的生理特徵外，亦應包含對性別的刻板印象，如生理特徵爲男性者之於豪邁；生理特徵爲女性者之於溫柔等。

【條文說明】

　　我國民事訴訟係採當事人進行主義，惟勞雇經濟地位與相關資源懸殊，在性別/性傾向歧視的個案中，證據多爲雇主所掌控之人事管理資料，受僱者與求職者難以取得，若要由受僱者或求職者負擔舉證責任，對受僱者與求職者將會相當不利。故本條明定在此種個案中，受僱者或求職者僅須負擔釋明責任，亦即僅須釋明差別待遇之事實，使處分機關或調查委員大略相信受僱

者或求職者因其性別或性傾向因素遭受不利待遇之情事，舉證責任即轉換到雇主，雇主即須證明系爭差別待遇並非基於性別或性傾向因素，或是系爭工作僅能由特定性別方能執行。

【相關文獻】

1. 李瑞敏，懷孕歧視與舉證責任轉換——臺北高等行政法院 99 年簡字第 869 號判決評析，性別工作平等法精選判決評釋，元照，頁 93-101，2014 年 9 月。

2. 郭玲惠，兩性工作平等法初探——救濟，月旦法學雜誌，第 71 期，頁 54-60，2001 年 4 月。

3. 焦興鎧，我國就業歧視評議制度之現況及實施檢討評析，臺大法學論叢，第 31 卷第 2 期，頁 131-195，2002 年 3 月。

4. 劉志鵬，兩性工作平等法之申訴及救濟體系，律師雜誌，第 271 期，頁 57-69，2002 年 4 月。

【相關函釋】

★受僱者或求職者提出就業歧視申訴，雇主於有權調查之機關依職權調查時，就提供必要文書、資料或物品負舉證責任

（勞委會民國100年5月11日勞職業字第1000072018號函）

行政程序法第 6 節第 36 條至第 43 條規定屬「調查事實及證據」，第 39 條規定：「行政機關基於調查事實及證據之必要，得以書面通知相關之陳述意見。通知書中應記載詢問目的、時間、地點、得否委託他人到場及不到場所生之效果。」、第 40 條規定：「行政機關基於調查事實及證據之必要，得要求當事人或第三人提供必要之文書、資料或物品。」

有關受僱者或求職者提出性別因素以外之就業歧視（凡為種族、階級、語言、思想、宗教、黨派、籍貫、出生地、年齡、婚姻、容貌、五官、身心障礙或以往工會會員身分，歧視項目）申訴，依就業服務法第 6 條第 4 項第

1 款規定就業歧視之認定屬直轄市、縣（市）主管機關掌理事項，並依就業服務法施行細則第 2 條規定，組成就業歧視評鑑委員會審理案件，必要時依行政程序第 39 條、40 條規定書面通知雇主陳述意見，又為職權調查證據，雇主依前開規定所提供之必要文書、資料或物品，負舉證責任。

　　另受僱者或求職者提出就業性別、性傾向歧視申訴，審認機關宜依性別工作平等法第 31 條規定辦理。

【相關判決】

★受僱者已盡釋明之義務，而主管機關調查時亦給予雇主充分之舉證機會者，難認據此作成之處分違法

（臺北高等行政法院104年度訴字第1431號判決）

◎事實

　　甲公司所僱勞工 A 向乙市政府勞動局申訴，A 原受僱於甲公司擔任網頁設計工作，甲公司知悉其懷孕後即開始挑剔其設計內容，認其工作能力有問題，嗣後以 A 工作能力不能勝任為由予以資遣。案經乙市政府依職權進行調查，並提經乙市性別工作平等會審認懷孕歧視成立。甲公司不服，提起訴願經駁回，遂提起本件行政訴訟。

　　甲公司主張原處分作成前，乙市政府所屬勞動局漏未徵詢甲公司設計主管意見，僅採信 A 意見，且勞動局於評議會議程序中提供之調查資料並未告知甲公司，使甲公司無法適當答辯，程序上顯有瑕疵。另訴願決定指稱本案已經勞工 A 釋明，惟 A 並未提供任何可供即時調查證據，應無法認定已釋明，且乙市政府勞動局及性別工作平等會所依據之紀錄並未查訪甲公司之設計主管，並不具真實性，其原處分過於草率。

　　乙市政府主張本案調查過程係遵循行政程序法第 36 條，對於有利及不利之證據一律查證之原則辦理，於法並無不合。且雇主應負舉證責任，然甲公司於乙市政府調查期間皆未說明，亦未提供相關佐證資料，甲公司於訴訟理由書補充各項 A 工作能力無法勝任之情事，僅是為了合理化當初資遣 A 之

理由且亦未提供具體事證。

◎**爭點**

乙市政府之調查過程,是否符合性別工作平等法第 31 條之規範?

◎**判決要旨**

按性別工作平等法第 31 條規定:「受僱者或求職者於釋明差別待遇之事實後,雇主應就差別待遇之非性別、性傾向因素,或該受僱者或求職者所從事工作之特定性別因素,負舉證責任。」此乃因性別歧視事例,往往有其特殊性,基於勞資地位不均等,多數性別歧視糾紛的證據,多屬雇主的人事管理資料,受僱者取得不易,故課予較具優勢地位且掌握人資訊之雇主較重之舉證責任。換言之,受僱者僅須盡其釋明責任,使處分機關或調查委員大略相信因懷孕而遭受不利待遇之情事,舉證責任即轉換到雇主。而鑒於性別工作平等會係由熟悉性別議題之專家學者所組成,其調查報告、評議或處分,具有相當之專業性,同法第 35 條並規定:「法院及主管機關對差別待遇事實之認定,應審酌性別工作平等會所為之調查報告、評議或處分。」

經查,A 向乙市府勞動局提出遭懷孕歧視曾指出,在甲公司知悉其懷孕前,從未說過其設計有問題,頂多進行討論修改,於知悉甲懷孕後開始挑剔其設計內容,或詢問甲是否要改任會計或回家休養,嗣後更以甲不能勝任工作為由予以資遣,卻無任何具體理由。蓋雇主對受僱者之差別待遇,是否係基於性別因素,往往牽涉雇主之主觀動機與意圖,受僱者在舉證上多有困難,故受僱者僅須釋明其所受差別待遇之事實,使處分機關或調查委員就其曾因性別因素致遭受雇主為不利對待一事,得有大致之心證,雇主即應就該項差別待遇並非出於性別因素,負舉證責任。A 既已具體指出其因懷孕遭資遣,應可認 A 就甲公司對其基於性別因素而予差別待遇之事實已盡釋明之責。

次查,A 向乙市政府勞動局提出性別工作平等申訴後,勞動局分別於同年 10 月 7 日及 9 日請 A 及甲公司到場說明並作成談話紀錄,依甲公司代表人 B 之談話紀錄內容可知,B 於談話過程中,除指稱 A 有不能勝任工作情事外,並提供甲公司設計主管 C 所整理 A 於任職期間工作上之缺失,足徵曾為

甲公司主管之 C 雖未前往勞動局說明，惟其對 A 之工作表現之意見均已透過 B 之到場說明表達無遺，且依卷附之乙市政府平等會審定書理由欄之記載，亦可知有關甲公司認 A 不能勝任工作之資料均已交由該會審查，故甲公司稱乙市府勞動局及性別工作平等會所依據之紀錄並未查訪甲公司設計主管不具真實性，其原處分程序違法云云，尚難足憑。

★受僱者如已釋明其被解僱係雇主基於其懷孕而為差別待遇，雇主即應就其解僱並非出於性別因素負舉證責任，否則即應受不利之認定

（臺北地方法院104年度簡字第14號行政訴訟判決）

◎事實

　　A 於 102 年 5 月 21 日到職甲社團擔任幹事職務，甲社團於同年 6 月 22 日理監事會議以 A 試用期間認真負責，決議通過正式任用 A。嗣甲社團於 102 年 7 月 9 日知悉 A 懷孕，於 7 月 25 日理監事會議決議不予聘用 A，A 遂向乙市府提出懷孕歧視申訴。經調查評議結果認定甲社團性別（懷孕）歧視成立。甲社團不服，提起訴願，經勞動部決定駁回，提起本件訴訟。

　　甲社團主張其僅有一名職員，所有資料皆由該員保管，乙市府卻要求甲社團依性別工作平等法第 31 條負舉證責任，顯違背立法意旨。

　　乙市府主張性別工作平等法係採歐美先進國家對於防治懷孕歧視之經驗及作法，將懷孕歧視直接視為一種性別歧視，有鑑於雇主在對懷孕受僱者做出解僱之決定時，時常有直接歧視、間接歧視及混合動機歧視之情形，即解僱之動機往往同時兼具合法及不合法理由，因而課予雇主應就差別待遇之非性別因素，負舉證責任，雇主若能舉出客觀證據證明在沒有懷孕歧視動機之情形下，仍會採取完全相同之解僱措施，即可免受法令之苛責，惟本案甲社團無法提出具體客觀事證以證明解僱係合於常理且與懷孕無涉，亦未符解僱最後手段性原則，實難排除懷孕歧視之動機。綜上，原處分並無任何違法之處。

◎爭點

甲社團是否須舉證證明未因 A 懷孕而予以解僱？

◎判決要旨

性別工作平等法第 31 條之立法目的，在於雇主對受僱者之差別待遇，是否係基於性別因素，往往牽涉雇主之主觀動機與意圖，受僱者在舉證上多有困難；且有關差別待遇之證據，多屬雇主之人事管理資料，受僱者取得不易，故課予具有優勢地位且掌握資訊之雇主較重之舉證責任。亦即受僱者僅須提出可供即時調查之證據，使處分機關或調查委員就其曾因性別因素致遭受雇主為不利對待一事，得有大致之心證，雇主即應就該項差別待遇並非出於性別因素，負舉證責任，否則即應受不利之認定。又懷孕歧視，即雇主因女性之懷孕、生產或其他相關因素而給予差別待遇，是否構成性別歧視？雖然並非每位女性皆會選擇懷孕或都可以懷孕，但因懷孕而在職場中受到差別待遇者均為女性，男性不會遭遇此種困境與問題，因此，一般認為懷孕歧視應被視為雇主基於性別因素而採取之差別待遇，為性別歧視之一種。而性別工作平等法第 11 條之立法意旨，即在禁止雇主因性別或懷孕、分娩等因素而對受僱者在退休、資遣、離職及解僱等之處置上，為直接或間接不利之對待，以保障兩性工作平等，消除性別歧視。是甲社團主張如令其負舉證責任與法有違，顯屬誤解，洵無足採，從而，本件 A 如已釋明甲社團係以懷孕因素對 A 為差別待遇，則甲社團應就其解僱 A 並非出於性別因素，負舉證責任，否則即應受不利之認定。

第 32 條 (申訴制度之建立)

【條文內容】

雇主為處理受僱者之申訴，得建立申訴制度協調處理。

【立法理由】

為使本法之相關爭議能於公、私立機構或機關內迅速解決，明定雇主得設立申訴程序協調處理。

【條文說明】

本條明定雇主得設立內部申訴程序，協調處理與本法有關之爭議。內部申訴機制除能在事業單位內迅速解決相關爭議外，還可以節約外部申訴之資源。

本條規定雖非強制性規定，但雇主若有設置內部申訴制度，並配合性別工作平等法第 13 條第 1 項所定之性騷擾防治措施、申訴及懲戒辦法，則日後萬一有職場性騷擾情事發生，受害人依同法第 27 條規定向雇主與行為人請求損害賠償時，雇主可以證明其已遵行本法所定之各種防治性騷擾之規定，且對該事情之發生已盡力防止仍不免發生者，而主張免責。

【相關文獻】

1. 郭玲惠，兩性工作平等法初探——救濟，月旦法學雜誌，第 71 期，頁 54-60，2001 年 4 月。
2. 劉志鵬，兩性工作平等法之申訴及救濟體系，律師雜誌，第 271 期，頁 57-69，2002 年 4 月。

第 33 條 (申訴處理)

【條文內容】

I 受僱者發現雇主違反第十四條至第二十條之規定時，得向地方主管機關申訴。

II 其向中央主管機關提出者，中央主管機關應於收受申訴案件，或發現有上開違反情事之日起七日內，移送地方主管機關。

III 地方主管機關應於接獲申訴後七日內展開調查，並得依職權對雙方當事人進行協調。

IV 前項申訴處理辦法，由地方主管機關定之。

【立法理由】

一、明定雇主違反促進工作平等措施時，其主管機關爲地方主管機關。

二、授予地方主管機關申訴處理程序之法源依據。

【條文說明】

　　本條明定雇主違反促進工作平等措施規定時，其主管機關爲地方主管機關，因此受僱者得向地方主管機關申訴。受僱者若向中央主管機關提出申訴，中央主管機關應於收受申訴案件，或發現有上開違反情事之日起 7 日內，將該申訴案移送至地方主管機關。

　　地方主管機關應在接獲申訴後 7 日內展開調查，同時得依職權對雙方當事人進行協調。有些申訴案可能在協調過程中勞雇雙方當事人和解，申訴人因而撤案，此種申訴案就不會進入正式的評議階段。

【相關文獻】

1. 郭玲惠，性別工作平等法制之現在與展望，台灣勞工季刊，第 17 期，頁 14-25，2009 年 3 月。

2. 劉志鵬，兩性工作平等法之申訴及救濟體系，律師雜誌，第 271 期，

頁 57-69，2002 年 4 月。

【相關函釋】

★私立學校專任教師以外之受僱者，應依性別工作平等法第33條、第
34條規定程序，辦理救濟及申訴

（勞委會民國91年7月24日勞動三字第0910038223號函）

兩性工作平等法（現已更名為性別工作平等法）第 2 條規定，本法於公
務人員、教育人員及軍職人員，亦適用之。但第 33 條、第 34 條及第 38 條
之規定，不在此限。公務人員、教育人員及軍職人員之申訴、救濟及處理程
序，依各該人事法令之規定。

查私立學校專任教師係教師法之適用對象，基此，私立學校專任教師就
兩性工作平等事項所為之申訴，應依教師法有關申訴及訴訟程序，向各級教
師申訴評議委員會提出。至於私立學校專任教師外之受僱者，則依兩性工作
平等法第 33 條、第 34 條規定之救濟及申訴程序辦理。

第 34 條（申訴審議、訴願及行政訴訟）

【條文內容】

I　受僱者或求職者發現雇主違反第七條至第十一條、第十三條、第二十一條或第三十六條規定時，向地方主管機關申訴後，雇主、受僱者或求職者對於地方主管機關所為之處分有異議時，得於十日內向中央主管機關性別工作平等會申請審議或逕行提起訴願。雇主、受僱者或求職者對於中央主管機關性別工作平等會所為之處分有異議時，得依訴願及行政訴訟程序，提起訴願及進行行政訴訟。

II　前項申訴審議處理辦法，由中央主管機關定之。

【立法理由】

一、本條制訂理由有二：

(一)明定雇主違反性別歧視之禁止或性騷擾之防治時，其主管機關仍為地方主管機關，但受僱者或求職者對地方主管機關所為之處分有異議時，得向中央主管機關性別工作平等委員會申請審議或逕行提起訴願。

(二)明定中央主管機關審議程序之法源依據。

二、民國 96 年為予以勞工更妥善之保護，修訂本條，爰增列雇主拒絕受僱者依規定提出產假、育嬰留職停薪假、育嬰留職停薪期滿復職之請求時，受僱者、求職者向地方主管機關申訴後，雇主、受僱者或求職者對地方主管機關所為之處分有異議時，得申請審議或提出訴願。

【條文說明】

　　本條明定雇主違反性別歧視禁止、性騷擾防治以及促進工作平等措施（哺（集）乳室與托兒設施或適當之托兒措施除外）時，其主管機關為地方主管機關。受僱者或求職者對地方主管機關所為之處分不服時，得向勞動部性別工作平等會申請審議或逕行提起訴願。本條所設計之救濟機制係採地方

主管機關及中央主管機關之二審制度。性別工作平等法並未明確規定地方主管機關性別工作平等會之權限與功能，其所進行之審議主要在於認定事實及差別待遇是否成立，性質上類似專業之鑑定機關[73]。

【相關文獻】

劉志鵬，兩性工作平等法之申訴及救濟體系，律師雜誌，第 271 期，頁 57-69，2002 年 4 月。

【相關函釋】

★勞工為職場性騷擾行為人遭雇主處分，無得依性別工作平等法相關規定提起救濟

（勞委會民國102年5月15日勞動三字第1020011987號函）

有關性別工作平等法性騷擾之防治內容，規定於該法第 12 條及第 13 條。依該等規定，雇主有防治職場性騷擾行為發生的責任，若受僱者或求職者於職場中遭受性騷擾時，雇主即應啟動其糾正及補救措施機制，使受害者免於處於受性騷擾的工作場所中。爰此，性別工作平等法與性騷擾有關之申訴及救濟機制，亦在於規範受僱者或求職者為職場性騷擾受害者之行政申訴及救濟程序（第 34 條）與民事損害賠償請求權利（第 27 條至第 30 條），與針對受僱者為性騷擾行為人所為之申訴及救濟有別。

至案內受僱者係職場性騷擾行為人，如不服公司評議性騷擾成立及懲處記過調職，無得依性別工作平等法相關規定提起行政救濟。

另依工作場所性騷擾防治措施申訴及懲戒辦法訂定準則第11條第2項規定，申訴人及申訴之相對人對申訴案之決議有異議者，得於收到書面通知次日起 20 日內，以書面提出申復。又查雇主懲戒勞工之事由及手段應具備合理性，並應於工作規則或勞動契約約定，若有權利濫用之情事應屬無效。爰

---

[73] 劉志鵬，兩性工作平等法之申訴及救濟體系，律師雜誌，第 271 期，頁 60，2002 年 4 月。

受僱者為職場性騷擾行為人，如對公司評議性騷擾成立及懲處記過調職有異議者，得依前開規定向公司提起申復；亦可向勞務提供地之直轄市或縣（市）政府申請勞資爭議調解。

第 35 條 (差別待遇事實之認定)

【條文內容】

法院及主管機關對差別待遇事實之認定，應審酌性別工作平等會所為之調查報告、評議或處分。

【立法理由】

一、鑑於兩性工作平等委員會係由熟悉性別議題之專家學者所組成其調查報告、評議或處分，具有相當專業性，故特此規定。

二、民國 96 年兩性工作平等法修正名稱為性別工作平等法，配合法案名稱修正。

【條文說明】

性別工作平等會係由熟悉性別議題之學者專家組成，其所做成之調查報告、評議或處分，具有相當之專業性。性別工作平等會與法院之功能不同，其所做成之調查報告、評議或處分雖對法院無拘束力，惟不可否認性別工作平等爭議有其專業性，故本條規定法院及主管機關應參考性別工作平等會所做成之專業調查報告、評議與處分。

【相關文獻】

郭玲惠，兩性工作平等法初探－救濟，月旦法學雜誌，第 71 期，頁 54-60，2001 年 4 月。

第 36 條（雇主不得為不利之處分）

【條文內容】

雇主不得因受僱者提出本法之申訴或協助他人申訴，而予以解僱、調職或其他不利之處分。

【立法理由】

為保障受僱者之工作權益，明定雇主不得因受僱者提出或協助他人申訴而對其為不利之處分。

【條文說明】

所謂「不利益處分」，除本條所指解僱及調職之外，尚包括「其他不利之處分」，如停職、減薪、降級、取消獎金、津貼、補助等經濟性不利益；記過、申誡與發給警告函等懲戒處分；要求勞工自請離職等影響勞雇關係存續之行為；拒絕員工休假、排休、調整工作時間、變更排班或輪班制度、全時工作變更為部分工時工作等負面影響勞動條件之行為，皆屬「不利益之處分」[74]。

上述不利益處分皆屬雇主有一定作為之型態，如雇主係採不作為型態者，例如不加薪，是否亦屬不利益處分？有關此點，有論者認為雇主之不作為若有實際影響勞工權益之可能，則亦應屬不利益處分之一種。然而，若將雇主之所有不作為皆認定為不利益處分，似又過度擴張解釋，不當影響雇主之經營管理權限，因此雇主之不作為若係違反契約、法令、工作規則或企業習慣者，始應構成不作為之不利益處分[75]。

---

[74] 劉素吟，不利益待遇禁止——臺中高等行政法院 98 年簡字第 83 號判決，性別工作平等法精選判決評釋，元照，頁 188-189，2014 年 9 月。

[75] 劉素吟，不利益待遇禁止——臺中高等行政法院 98 年簡字第 83 號判決，性別工作平等法精選判決評釋，元照，頁 189，2014 年 9 月。

　　另，若雇主給予受僱者較差考績是否亦屬本條所禁止之不利益處分？本條禁止雇主給予受僱者不利益處分之目的，主要係為了保障受僱者不因申訴而被解僱、調職或受到其他不利之處分。因此，雇主若是因為受僱者申訴而給予較差之考績，應屬違反本條之態樣。反之，如果雇主給予受僱者較差之考績與受僱者申訴無關，自非違反本條之情形。

　　此外，實務見解認為「主張法律關係存在之當事人，僅須就該法律關係發生所須具備之特別要件，負舉證之責任，至於他造主張有利於己之事實，應由他造舉證證明」。雇主是否因受僱者申訴而給予不利益處分，係屬雇主違反本條之要件，故一般認為應由受僱者負舉證責任。另在行政訴訟中，因大多情形係雇主就罰鍰處分提起撤銷訴訟，故行政機關對於雇主之違法事實應負舉證責任[76]。

【相關文獻】

1. 劉素吟，不利益待遇禁止——臺中高等行政法院 98 年簡字第 83 號判決，性別工作平等法精選判決評釋，元照，頁 186-195，2014 年 9 月。

2. 盧映潔，德國工作場所性騷擾法制簡介，中正法學集刊，第 14 期，頁 349-394，2004 年 1 月。

---

[76] 劉素吟，不利益待遇禁止——臺中高等行政法院 98 年簡字第 83 號判決，性別工作平等法精選判決評釋，元照，頁 192-193，2014 年 9 月。

【相關判決】

★受僱者向主管勞工局申訴雇主未盡防治性騷擾義務後，在工作上發生疏漏，雇主未循同樣個案之處理方式，逕對受僱者為調職處分，應可認此調職處分與申訴間有相當因果關係

（臺北地方法院103年度訴字第3809號民事判決）

◎事實

　　甲任職於乙公司，遭乙公司副總兼電子商務部主管丙性騷擾，甲以口頭向人力資源部主管丁申訴遭丙性騷擾時，乙公司未有立即有效之糾正及補救，甲只好再以書面申訴遭丙性騷擾，卻遭丁於乙公司召開性騷擾調查小組會議時不當、輕挑的言語攻擊，使丙受到二度傷害。案經性別工作平等會於102年6月28日審定乙公司未盡到工作場所性騷擾防治義務。嗣後乙公司即以甲於5月31日發生誤植客戶期貨帳號情事為由，要求甲於7月5日起，調動職務至乙公司A分行，並由公單營業員改任證券證櫃專員，此部分亦經性別工作平等會於103年3月17日審認乙公司之調職行為係因甲依性別工作平等法申訴後所受到之不利處分。

　　乙公司則主張甲於102年6月19日，因逾期申報錯帳，造成客戶期貨有價差損失，乙公司依據期貨商錯帳申報處理作業要點第3點規定，於同年月21日以現金賠償客戶之損失共12萬3,730元。經乙公司調查結果，發現甲確有疏失，已不適任公單接單之工作，為避免錯帳情形再次發生，及維護客戶權益，逐將甲調任至A分行擔任證券證櫃專員。甲轉任新職務後與原職務之薪資相同，且調任後之職務更可因達成一定業績而領取獎金，一旦業績良好，收入將會更多，顯見調任後之薪資條件較原本職位更加優渥，並非不利處分，故主管機關之裁處，顯不合理。

◎爭點

　　乙公司對甲所為調職行為，是否係因甲申訴遭受性騷擾而對之所為之不利處分？

◎判決要旨

查甲於 102 年 6 月 19 日發生誤植客戶期貨帳號情事,乙公司事後已賠償客戶 12 萬 3,730 元。乙公司於同年 7 月 5 日,將甲調任至乙公司 A 分行擔任證券證櫃專員,為兩造不爭執。本件乙公司雖辯稱係因甲發生錯帳之疏失,才將甲調職,此與甲向主管勞動局申訴無關。惟查,乙公司針對甲之錯帳案件,並未採取與之前類似案例為相同之處置,且未徵得甲之調任意願,即將甲調任至業績不佳之乙公司 A 分行證櫃部門,使甲由原先無業績壓力之公單營業員職務,改任有業績壓力之證券證櫃專員職務。

又乙公司明知性別工作平等會正受理甲申訴該公司未盡職場性騷擾防治義務之申訴案件,卻於 102 年 7 月 2 日收受性別工作平等會審定書、裁處書後即決議調動甲職務;再者,丁於調動甲職務前之兩造談話過程中,亦先提及其對於甲向主管機關申訴內容感到不滿後,始就甲錯帳之業務疏失提出調職扣薪、或離職而毋須賠償之選擇方案予甲等情,此亦經性別工作平等會審定書認定甲所申訴「因依性別工作平法申訴後受不利處分」成立,足認乙公司對甲所為上開調職處分,應與甲依性別工作平等法提出申訴,具有相當因果關係。

★雇主於受僱人申訴遭受懷孕歧視後,提前終止試用契約,應可認定雇主違反性別工作平等法第36條

（新竹地方法院103年度簡更字第1號行政訴訟判決）

◎事實

甲公司自 100 年 11 月 1 日僱用員工 A,約定試用期 3 個月,同年 11 月 16 日因 A 妊娠嘔吐請假而知悉其懷孕,於 12 月 18 日便以 A 工作效率不佳及與其他員工不睦為由,告知將於 12 月 31 日終止勞動契約。A 遂於 12 月 22 日向乙市府申訴,並於翌日告知甲公司申訴一事,甲公司即以 A 未主動尋求溝通協調,反而以投報、申訴等方式影響團隊氣氛、損及甲公司形象,要求 A 於同年 12 月 23 日離職。經乙市府性別工作平等會評議性別(懷孕)歧視及為不利處分成立。甲公司不服,提起訴願,經決定駁回,提起本件行政

訴訟。

◎爭點

甲公司終止與 A 勞動契約之行為,是否為違反性別工作平等法第 36 條之不利處分?

◎判決要旨

經查,甲公司確有因 A 向乙市府申訴而予以解僱,由甲公司人事課長 B 於乙市府訪談陳稱:「(問:原定資遣日為 12 月 31 日,為何提前至 12 月 23 日即請 A 不用再來上班?)因為 12 月 18 日告知資遣時,她只表示要非自願離職證明,隔天她帶先生來說了一些為什麼資遣、要求改調工作等,12 月 23 日有記者來問有關於她去申訴的一些事情,表示她有投報,所以店長叫她做到當天下午大約二點多。其實延長試用也不是不可能,但她對工作各方面都不提出問題、也不溝通,包括要資遣她的事情,也是用負面的心態,事後投報、寄存證信函、申訴(扭曲事實)這樣的方式,致使公司無法留用她……」等語即知,核與甲公司於起訴時表示係因 A 向主管機關申訴等原因,始提前於 100 年 12 月 23 日解除與 A 試用契約等語相符,甲公司違反性別工作平等法第 36 條規定事實,應堪認定。

★受僱人於申訴受性騷擾後立即遭到解僱,又無雇主所稱於試用期間表現不佳之情事,應屬雇主對其申訴所為之不利處分
(彰化地方法院102年度簡更字第2號行政訴訟判決)

◎事實

甲公司所僱勞工 A 於 100 年 6 月 4 日,遭同事 B 拉手勾肩,A 認為其受到性騷擾,遂向組長 C 反應,然 A 竟於 100 年 6 月 8 日遭甲公司解僱。A 認甲公司未妥善處理,遭解僱翌日向乙縣府提起申訴,經乙縣府性別工作平等會評議結果認甲公司於 A 遭性騷擾前,並未訂定性騷擾防治措施、申訴及懲戒辦法,並在公開場所公開揭示;且於知悉該情形時,亦未採取立即有效糾正及補救措施,更於處理申訴時解僱 A,違反性別工作平等法第 13 條第 1

項後段、第 2 項及第 36 條規定。甲公司不服，提起訴願，經訴願決定駁回，提起行政訴訟，亦遭判決駁回，甲公司不服提起上訴，經臺中高等行政法院 102 年度簡上字第 22 號判決發回本院更為審理。

甲公司主張其正式任職員工需呈報醫院院方核准，然而 A 在試用期間 6 日內，即有出勤不佳、服裝不整等情形，對於工作環境亦未能主動熟悉等，造成院方困擾，經判斷認 A 不適任該職務，是以未予通過試用，與乙縣府認定係因 A 提出申訴，導致甲公司惡意將其解僱等情全然不同。性別工作平等法之適用，乃在促進兩性於工作中能達到實質平等之要求，絕非排除雇主對員工工作適任之考核要求。

◎爭點

甲公司解僱 A 之行為是否為因 A 申訴甲公司而受到之不利處分？

◎判決要旨

經查，A 於 100 年 6 月 4 日，在工作之醫院遭同事 B 拉手勾肩，A 認為其受到性騷擾向主管反應，惟 A 竟於 100 年 6 月 8 日遭甲公司以簡訊通知不必再來等情，此事實為兩造所不否認，為本件裁判認定事實之基礎。

組長 C 於審理時證稱 A 對其申訴時之對話內容可知，性騷擾事件發生後，C 雖有找當事人 A、B 兩人說明，但 A、B 各執一詞，C 未查明事實，而於 100 年 6 月 8 日先行解僱 A，於解僱 A 後始觀看監視器畫面查證，是甲公司於事件發生後，並未採取立即有效之糾正及補救措施，反而逕予解僱 A，應勘認定。又 A 遭解僱後，向同事抱怨遭受性騷擾卻被解僱，組長 C 雖有請 A 回病房區工作，並於 100 年 6 月 9 日將 B 調離原工作崗位，然甲公司既已解僱 A 在先，事後再要求 A 回病房區工作，或將 B 調離原職位，均無補於事。故而甲公司主張於事件發生後，有採取立即有效之糾正及補救措施，與事實不符。

另查 A 出勤紀錄表雖有二次遲到記錄，但僅遲到 1 分鐘，且無早退記錄，顯示甲公司稱 A 出勤不佳、遲到早退之理由應難成立。且 A 當時之指導員 E 證稱 A 之學習態度、工作表現尚佳，及甲公司所僱勞工 F 及 G 均表示，甲

公司所僱用之勞工大部分是自行離職的，沒有因工作態度不佳而被解僱之情事。足見 A 任職以來之表現，除服裝穿搭略有爭議外，其餘並無甲公司所指涉之事項，且 A 甫提出申訴即遭解僱，時間點非常接近，益見 A 受解僱之不利處分，乃起因於提出性騷擾申訴。甲公司主張係 A 工作表現不佳，復在試用期內，故將其解僱，並非因 A 提出申訴始遭不利處分，亦難採信。

綜上，原告未於 A 遭受性騷擾事件發生前，訂定性騷擾防治措施、申訴及懲戒辦法，並在工作場所公開揭示，且於性騷擾事件發生後，未採取立即有效之糾正及補救措施，於 A 申訴後，反而將 A 解僱，遂遭乙縣府裁處罰鍰，主管機關之認事用法，均無違誤，訴願決定遞予以維持，亦無不合，甲公司徒執前詞訴請撤銷，為無理由，應予駁回。

★雇主因受僱者申訴遭遇性騷擾，將其考績列為丁等，並予不續聘通知，屬違法之不利處分

（臺中高等行政法院98年度簡字第83號判決）

◎事實

甲校所聘僱職員 A 於 96 年 11 月 26 日向校長 B 申訴受到副校長 C 性騷擾，經甲校於 97 年 6 月 14 日召開性騷擾調查會議，並作成性騷擾不成立之決議。嗣後甲校於 97 年 7 月以 A 對校譽造成嚴重損害為由，而不予續聘。A 遂向乙縣府申訴係因申訴遭受副校長 C 性騷擾而被予以不續聘之處分，案經乙縣府就業歧視評議委員會決議甲校違反性別工作平等法第 36 條。甲校不服，提起訴願遭決定駁回，遂提起本件行政訴訟。

◎爭點

甲校不續聘職員 A 是否係因 A 申訴性騷擾而為之不利處分？

◎判決要旨

性別工作平等法第 36 條之立法理由與沿革，係為保障受僱者之工作權益，明定雇主不得因受僱者提出或協助他人申訴而對其為不利之處分。本件甲校係於 A 申訴後，以 A 四處散播流言致校譽受損，為不予續聘 A 之不利

處分，然甲校並無舉出任何資料證明 A 確有詆毀學校名譽之事實，核與甲校事後再改稱「甲校因係私立學校，為提昇校內職員之素質與服務，故聘約皆採一年一聘制度，有職員服務規約及職員聘約可證。A 自 97 年 4 月 2 日起陸續以『事假』、『身體不適』為由請假，自 97 年 4 月 2 日起至同年 5 月 9 日止，短短 1 個月又 7 天之時間，其請假高達 16.6 天；又於 97 年 5 月 13 日再度提出請假申請，期間為 97 年 5 月 12 日至同年 7 月 31 日，高達 57 天，因未提出請假證明，未受甲校核准，有甲校網路教職員差假系統回覆 A『假單已被退回』可證。而 A 仍自 97 年 5 月 12 日起至同年 6 月 3 日止，連續 17 日均未到校上班，期間亦未提出任何證明。故 A 已連續曠職 7 日以上，甲校依『教職員成績考核辦法』，將其考績考評為丁等，並於該學年度終了後不再續聘。」云云，所訴自難採信。

另甲校不予續聘 A 之理由，係以該員向甲校申訴受職場性騷擾後之事件發展，亦難認甲校對 A 之不利處分與 A 申訴其遭受職場性騷擾無因果關係，是甲校違反性別工作平等法第 36 條規定之情事洵堪認定。

第 37 條 (法律扶助)

【條文內容】

Ⅰ 受僱者或求職者因雇主違反本法之規定,而向法院提出訴訟時,主管機關應提供必要之法律扶助。

Ⅱ 前項法律扶助辦法,由中央主管機關定之。

Ⅲ 受僱者或求職者為第一項訴訟而聲請保全處分時,法院得減少或免除供擔保之金額。

【立法理由】

為使受僱者或求職者獲法律上之扶助,參考犯罪被害人保護法、消費者保護法及勞資爭議處理法之相關規定訂之。

第六章 罰則

第 38 條

【條文內容】

I 雇主違反第二十一條、第二十七條第四項或第三十六條規定者，處新臺幣二萬元以上三十萬元以下罰鍰。

II 有前項規定行為之一者，應公布其姓名或名稱、負責人姓名，並限期令其改善；屆期未改善者，應按次處罰。

【立法理由】

一、本條制訂理由「為落實本法之相關規定，明定雇主違反本法有關性別歧視之禁止或性騷擾防治之規定時，依其情節輕重，處以相當之罰鍰，至於雇主違反促進工作平等措施之規定時，於現階段以鼓勵代替處罰，故暫不訂罰責。」

二、民國 96 年配合同法第 38 條之 1 之制定，修正本條適用範圍，條文修正為：「雇主違反第十三條第一項後段、第二項、第二十一條或第三十六條者，處新臺幣一萬元以上十萬元以下罰鍰。」

三、民國 97 年再配合同法第 38 條之 1 之修訂，修正本條適用範圍，刪除第 13 條第 1 項後段、第 2 項，即雇主事前預防與事後補救等防治性騷擾之義務。

四、民國 103 年修訂，將罰鍰金額由 1 萬元以上 10 萬元以下，提高至 2 萬元以上 30 萬元以下。

五、民國 105 年修訂第 1 項，參考工會法第 46 條「雇主未依第三十六條第二項規定給予公假者，處新臺幣二萬元以上十萬元以下罰鍰。」，增訂未依本法第 27 條第 4 項給予公假之雇主，處新臺幣 2 萬元以上 30 萬元以下罰鍰。

第 38-1 條

【條文內容】

I　雇主違反第七條至第十條、第十一條第一項、第二項者，處新臺幣三十萬元以上一百五十萬元以下罰鍰。

II　雇主違反第十三條第一項後段、第二項規定者，處新臺幣十萬元以上五十萬元以下罰鍰。

III　有前二項規定行為之一者，應公布其姓名或名稱、負責人姓名，並限期令其改善；屆期未改善者，應按次處罰。

【立法理由】

一、本條為 96 年新增，增列「雇主違反第七條至第十條或第十一條第一項、第二項者，處新臺幣十萬元以上五十萬元以下罰鍰。」

二、民國 97 年修訂本條之適用範圍，新增雇主違反本法第 13 條第 1 項後段、第 2 項規定時，處新臺幣 10 萬元以上 50 萬元以下罰鍰，將雇主違反所有性別歧視類型之事件（含職場性騷擾之防治）科處罰鍰數額提高，以落實本法保障勞動者（特別是女性與少數性傾向者）工作權益之宗旨。

三、民國 103 年 5 月修訂，增加雇主於違反第 7 條至第 10 條、第 11 條第 1 項、第 2 項或第 13 條第 1 項後段、第 2 項規定者，「應公布其姓名或名稱、負責人姓名，並限期令其改善；屆期未改善者，應按次處罰。」

四、民國 103 年 11 月再修訂，修正理由為：

(一)性別工作平等法及就業服務法中雇主對於求職或受僱者有性別歧視之行為時，二法對於違法之雇主罰鍰標準規定不一致。

(二)當雇主對求職人或受僱者之行為有違反性別工作平等法第 7 條至第 11 條其中之一條規定時，亦同時違反就業服務法第 5 條第 1 項規定，按學理而言，主管機關係依性別工作平等法裁罰，如此對於

就業上性別歧視罰則較輕情形下，並無法貫徹憲法消除性別歧視等政策，基於考量違反各種就業歧視罰鍰標準之平衡，爰修正原條文第 1 項規定。

(三)原條文第 1 項有關違反第 13 條第 1 項後段及第 2 項之處罰，移列為第 2 項。

(四)原條文第 2 項移列為第 3 項，條文未修正。

【相關文獻】

郭玲惠，性別工作平等法制之現在與展望，台灣勞工季刊，第 17 期，頁 14-25，2009 年 3 月。

第七章 附則

第 39 條 (施行細則)

【條文內容】

本法施行細則,由中央主管機關定之。

【立法理由】

明定本法施行細則由中央主管機關定之。

第 40 條（施行日）

【條文內容】

I　本法自中華民國九十一年三月八日施行。

II　本法修正條文，除中華民國九十六年十二月十九日修正之第十六條施行日期由行政院定之者外，自公布日施行。

【立法理由】

一、明定本法之施行日期，以利政府之宣導及企業之調整。

二、民國 96 年本法修訂部分條文須配合他法，並爲因應社會實況，本條修正，修正理由如下：

　　(一)原條文未修正，列爲第 1 項。

　　(二)取消受僱者申請育嬰留職停薪之人數門檻限制，須與另案修正之就業保險法配合，相關宣導及準備需時，有關托兒津貼配套措施與軍公教人員育嬰留職停薪及津貼發放等事宜亦應整體考量，爰增列第 2 項。

三、民國 103 年 5 月修正第 2 項，明定本次修正條文自公布日施行。

附錄一　工作場所性騷擾防治措施申訴及懲戒辦法訂定準則

（民國 104 年 5 月 14 日修訂）

第 1 條　本準則依性別工作平等法第十三條第三項規定訂定之。

第 2 條　僱用受僱者三十人以上之雇主，應依本準則訂定性騷擾防治措施、申訴及懲戒辦法，並在工作場所顯著之處公告及印發各受僱者。

第 3 條　雇主應提供受僱者及求職者免於性騷擾之工作環境，採取適當之預防、糾正、懲戒及處理措施，並確實維護當事人之隱私。

第 4 條　性騷擾防治措施應包括下列事項：

一、實施防治性騷擾之教育訓練。

二、頒布禁止工作場所性騷擾之書面聲明。

三、規定處理性騷擾事件之申訴程序，並指定人員或單位負責。

四、以保密方式處理申訴，並使申訴人免於遭受任何報復或其他不利之待遇。

五、對調查屬實行為人之懲戒處理方式。

第 4-1 條　受僱者於非雇主所能支配、管理之工作場所工作者，雇主應為工作環境性騷擾風險類型辨識、提供必要防護措施，並事前詳為告知受僱者。

第 5 條　雇主應設置處理性騷擾申訴之專線電話、傳真、專用信箱或電子信箱，並將相關資訊於工作場所顯著之處公開揭示。

第 6 條　性騷擾之申訴得以言詞或書面提出。以言詞為申訴者，受理之人員或單位應作成紀錄，經向申訴人朗讀或使閱覽，確認其內容無誤後，由其簽名或蓋章。

前項書面應由申訴人簽名或蓋章，並載明下列事項：

一、申訴人姓名、服務單位及職稱、住居所、聯絡電話、申訴日

　　　　　　　期。

二、有代理人者，應檢附委任書，並載明其姓名、住居所、聯絡
　　電話。

三、申訴之事實及內容。

第 7 條　雇主處理性騷擾之申訴，應以不公開方式為之。

雇主為處理前項之申訴，得由雇主與受僱者代表共同組成申訴處
理委員會，並應注意委員性別之相當比例。

雇主為學校時，得由該校之性別平等教育委員會依本準則處理性
騷擾申訴事宜。

第 8 條　雇主接獲申訴後，得進行調查，調查過程應保護當事人之隱私權
及其他人格法益。

第 9 條　申訴處理委員會召開時，得通知當事人及關係人到場說明，並得
邀請具相關學識經驗者協助。

第 10 條　申訴處理委員會應為附理由之決議，並得作成懲戒或其他處理之
建議。

前項決議，應以書面通知申訴人、申訴之相對人及雇主。

第 11 條　申訴應自提出起二個月內結案；必要時，得延長一個月，並通知
當事人。

申訴人及申訴之相對人對申訴案之決議有異議者，得於收到書面
通知次日起二十日內，以書面提出申復。

前項申訴案經結案後，不得就同一事由再提出。

第 12 條　性騷擾行為經調查屬實，雇主應視情節輕重，對申訴之相對人為
適當之懲戒或處理。如經證實有誣告之事實者，亦對申訴人為適
當之懲戒或處理。

第 13 條　雇主應採取追蹤、考核及監督，確保懲戒或處理措施有效執行，
並避免相同事件或報復情事發生。

第 14 條　雇主認為當事人有輔導或醫療之必要時，得引介專業輔導或醫療
機構。

第 15 條　本準則自發布日施行。

附錄二 勞動部事業單位工作場所性騷擾防治措施申訴及懲戒辦法範本及書面聲明範本

（民國 102 年 9 月 5 日修訂）

一、僱用員工 **30** 人以上 **500** 人以下中型事業單位工作場所性騷擾防治措施申訴及懲戒辦法範本

××公司工作場所性騷擾防治措施申訴及懲戒辦法

第 **1** 條　××公司（以下簡稱本公司）為提供受僱者、派遣勞工及求職者免於性騷擾之工作及服務環境，並採取適當之預防、糾正、懲戒及處理措施，以維護當事人權益及隱私，特依性別工作平等法第十三條第一項，以及行政院勞工委員會頒布「工作場所性騷擾防治措施申訴及懲戒辦法訂定準則」之相關規定，訂定本辦法。

第 **2** 條　本公司各級主管對於其所屬員工，或員工與員工相互間及與求職者間，不得有下列之行為：

（一）以性要求、具有性意味或性別歧視之言詞或行為，對其他員工造成敵意性、脅迫性或冒犯性之工作環境，侵犯或干擾其人格尊嚴、人身自由或影響其工作表現。

（二）主管對下屬或求職者以明示或暗示之性要求、具有性意味或性別歧視之言詞或行為，做為勞務契約成立、存續、變更或分發、配置、報酬、考績、陞遷、降調、獎懲之交換條件。

　　　性騷擾之行為人如非本公司員工或申訴人如為派遣勞工，本公司仍應依本辦法相關規定辦理，並提供被害人應有之保護。

第 **3** 條　本公司應設置性騷擾申訴處理委員會，以保密方式處理申訴，並確保雙方當事人之隱私權。

第 4 條　性騷擾之申訴，應以具名書面為之，如以言詞提出申訴者，受理之人員或單位應作成紀錄，經向申訴人朗讀或使閱讀，確認其內容無誤後，由申訴人簽名或簽章。前項書面應由申訴人簽名或簽章，並載明下列事項：

　　　　（一）申訴人姓名、服務單位及職稱、住居所、聯絡電話、申訴日。

　　　　（二）有代理人者，應檢附委任書，並載明其姓名、住居所、聯絡電話。

　　　　（三）申訴之事實及內容。

第 5 條　本公司就性騷擾事件之申訴，得設置專線電話、傳真、專用信箱或電子信箱，並將相關資訊於工作場所顯著處公開揭示。

第 6 條　申訴人向本公司提出性騷擾之申訴時，得於申訴處理委員會決議通知書送達前，以書面撤回其申訴；申訴經撤回者，不得就同一事由再為申訴。

第 7 條　本公司為處理第四條性騷擾事件之申訴，除應以不公開之方式為之外，並得組成申訴處理委員會決議處理之。前項委員會中應置委員三人至五人，除人力資源部門主管為當然委員外，餘委員由總經理就申訴個案指定或選聘本公司在職員工擔任，其中女性委員應有二分之一以上之比例。

　　　　第一項委員會得由總經理指定其中一人為主任委員，並為會議主席；主席因故無法主持會議者，得另指定其他委員代理之。

　　　　派遣勞工如遭受本公司員工性騷擾時，本公司將受理申訴並與派遣事業單位共同調查，將結果通知派遣事業單位及當事人。

第 8 條　參與性騷擾申訴事件之處理、調查及決議人員，對於知悉之申訴事件內容應予保密；違反者，主任委員應終止其參與，本公司並得視其情節依相關規定予以懲處及追究相關責任，並解除其選、聘任。

第 9 條　申訴處理委員會應有委員半數以上出席始得開會，並應有半數以
　　　　上之出席委員之同意始得作成決議，可否同數時取決於主席。申
　　　　訴處理委員會應為附具理由之決議，並得作成懲戒或其他處理之
　　　　建議。前項決議，應以書面通知申訴人、申訴人之相對人及本公
　　　　司。

第 10 條　申訴事件應自提出起二個月內結案，如有必要得延長一個月，延
　　　　長以一次為限。申訴人及申訴之相對人如對申訴案之決議有異議
　　　　者，得於收到書面通知次日起二十日內，以書面提出申復，並應
　　　　附具理由，由申訴處理委員會另召開會議決議處理之。經結案後，
　　　　不得就同一事由再提出申訴。

第 11 條　申訴處理委員會對已進入司法程序之性騷擾申訴，經申訴人同意
　　　　後，得決議暫緩調查及決議，其期間不受前條規定之限制。

第 12 條　性騷擾行為經調查屬實者，本公司得視情節輕重，對申訴人之相
　　　　對人依工作規則等相關規定為懲戒或處理。如涉及刑事責任時，
　　　　本公司並應協助申訴人提出告訴。性騷擾行為經證實有誣告之事
　　　　實者，本公司得視情節輕重，對申訴人依工作規則等相關規定為
　　　　懲戒或處理。

第 13 條　本公司對性騷擾行為應採取追蹤、考核及監督，以確保懲戒或處
　　　　理措施有效執行，並避免相同事件或報復情事發生。
　　　　當事人有輔導或醫療等需要者，本公司得依申請協助轉介至專業
　　　　輔導或醫療機構。

第 14 條　本辦法由總經理核定公布後實施，修訂時亦同。

二、僱用員工 **30** 人以上 **500** 人以下中型事業單位禁止工作場所性騷擾書面
　聲明範本

××公司禁止工作場所性騷擾之書面聲明

　　××公司（以下簡稱本公司）依據性別工作平等法第十三條，以及行政院
勞工委員會所訂定工作場所性騷擾防治措施申訴及懲戒辦法訂定準則第四
條之規定，特頒布此一禁止工作場所性騷擾之面書聲明，並訂定處理此類事
件之申訴程序，以提供本公司所有員工、派遣勞工一免於性騷擾侵擾之工作
環境。為維護此一承諾，本公司特以書面加以聲明，絕不容忍任何本公司之
管理階層主管、員工同仁（包括求職者）、派遣勞工、顧客及第三者等，從
事或遭受下列之性騷擾行為。本聲明所稱之性騷擾行為，是指性別工作平等
法第十二條所規定者，包括：

　　(1)雇主（或高階主管）對受僱者（或求職者）所為明示或暗示之性要求、
具有性意味或性別歧視之言詞或行為，作為勞務契約成立、存續、變更，或
分發、配置、報酬、考績、陞遷、降調或獎懲之交換條件。

　　(2)任何人（包括顧客或第三者）在受僱者執行職務時，以性要求、具有
性意味或性別歧視之言詞或行為，對她（他）造成敵意性、脅迫或冒犯性之
工作環境，致侵犯或干擾她（或他）人格尊嚴、人身自由或影響她（或他）
工作表現。

　　上述這些行為包括具有性意涵、性暗示及與性（或性特徵）有關之言語
或動作；展示具有性意涵或性誘惑之圖片、文字及視覺資料，以及不當之肢
體碰觸等。

　　派遣勞工遭受本聲明所稱之性騷擾行為時，依本公司所制定之工作場所
性騷擾防治措施申訴及懲戒辦法之相關規定辦理。

　　本公司所有員工、派遣勞工均有責任協助確保一免於性騷擾之工作環
境，如果妳（或你）感覺到遭到上述行為之侵害，或目睹及聽聞這類事件發
生，應立刻通知本公司人事部門之 ××先生（或女士），以便依據本公司所制
定之工作場所性騷擾防治措施申訴及懲戒辦法之相關規定，做出合適之處

理。本公司絕對禁止對通報此類事件者、提出此類申訴者及協助性騷擾申訴或調查者，有任何報復之行為。

　　本公司將對此類事件之申訴進行深入而迅速之調查，並對申訴者、申訴內容及處理結果儘可能採取保密措施。性騷擾行為如經調查屬實（包括誣告之情形），本公司將採取合宜之措施來處理，包括對加害人加以懲處，必要時甚至逕行解僱。

　　為加強所有員工、派遣勞工對此類事件之認知與瞭解，本公司將定期舉辦相關之講習及訓練課程，員工、派遣勞工對此類課程均有參加之義務，無故拒不參加者，將依曠職方式受理。為確定本公司所有員工、派遣勞工均已詳閱此份書面聲明，並瞭解其內容，請在所附表格中親自簽名。

三、僱用員工 **500** 人以上大型事業單位工作場所性騷擾防治措施申訴及懲
　　戒辦法範本

××公司工作場所性騷擾防治措施申訴及懲戒辦法

第 **1** 條　××公司（以下簡稱本公司）為提供受僱者及求職者免於性騷擾之
　　　　　工作及服務環境，並採取適當之預防、糾正、懲戒及處理措施，
　　　　　以維護當事人權益及隱私，特依性別工作平等法第十三條第一
　　　　　項，以及行政院勞工委員會頒布「工作場所性騷擾防治措施申訴
　　　　　及懲戒辦法訂定準則」，訂定本辦法。

第 **2** 條　本公司之性騷擾及申訴處理，除法令另有規定者外，悉依本辦法
　　　　　規定行之。

第 **3** 條　本公司各級主管對於其所屬員工，或員工與員工相互間及與求職
　　　　　者間，不得有下列之行為：

　　　　　（一）以性要求、具有性意味或性別歧視之言詞或行為，對其他
　　　　　　　　員工造成敵意性、脅迫性或冒犯性之工作環境，侵犯或干
　　　　　　　　擾其人格尊嚴、人身自由或影響其工作表現。

　　　　　（二）主管對下屬或求職者以明示或暗示之性要求、具有性意味
　　　　　　　　或性別歧視之言詞或行為，做為勞務契約成立、存續、變
　　　　　　　　更或分發、配置、報酬、考績、陞遷、降調、獎懲之交換
　　　　　　　　條件。

　　　　　性騷擾之行為人如非本公司員工或申訴人如為派遣勞工，本公司
　　　　　仍應依本辦法相關規定辦理，並提供被害人應有之保護。

第 **4** 條　本公司應責各單位主管妥適利用集會、廣播、電子郵件或內部文
　　　　　件等各種傳遞訊息之機會與方式，加強對所屬員工有關性騷擾防
　　　　　治措施及申訴管道之宣導，並於年度教育訓練或講習課程中，合
　　　　　理規劃性別平等及性騷擾防治相關課程，員工對之均有參與之義
　　　　　務，無故不參加者依曠職方式處理。

第 **5** 條　本公司應設置性騷擾申訴處理委員會，以保密方式處理申訴，並

確保雙方當事人之隱私權。前項申訴委員會之設置，得於「××
公司員工申訴處理辦法」所設相關委員會附設之。

第 6 條　性騷擾之申訴，原則上應以具名書面為之，如以言詞提出申訴者，
　　　　受理之人員或單位應作成紀錄，經向申訴人朗讀或使閱讀，確認
　　　　其內容無誤後，由申訴人簽名或簽章。

　　　　前項書面應由申訴人簽名或簽章，並載明下列事項：

　　　　（一）申訴人姓名、服務單位及職稱、住居所、聯絡電話、申訴
　　　　　　　日期。

　　　　（二）有代理人者，應檢附委任書，並載明其姓名、住居所、聯
　　　　　　　絡電話。

　　　　（三）申訴之事實及內容。

第 7 條　本公司就性騷擾事件之申訴，得設置專線電話、傳真、專用信箱
　　　　或電子信箱，並將相關資訊於工作場所顯著處公開揭示。

第 8 條　申訴人向本公司提出性騷擾之申訴時，得於申訴處理委員會決議
　　　　通知書送達前，以書面撤回其申訴；申訴經撤回者，不得就同一
　　　　事由再為申訴。

第 9 條　本公司為處理第六條性騷擾事件之申訴，除應以不公開之方式為
　　　　之外，並得組成申訴處理委員會決議處理之。前項委員會中應置
　　　　委員五人至七人，除人力資源部門主管為當然委員外，餘委員由
　　　　總經理就申訴個案指定或選聘本公司在職員工擔任，其中女性委
　　　　員應有二分之一以上之比例，委員均為無給職。

　　　　第一項委員會得由總經理指定其中一人為主任委員，並為會議主
　　　　席；主席因故無法主持會議者，得另指定其他委員代理之。

　　　　派遣勞工如遭受本公司員工性騷擾時，本公司將受理申訴並與派
　　　　遣事業單位共同調查，將結果通知派遣事業單位及當事人。

第 10 條　參與性騷擾申訴事件之處理、調查及決議人員，其本人為當事人
　　　　或當事人之配偶、前配偶、四親等內之血親、三親等內之姻親或

家長、家屬關係者，應自行迴避。前項人員應迴避而不自行迴避，或就同一申訴事件雖不具前項關係但因有其它具體事實，足認其執行職務有偏頗之虞者，當事人得以書面舉其原因及事實，向申訴處理委員會申請令其迴避。

第 11 條 參與性騷擾事件之處理、調查及決議人員，對於知悉之申訴事件內容應予保密；違反者，主任委員應終止其參與，本公司並得視其情節依相關規定予以懲處及追究相關責任，並解除其選、聘任。

第 12 條 申訴處理委員會應有委員半數以上出席始得開會，並應有半數以上之出席委員之同意始得作成決議，可否同數時取決於主席。申訴處理委員會應為附具理由之決議，並得作成懲戒或其他處理之建議。前項決議，應以書面通知申訴人、申訴人之相對人及本公司。

第 13 條 申訴處理委員處理程序如下：

（一）接獲性騷擾申訴事件，應即送當然委員於三個工作日內確認是否受理。不受理之申訴事件，應附具理由通知申訴人，並提報申訴處理委員會備查；申訴人不服前開理由，得依第十五條規定申覆之。

（二）確認受理之申訴事件，本公司得組成專案小組進行調查，調查過程應保護雙方當事人之隱私及其他人格法益，調查結果應作成書面報告交由申訴處理委員會。

（三）申訴處理委員會依第九條召開會議時，得通知當事人及關係人到場說明，並得邀具學識經驗者協助。

（四）申訴處理委員會應依會議結果，作成附具理由之書面決議。

第 14 條 申訴事件有下列情形之一者，申訴處理委員會得不予受理：

（一）申訴方式程序未依第六條所定程序者。

（二）同一事件經申訴處理委員會決議確定，或已撤回後再提出申訴者。

（三）對不屬於性騷擾範圍之事件提出申訴者。

（四）申訴人非性騷擾事件之受害人或其法定代理人者。

第 15 條 申訴事件應自提出起二個月內結案，如有必要得延長一個月，延
長以一次為限。申訴人及申訴之相對人如對申訴案之決議有異議
者，得於收到書面通知次日起，以書面提出申復，並應附具理由，
由申訴處理委員會另召開會議決議處理之。經結案後，不得就同
一事由再提出申訴。

第 16 條 申訴處理委員會對已進入司法程序之性騷擾申訴，經申訴人同意
後，得決議暫緩調查及決議，其期間不受前條規定之限制。

第 17 條 性騷擾行為經調查屬實者，本公司得視情節輕重，對申訴人之相
對人依工作規則等相關規定為懲戒或處理。如涉及刑事責任時，
本公司並應協助申訴人提出告訴。性騷擾行為經證實有誣告之事
實者，本公司得視情節輕重，對申訴人依工作規則等相關規定為
懲戒或處理。

第 18 條 本公司對性騷擾行為應採取追蹤、考核及監督，以確保懲戒或處
理措施有效執行，並避免相同事件或報復情事發生。

當事人有輔導或醫療等需要者，本公司得依申請協助轉介至專業
輔導或醫療機構。

第 19 條 違反第三條之行為經調查屬實者，除依相關規定懲戒或處理外，
並應負民事賠償責任；如本公司業已賠償時，對於違反行為之行
為人有求償權。

第 20 條 本辦法由總經理核定公布後實施，修訂時亦同。

四、僱用員工 **500** 人以上大型事業單位禁止工作場所性騷擾書面聲明
範本

××公司禁止工作場所性騷擾之書面聲明

××公司（以下簡稱本公司）依據性別工作平等法第十三條，以及行政院勞工委員會所訂定工作場所性騷擾防治措施申訴及懲戒辦法訂定準則第四條之規定，特頒布此一禁止工作場所性騷擾之書面聲明，並訂定處理此類事件之申訴程序，以提供本公司所有員工、派遣勞工一免於性騷擾侵擾之工作環境。爲維護此一承諾，本公司特以書面加以聲明，絕不容忍任何本公司之管理階層主管、員工同仁（包括求職者）、派遣勞工、顧客及第三者等，從事或遭受下列之性騷擾行爲。

本聲明所稱之性騷擾行爲，是指性別工作平等法第十二條所規定者，包括：

(1)雇主（或高階主管）對受僱者（或求職者）所爲明示或暗示之性要求、具有性意味或性別歧視之言詞或行爲，作爲勞務契約成立、存續、變更，或分發、配置、報酬、考績、陞遷、降調或獎懲之交換條件。

(2)任何人（包括顧客或第三者）在受僱者執行職務時，以性要求、具有性意味或性別歧視之言詞或行爲，對她（他）造成敵意性、脅迫或冒犯性之工作環境，致侵犯或干擾她（或他）人格尊嚴、人身自由或影響她（或他）工作表現。

上述這些行爲包括具有性意涵、性暗示及與性（或性特徵）有關之言語或動作；展示具有性意涵或性誘惑之圖片、文字及視覺資料，以及不當之肢體碰觸等。

派遣勞工遭受本聲明所稱之性騷擾行爲時，依本公司所制定之工作場所性騷擾防治措施申訴及懲戒辦法之相關規定辦理。

本公司所有員工、派遣勞工均有責任協助確保一免於性騷擾之工作環境，如果妳（或你）感覺到遭到上述行爲之侵害，或目睹及聽聞這類事件發生，應立刻通知本公司人事部門之××先生（或女士），以便依據本公司所制

定之工作場所性騷擾防治措施、申訴及懲戒辦法之相關規定，做出合適之處理。本公司絕對禁止對通報此類事件者、提出此類申訴者及協助性騷擾申訴或調查者，有任何報復之行為。

本公司將對此類事件之申訴進行深入而迅速之調查，並對申訴者、申訴內容及處理結果儘可能採取保密措施。性騷擾行為如經調查屬實（包括誣告之情形），本公司將採取合宜之措施來處理，包括對加害人加以懲處，必要時甚至逕行解僱。

為加強所有員工、派遣勞工對此類事件之認知與瞭解，本公司將定期舉辦相關之講習及訓練課程，員工、派遣勞工對此類課程均有參加之義務，無故拒不參加者，將依曠職方式受理。

本公司鼓勵所有員工同仁、派遣勞工均能利用所設置之內部申訴處理機制處理此類糾紛，但如員工需要額外協助，或希望循其他管道加以解決，本公司亦將盡力提供。為確定本公司所有員工、派遣勞工均已詳閱此份書面聲明，並瞭解其內容，請在所附表格中親自簽名。

附錄三　育嬰留職停薪實施辦法

（民國 97 年 7 月 7 日修訂）

第 1 條　本辦法依性別工作平等法第十六條第四項規定訂定之。

第 2 條　受僱者申請育嬰留職停薪，應事先以書面向雇主提出。

前項書面應記載下列事項：

一、姓名、職務。

二、留職停薪期間之起迄日。

三、子女之出生年、月、日。

四、留職停薪期間之住居所、聯絡電話。

五、是否繼續參加社會保險。

六、檢附配偶就業之證明文件。

前項育嬰留職停薪期間，每次以不少於六個月為原則。

第 3 條　受僱者於申請育嬰留職停薪期間，得與雇主協商提前或延後復職。

第 4 條　育嬰留職停薪期間，除勞雇雙方另有約定外，不計入工作年資計算。

第 5 條　育嬰留職停薪期間，受僱者欲終止勞動契約者，應依各相關法令之規定辦理。

第 6 條　育嬰留職停薪期間，雇主得僱用替代人力，執行受僱者之原有工作。

第 7 條　受僱者於育嬰留職停薪期間，不得與他人另訂勞動契約。

第 8 條　受僱者育嬰留職停薪期間，雇主應隨時與受僱者聯繫，告知與其職務有關之教育訓練訊息。

第 9 條　本辦法自發布日施行。

附錄四 哺集乳室與托兒設施措施設置標準及經費補助辦法

（民國 105 年 7 月 28 日修訂）

第 1 條 本辦法依性別工作平等法（以下簡稱本法）第二十三條第三項規定訂定之。

第 2 條 本法第二十三條第一項第一款所定哺（集）乳室，為雇主設置供受僱者親自哺乳或收集母乳之場所。

本法第二十三條第一項第二款所定托兒設施，為雇主以自行或聯合方式設置托兒服務機構。

本法第二十三條第一項第二款所定托兒措施，為雇主以委託方式與托兒服務機構簽約辦理托兒服務，或提供受僱者托兒津貼。

前二項托兒設施及托兒措施之適用對象，為受僱者未滿十二歲子女。

第二項及第三項所定托兒服務機構，為經直轄市、縣（市）主管機關（以下簡稱地方主管機關）許可設立之托嬰中心、幼兒園及兒童課後照顧服務中心等機構。

第 3 條 雇主設置哺（集）乳室標準如下：

一、哺（集）乳室之設置位置，應便於受僱者使用，設有明顯標示，且鄰近洗手台或提供洗手設施。

二、哺（集）乳室應具隱密、安全性及良好之採光、通風。

三、哺（集）乳室應具下列基本設備：

（一）靠背椅。

（二）桌子。

（三）電源插座。

（四）母乳儲存專用冰箱。

（五）有蓋垃圾桶。

四、訂定哺（集）乳室使用規範。

第 4 條 雇主得依下列規定標準申請補助：

一、哺（集）乳室：最高補助新臺幣二萬元。

二、托兒設施：

（一）新興建完成者：最高補助新臺幣二百萬元。

（二）已設置者：改善或更新，每年最高補助新臺幣五十萬元。

三、提供受僱者子女送托於托兒服務機構之托兒津貼，每年最高補助新臺幣六十萬元。

前項第二款托兒設施之補助項目，包括托兒遊樂設備、廚衛設備、衛生保健設備、安全設備、教保設備、幼童專用車內部安全設施及哺集乳設備等。

第一項第三款所定托兒服務機構，不以與雇主簽約者為限。

第 5 條 申請補助案由地方主管機關受理及審查，審查通過者，依前條第一項之補助標準補助，並得送中央主管機關視情形再予補助。主管機關得視實際需要進行實地訪視。

第 6 條 本辦法補助之審查項目如下：

一、哺（集）乳室規劃及設置之妥適性。

二、雇主設置托兒服務機構之收托總人數及收托受僱者子女人數。

三、受僱者子女需要送托人數與實際送托人數之比率。

四、雇主提供托兒津貼之補助狀況。

五、收托費用降低幅度。

六、收托時間與受僱者上、下班時間配合度。

七、辦理方式之創新性與多元性。

中央主管機關對申請單位之補助額度，得按各地方主管機關當年度辦理本辦法哺（集）乳室、托兒設施及托兒措施之預算編列情

形、申請情況及視當年度經費預算酌定。

第 7 條 雇主申請補助，應檢具下列文件：

一、哺（集）乳室

（一）申請書。

（二）實施計畫。

二、托兒設施

（一）申請書。

（二）實施計畫。

（三）受僱者子女托兒名冊。

（四）托兒服務機構設立許可證書影本。

三、托兒措施

（一）申請書。

（二）實施計畫。

（三）受僱者子女托兒名冊。

（四）受僱者子女送托托兒服務機構之證明文件。

（五）雇主補助托兒津貼之證明文件。

第 8 條 依本辦法辦理之哺（集）乳室、托兒設施、托兒措施，由政府設立、推動者，或當年度已獲各目的事業主管機關補助者，不得再申請補助。

托兒設施以公辦民營或出租場所模式委由專業團體經營，且自負盈虧者，得不受前項規定之限制。

第 9 條 雇主接受經費補助者，應依所提計畫及補助經費，確實執行，有違背法令或與指定用途不符或未依計畫有效運用者，主管機關應予追繳。

第 10 條 雇主接受經費補助者，其經費請領、收支、結報及核銷等事項，依相關法令之規定辦理。

第 11 條 本辦法所需經費由主管機關編列預算辦理。

第 12 條 本辦法自發布日施行。

附錄五　性別工作平等申訴審議處理辦法

（民國 105 年 4 月 26 日修訂）

第 1 條　本辦法依性別工作平等法（以下簡稱本法）第三十四條第二項規定訂定之。

第 2 條　受僱者或求職者依本法第三十四條規定向地方主管機關申訴時，地方主管機關之性別工作平等會應依本辦法審議。雇主、受僱者或求職者對於地方主管機關所爲之處分有異議時，除得逕提訴願外，得於十日內，以書面向中央主管機關性別工作平等會申請審議。逾期，不予受理。

前項書面應載明下列事項，並由申請人或代理人簽名或蓋章：

一、申請人姓名、住居所、電話、身分證明文件字號。如係法人或其他設有管理人或代表人之團體，其名稱、事務所或營業所，管理人或代表人姓名、住居所、電話、身分證明文件字號。

二、有法定代理人或申請代理人者，其姓名、住居所、身分證明文件字號。

三、請求事項、事實及理由。

四、決定機關及其首長。

五、年、月、日。

第 3 條　申請人向主管機關性別工作平等會申請審議時，得於審定書送達前，撤回審議申請。撤回後，不得就同一案件再申請審議。

第 4 條　申請審議有程式不符規定之情形時，應通知申請人於文到十五日內補正。逾期未補正者，不予受理。

第 5 條　中央主管機關性別工作平等會應將審議申請書之影本或副本送地方主管機關，該機關應於文到七日內答辯，並將關係文件移送中

央主管機關。

第 6 條　中央或地方主管機關性別工作平等會審議時，得通知申請人及其他相關人員到場說明。中央主管機關性別工作平等會審議時，並得邀請地方主管機關列席。

第 7 條　中央或地方主管機關性別工作平等會應自收到申請書三個月內為審議之決定；必要時，得延長一次，延長時間不得逾三個月，並應通知申請人。

第 8 條　中央或地方主管機關性別工作平等會為審議申訴案件，必要時，得指派委員二人以上組成專案小組進行調查。

專案小組調查過程應保護申請人、相對人及關係第三人之隱私權，調查結束後，由專案小組作成調查報告，提主管機關性別工作平等會審議。

第 9 條　審議結果以其他法律關係是否成立為據者，於該法律關係未確定前，主管機關性別工作平等會得依職權或申請，暫停審議程序之進行，並通知申請人。

第 10 條　申訴案件之審議，以不公開為原則。

第 11 條　主管機關性別工作平等會應將審議結果作成審定書，由主管機關以書面通知申請人、相對人。

第 12 條　本辦法自發布日施行。

附錄六　性別工作平等訴訟法律扶助辦法

（民國 103 年 9 月 29 日修訂）

第 1 條　本辦法依性別工作平等法（以下簡稱本法）第三十七條第二項規定訂定之。

第 2 條　受僱者或求職者因雇主違反本法之規定，而向法院提出法律訴訟時，得向主管機關請求法律扶助。

　　　　前項法律扶助項目如下：

　　　　一、法令諮詢。

　　　　二、律師代撰民事書狀之費用。

　　　　三、民事訴訟程序、保全程序、督促程序及強制執行程序之律師費。

第 3 條　依前條第二項第二款規定提供律師代撰書狀之費用，每一審最高補助新臺幣五千元，全案最高補助新臺幣一萬五千元。

　　　　申請前項補助，應檢具申請書及律師代撰書狀之費用收據。

第 4 條　依第二條第二項第三款規定提供律師費，補助標準如下：

　　　　一、民事訴訟程序，個別申請者，每一審最高補助新臺幣五萬元，全案最高補助新臺幣十二萬元；共同申請者，每一審最高補助新臺幣十萬元，全案最高補助新臺幣三十萬元。

　　　　二、申請保全程序者，全案最高補助新臺幣三萬元。

　　　　三、申請督促程序者，全案最高補助新臺幣一萬元。

　　　　四、申請強制執行程序者，全案最高補助新臺幣四萬元。

第 5 條　依第二條第二項第三款規定申請補助者，應檢具申請書、律師委任狀、律師費收據及下列文件：

　　　　一、民事第一審：起訴狀繕本或影本。

　　　　二、民事第二審或第三審：上訴狀或答辯狀及第一審或第二審裁

判書影本。

三、保全程序：假扣押或假處分聲請狀及法院裁定書影本。

四、督促程序：支付命令聲請狀及裁定書影本。

五、強制執行程序：強制執行聲請狀及相關證明文件影本。

前項申請案件，應檢具之文件如有欠缺，經通知限期十五日內補正，逾期未補正者，不予受理。

第 6 條　主管機關為審核依第二條第二項第二款及第三款規定申請法律扶助之案件，應成立審核小組；審核小組置委員七人，其中四人由專家學者擔任，餘由主管機關派兼，並指定一人為召集人。審核小組委員任期為二年；委員離職時，補任委員任期至原委員任期屆滿之日止。審核小組委員就審理之案件，應依行政程序法第三十二條及第三十三條規定迴避。

第 7 條　審核小組應有委員過半數出席始得開會。開會時，委員應親自出席。

召集人不能出席時，應指定出席委員一人代理。

審核小組委員為無給職，專家學者得依規定支領交通費。

第 8 條　申請補助案件，有下列情形之一者，得不予補助：

一、未經主管機關認定雇主違反本法規定者。

二、同一事件同一項目已獲法院訴訟救助或已向中央或地方主管機關申請獲得補助者。

三、依受僱者之資力狀況，顯無補助必要者。

四、訴訟顯無實益或顯無勝訴之望者。

第 9 條　同一事業單位同一事件之訴訟，人數在三人以上者，應共同申請之，並以補助一案為限。但經審核小組認定有正當理由者，不在此限。

第 10 條　本辦法之書表格式，由中央主管機關定之。

第 11 條　本辦法自發布日施行。

附錄七　性別工作平等法施行細則

（民國 104 年 3 月 27 日修訂）

第 1 條　本細則依性別工作平等法（以下簡稱本法）第三十九條規定訂定之。

第 2 條　本法第七條至第十一條、第三十一條及第三十五條所稱差別待遇，指雇主因性別或性傾向因素而對受僱者或求職者為直接或間接不利之對待。

第 3 條　本法第七條但書所稱工作性質僅適合特定性別者，指非由特定性別之求職者或受僱者從事，不能完成或難以完成之工作。

第 4 條　（刪除）

第 4-1 條　實習生所屬學校知悉其實習期間遭受性騷擾時，所屬學校應督促實習之單位採取立即有效之糾正及補救措施，並應提供實習生必要協助。

申訴案件之申訴人為實習生時，地方主管機關得請求教育主管機關及所屬學校共同調查。

第 5 條　本法第十三條第一項、第十九條及第二十三條第一項所定僱用人數之計算，包括分支機構及附屬單位之僱用人數。

本法第十九條所定之僱用人數，依受僱者申請或請求當月第一個工作日雇主僱用之總人數計算。

第 6 條　本法第十五條第一項規定產假期間之計算，應依曆連續計算。

第 7 條　本法第十五條第五項規定之五日陪產假，受僱者應於配偶分娩之當日及其前後合計十五日期間內，擇其中之五日請假。

第 8 條　受僱者於依本法第十六條第一項規定申請育嬰留職停薪期間屆滿前分娩或流產，於復職後仍在本法第十五條第一項所定之產假期間時，雇主仍應依本法規定給予產假。但得扣除自分娩或流產之

日起至復職前之日數。

第9條 受僱者依本法第十六條第二項規定繼續參加原有之社會保險，不包括參加勞工保險之職業災害保險，並應於原投保單位繼續投保。

第10條 依本法第十六條第二項規定繼續參加原有之社會保險者，其投保手續、投保金額、保險費繳納及保險給付等事項，依各該相關法令規定辦理。

第11條 本法第十八條第一項所定親自哺乳，包括女性受僱者以容器貯存母乳備供育兒之情形。

第12條 本法第十六條第一項、第十八條第一項及第十九條所稱子女，指婚生子女、非婚生子女及養子女。

第13條 受僱者依本法第十五條至第二十條規定為申請或請求者，必要時雇主得要求其提出相關證明文件。

第14條 本法第二十三條第一項所定雇主應設置托兒設施或提供適當之托兒措施，包括與其他雇主聯合辦理或委託托兒服務機構辦理者。

第15條 本細則自發布日施行。

國家圖書館出版品預行編目(CIP)資料

性別工作平等法逐條釋義 / 鄭津津著.– 初版.–
嘉義縣民雄鄉：鄭津津發行；臺北市：五南總經銷, 2016.12
　　　面；　　公分
　ISBN　　978-957-43-4235-8　（平裝）

　1.就業　2.性別平等　3.法規　4.判決

　　542.77023　　　　　　　　　　　　　　105024962

4R04

性別工作平等法逐條釋義

作　　　者：鄭津津

出　版　者：鄭津津

地　　　址：62145 嘉義縣民雄鄉三興村 10 鄰陳厝寮 62-1 號

電　　　話：（05）2729156

總　經　銷：五南圖書出版股份有限公司

地　　　址：106 台北市大安區和平東路 2 段 339 號 4 樓

電　　　話：（02）27055066

傳　　　真：（02）27066100

網　　　址：http://www.wunan.com.tw

劃撥帳號：01068953

出版日期：2016 年 12 月　初版一刷

定　　　價：新台幣 500 元